本書爲國家古籍整理出版專項經費資助項目

新編諸子集成續編

# 五行大義

〔隋〕蕭吉 撰
錢杭 校定

中華書局

圖書在版編目(CIP)數據

五行大義/(隋)蕭吉撰;錢杭校定. —北京:中華書局,
2022.9(2025.4重印)
(新編諸子集成續編)
ISBN 978-7-101-15853-3

Ⅰ.五… Ⅱ.①蕭…②錢… Ⅲ.陰陽五行説-中國-
隋代 Ⅳ.B992.1

中國版本圖書館CIP數據核字(2022)第145816號

責任編輯:王 娟
封面設計:周 玉
責任印製:陳麗娜

新編諸子集成續編
五行大義
〔隋〕蕭 吉 撰
錢 杭 校定
*
中華書局出版發行
(北京市豐臺區太平橋西里38號 100073)
http://www.zhbc.com.cn
E-mail:zhbc@zhbc.com.cn
三河市中晟雅豪印務有限公司印刷
*
850×1168毫米 1/32 · 14⅛印張 · 2插頁 · 280千字
2022年9月第1版 2025年4月第8次印刷
印數:23001-26000冊 定價:58.00元

ISBN 978-7-101-15853-3

# 新編諸子集成續編出版緣起

新編諸子集成叢書，自一九八二年正式啟動以來，在學術界特別是新老作者的大力支持下，已形成規模，成爲學術研究必備的基礎圖書。叢書原擬分兩輯出版，第一輯擬目三十多種，後經過調整，確定爲四十種，今年將全部出齊。第二輯原來只有一個比較籠統的規劃，受各種因素限制，在實施過程中不斷發生變化，有的項目已經列入第一輯出版，因此我們後來不再使用第一輯的提法，而是統名之爲新編諸子集成。

隨着新編諸子集成這個持續了二十多年的叢書劃上圓滿的句號，作爲其延續的新編諸子集成續編，現在正式啟動。它的立意、定位與宗旨同新編諸子集成一脈相承，力圖吸收和反映近幾十年來國學研究與古籍整理領域的新成果，爲學術界和普通讀者提供更多的子書品種和哲學史、思想史資料。

續編堅持穩步推進的原則，積少成多，不設擬目。希望本套書繼續得到海内外學者的支持。

中華書局編輯部

二〇〇九年五月

# 目録

# 前言

## 一

五行大義五卷，隋蕭吉撰。蕭吉字文休，本籍南蘭陵（故址位於今江蘇常州西北），本傳見北史卷八九藝術列傳上、隋書卷七八藝術列傳及鄭樵通志卷一八三藝術三。蕭吉是梁朝宗室成員，叔祖父是梁武帝蕭衍，祖父是梁武帝兄蕭懿，父名職銜不詳。

蕭吉生年難定，估計生於梁武帝中期公元五二〇年至五三〇年左右。據北史蕭吉本傳「江陵覆亡，歸於魏，爲儀同」，時當西魏廢帝三年（五五四）。西魏的儀同三司是位居從一品的榮譽銜，蕭吉受銜時至少應在二十至二十五歲左右。若以二十五歲計，蕭吉的生年或爲梁武帝大通三年，即公元五二九年。

西魏恭帝三年（五五六）十二月，西魏禪位於北周，蕭吉繼續任職，並可專折議事。據北史本傳：「周宣帝時，吉以朝政日亂，上書切諫，帝不納。」北周宣帝宇文贇是昏君，正史對其的評價是「昏虐君臨，姦回肆毒，善無小而必棄，惡無大而弗爲。窮南山之簡，未足書其過；盡東觀之筆，不能記其罪」。如此德行的皇帝，當然不會理會蕭吉的逆耳忠言。

周宣帝在位兩年去世，其子宇文闡即位，是爲周静帝，静帝即位時年僅七歲，朝廷大權由外戚楊堅掌握。兩年後，楊堅推翻北周，建立隋朝，蕭吉從此又成了隋朝的文臣。其雖然被擢爲上儀同，以本官太常負責陵廟、群祀、禮樂、儀制、天文、術數、衣冠等事務，並負責考定古今陰陽書，但政治上却不得意。北史本傳稱：「吉性孤峭，不與公卿相浮沈，又與楊素不協，由是擯落，鬱鬱不得志。」很明顯，「性孤峭」不是主因，「與楊素不協」纔是關鍵。在開國元勳楊素面前，蕭吉只好閉門讀書，静觀時變。

十年後，機會終於等到。隋文帝好徵祥之説，蕭吉於是投其所好，在開皇十四年（五九四）上書文帝，大談符命徵祥。其所上之書中有許多文句見於今本五行大義，如「辛德在丙」「酉德在寅」「乙德在庚，卯德在申」等，見於五行大義卷二「論德」；「甲寅乙卯天地合」等，見於卷二「論合」；「行年與歲合德」等，見於卷五之二「論人遊年年立」。此外，上書中引證的幾種文獻，如樂汁圖徵、陰陽書、洪範傳等，全書雖佚，今本五行大義却都有引用。英國學者李約瑟（Joseph Needham）據以推測，蕭吉的上書可能就是五行大義〔一〕，上書之年的五九四年，或可視爲五行大義的上呈御覽之年。但這一推測恐難成立，因爲该上書也有超出五行大義的内容，如闡發了「角音龍精，其祚日强」之説的靈寶經，即不見於今本。加上五行大義既不避文帝之「堅」諱，也不避煬帝之「廣」諱，更説明上書本身並非五行大義。較平實的推論是，蕭吉本職所做的「考定古今陰陽書」，爲五行資料的積累及初稿寫作奠定了基礎；至於全書何時完成、是否呈覽，則無踪跡可尋。

蕭吉通過總結考定歷代陰陽五行學説，實現了謀求政治利益的目標，不僅因及時上書而受文帝賞識，而且還以謀臣身份參與到了圍繞皇位繼承展開的激烈宫鬥中。煬帝即位後，蕭吉繼續受到信任提拔，拜太府少卿，加位開府。

煬帝大業二年（六〇六）前後蕭吉卒於官，享年約七十五歲。

## 二

蕭吉各本傳著録了蕭吉共有八部並行於世的著作，即金海、相經要録、宅經、葬經、樂譜、帝王養生方、相手版要決、太一立成。本傳及隋志中没有關於蕭吉曾撰五行大義的

〔一〕李約瑟著中國科學技術史第二卷科學思想史，科学出版社、上海古籍出版社一九九〇年版，第二七五頁。

信息。

對五行大義作了正式著録的，是成書於後晉出帝天福五年至開運二年間（九四〇—九四五）的舊唐書，成書於宋太祖建隆二年（九六一）的唐會要，成書於宋真宗景德二年至大中祥符六年（一〇〇五—一〇一三）的册府元龜，成書於宋仁宗嘉祐五年（一〇六〇）的新唐書，和編纂刊刻於宋末元初的玉海。但兩部唐朝正史著録的是「蕭吉五行記」，唐會要稱爲「蕭嵩五行大義」，册府元龜、玉海兩部類書則都是「蕭吉五行大義」。到了元末脱脱等編纂宋史時，雖然五行大義的書名得到正式確認，但作者究竟是蕭古還是蕭吉却又没了把握。

這一過程或可説明兩點：

第一，蕭吉生前，五行大義可能還是一部未定的手稿，否則本傳、隋志不會不著録，蕭吉手定該書目録中的一些用語也反映了這一性質。如「第一釋名就此分爲二段」「第三論數就此分爲五段」「第四論相生就此分爲三段」等等。其中「就此分爲『某』段」云云，頗似寫作提綱，不符合一般的目録體例。

第二，蕭吉去世後很久，該書稿本或某些抄本纔在一定範圍内流傳，但書名和作者並未固定。如前所述，舊唐志、新唐志著録爲「蕭吉五行記」，唐會要稱之爲「蕭嵩五行大義」，一直到册府元龜、玉海和宋史時，纔對該書的書名與作者有了基本穩定的認識。

早於册府元龜、新唐書問世的太平廣記和太平御覽，也多次引用五行記或五行大義，但往往是有書名、篇名而無作者，如太平廣記引五行記三十條、廣古今五行記一二七條；太平御覽卷二二「五行大義論曰」「五行體性論云」，卷二五「五行休王論曰」等，均不涉作者。雖然其中肯定有出自蕭吉五行大義中的内容（至少太平御覽所引是如此），但畢竟不能直接一一對應。這從一個側面顯示了唐宋時該書的流傳狀況。脱脱、阿魯圖等人於元末編修宋志時之所以會出現一定程度的猶豫，也可能與此有關。

宋志關於五行大義的著録是中國正史中對該書的最後一次著録。在這之後，五行大義就從中國讀書人眼中消失了；直到清嘉慶九年（一八〇四），纔由德清許宗彦根據日本林述齋佚存叢書所收之五行大義翻刻回來。一個亡佚、復歸的間隔，竟長達四百六十年。

五行大義稿本或某一抄本，可能是被隨日本遣唐使來華的留學生、學問僧帶回日本的，時間約在唐初魏徵等撰隋志、李延壽撰北史後，也就是唐高宗顯慶元年（六五六）之後。其中有條件做成此事的，非奈良時代的元正天皇養老元年（七一七）隨第九次遣唐使入唐、聖武天皇天平六年（七三四）隨第十次遣唐使歸國的著名學者吉備真備、玄昉等人莫屬。據日本歷史文獻記載，兩人在返日時攜帶了大量文物和圖書。此後，包括五行大義稿本或某一抄本在内的大批中國古籍就在日本傳播開來。

日本最早提及五行大義的文獻，是成書於桓武天皇延曆十六年（七九七，唐德宗貞元十三年）的續日本紀。該書卷二〇天平寶字元年（七五七）十一月條下，記載了孝謙天皇所頒諸國博士醫師任用法，其中規定作爲「陰陽生」必須講習周易、新撰陰陽書、黄帝金匱、五行大義等漢籍。這部五行大義，後來被研究者稱爲「天平本」，是日本已知最早流行的讀本，其很可能就是吉備真備、玄昉等人從中國帶回日本的唐代稿本或抄本，或以此爲底本的再抄本。成書於宇多天皇寬平三年至九年（八九一—八九七）的藤原佐世著日本國見在書目録，在第三六類中著録「五行家」漢籍九一九卷，其中有未具作者名的「五行大義」，應該就是指此時收藏在日本皇宫之内的天平本。

對五行大義在日本的流傳史作了系統研究的，是日本當代著名五行大義研究專家中村璋八。經過五十年的辛勤爬梳，中村璋八先後出版了五行大義的基礎性研究、五行大義校注、五行大義全釋等多種專著，理清了五行大義進入日本後的收藏傳抄、版本沿革經過，系統整理了五行大義引證文獻和散佚文句的學術淵源，並作了逐字對勘和日譯，爲中國古代五行思想史以及中日文化交流史的研究作出了重要貢獻。

據中村璋八的估計，天平本雖然已經失傳，但已對日本平安時代（七九四—一一九二）的哲學、思想、文化、政治産生了重大影響，尤其是日本傳統的神道教和佛教所受影響最爲深刻，由此推動了日本各界對五行大義思想的濃厚興趣。當時日本的貴族、僧侶和政治家，多以能直接從五行大義中摘録文句，作爲政治、觀物、養生、服色、醫療、禮節、儀式的權威依據，並視爲時髦。由於有了社會的普遍需求，故而在流傳過程中形成了以下幾種抄本：

鐮倉時代抄本（一一八五—一三三三），主要有兩種：

（一）土御門天皇元久三年（一二〇六）的寶玲文庫抄本，現藏於奈良府天理市天理大學圖書館。存第五卷後半部，斷句本。

（二）後深草天皇寶治二年（一二四八）的高野山三寶院靈寶館抄本，現藏於高野山靈寶館，存第五卷。據中村璋八推測，該本可能是另有來源的一種古抄本。昭和七年（一九三二），該抄本由高木利太玻璃板影印出版，著名學者内藤湖南（虎次郎）作了解題。

南北朝—室町時代抄本（一三三六—一五七三），亦有兩種：

（一）後醍醐天皇元弘三年（一三三三）雪下頓覺坊常住智圓抄本（全本），原本藏於穗久邇文庫。該抄本有非出於一時一人之手的正面「表記」（頭注或脚注）和背面「背記」

（對五行大義引文來源的説明），是各抄本中唯一的一種注釋本。該抄本另有兩種臨摹本：一爲伊勢神宫文庫藏本，五卷全，昭和十七年（一九四二）東方文化研究所影印出版；二爲宫内廳書陵部藏本，僅存蕭吉序。

（二）後奈良天皇天文九年、十年（一五四〇、一五四一）的卜部兼右抄本（全本），句讀本，藏於天理大學圖書館。該抄本有兩種添加若干字符的轉寫本：其一爲桃園天皇寶曆五年（一七五五）卜部兼雄轉寫本，藏於天理大學圖書館；其二爲江户初期轉寫本，藏於京都陽明文庫。

進入江户時代（一六〇三—一八六八）後，日本印刷術迅速發展，在以上抄本基礎上形成了兩種刊印本：

（一）東山天皇元禄十二年（一六九九），一色（前田）時棟以元弘三年（一三三三）抄本爲底本，以「當作××」「或有脱簡」「衍字」「誤字」的書眉框外注釋形式，表達質疑三十處，改異體四百七十餘字，「訂正」「誤植」「引一本」三百六十一處，形成新版，加句讀後雕版刊印〔一〕。一九七六年，日本古典研究會將該本收入長澤規矩也主編的和刻本諸子

〔一〕中村璋八五行大義的基礎性研究，明德出版社一九七六年版，第一四一頁。

大成第六輯。

（二）日本近代朱子学派著名代表人物林述齋（林衡，號天瀑山人）以元弘三年抄本爲底本，改異體四百八十五字，在未知元禄刊本存在的情況下，改正了百年前已由一色時棟發現的錯誤一十九處，於光格天皇寬政十一年（一七九九）以活字排版印刷，收入佚存叢書第一帙。

鑒於日本各抄本、刊本在五行大義傳播校勘史上的重要地位，本次校定將從中選擇底本和參校本。

## 三

中國學人對日藏珍稀漢籍的編匯出版，反應相當迅速。清嘉慶九年（一八〇四）三月，距佚存叢書的印行僅過了五年，浙江德清人許宗彦以該叢書所收五行大義爲底本進行校勘後，按原版式刻印發行。許氏對全書五卷共勘定四百零七處（各卷勘定数目分別爲四十、七十六、八十六、六十四、一百四十一）。本次校正以許氏刊本爲重要參校本，不僅因爲該本是自宋志著録五行大義後時隔四百六十年中國人的第一次正式刻印，而且許氏的不少意見確實值得採納（筆者吸收了其中六十六處）。不過，由於五行大義失傳過久，加以此版僅爲許氏家刻本，所以傳播範圍不廣。

許氏刊本印成三年後的清嘉慶十二年（一八〇七），浙江巡撫阮元從佚存叢書中選出十種編入宛委别藏進呈，其中亦有五行大義〔一一〕。該版對林氏原本進行的校勘數量不多，是中國各刊本中最接近原本的一個版本。

清嘉慶十八年（一八一三）五月，安徽歙縣人鮑廷博編印知不足齋叢書，收五行大義於第二六集。書後有鮑氏短跋：「隋蕭吉五行大義失傳已久，近德清許氏得自日本佚存叢書中，既校而刊之矣，惜傳之不廣，因重壽梓，以公同好云。」該版基本沿襲了許氏刊本的校勘成果，所不同者全書共三十四處。

清光緒二十三年（一八九七），江蘇武進人盛宣懷主持選編常州先哲遺書，在第一集「子類」中收入五行大義。該版同樣以佚存叢書所收爲底本，在繼承許宗彦校勘成果的基礎上，又增加了近二十處，其中幾處頗具见地。如卷五第二十論諸神引春秋佐助期關於「第三星神名拒理，姓英氦領許」之説，編校者在「許」字下有雙行小注「似脱第四星神姓名」，這一點，日本各抄本、刊本及此前幾種中國刊本的校勘者都没有提及。在討論九宫

〔一一〕一九八八年，江蘇古籍出版社按原目録影印，收五行大義於第七〇册。

十二神之「太一」的位置時，底本等均作「太一在」，唯常州刻本作「太一所在」；第二十二論諸官，底本等稱小府倉負責「餉種」出纳，唯常州刻本作「餉糧」出納，等等，文意更優勝。更值得注意的是，該刻本還對底本某些文句作了改寫，如卷四第十八論情性，底本引孝經援神契「性者，人之質，人所稟受産。情者，陰之數，内傳著流，通於五藏」，刻本改爲「性者，人所稟於天。情者，陰之機，由感而起，發於五藏」。底本「理然求須。陰賊主之劫盜，此亦不疑」，刻本改爲「自然欲壑無厭，其爲劫盜，亦不必疑」。同卷第十九論治政，底本「土氣順，故嘉禾其和熟」，刻本改爲「土氣順，萬物無不茂盛」。其中最長且最複雜的，是卷三第四論雜配中對底本引老子經及素問原文所做一百八十餘字的改動。大段改動底本向爲校勘者之忌，自然不足爲訓，但以上種種改動也使這一刻本在五行大義傳播史和五行思想史上具有了值得研究者重視的地位。

除此之外，一九三九年商務印書館編選叢書集成初編，亦以佚存叢書所收五行大義爲底本排版鉛印。校勘成果雖大體繼承許氏，但對此前各版亦間有取捨，如同於宛委别藏刊本八處，同於知不足齋叢書刊本六十五處。在句讀方面，該版也有一些獨到的處理。

由上可知，中國現存五行大義主要刊本，都以佚存叢書所收刊本爲基礎。本次對五行大義的校定，亦以此爲底本；用於參校的中國刊本，包括許宗彦嘉慶九年家刻本、阮元宛委别藏刻本、鮑廷博知不足齋叢書刻本、盛宣懷常州先哲遺書刻本、商務印書館叢書集成初編鉛印本等。在上節所列日本各抄本、刊本的配合下，努力形成一個相對完備的文本。

五行大義引用經史子集文獻一百八十三種，許多文獻目存文佚，如三禮義宗、黄帝九宫經、河圖、星圖、樂緯、龜經等，僅見於隋志著録，大量的則是不見於今本的佚文和異文，蕭吉無意中爲中國傳統文化保留了一份珍貴的遺産。自五行大義於清嘉慶初回歸故土後，二百多年來在中國藏書家、出版家和學者的共同努力下，已把乾嘉以來與五行相關的各類文獻的收藏、輯佚、校勘和研究提升到了一個新的階段。許多著名學者如俞正燮、張鑑、陳立、王念孫、孫星衍、嚴可均、洪頤煊、王引之、周中孚、陳壽祺、趙在翰、陳喬樅、黄奭、喬松年、錢保塘、吴汝倫、姚振宗、王先謙、朱一新、孫詒讓、文廷式、王仁俊、蘇輿等，都在積極利用五行大義資料、準確理解五行大義内容方面作出了貢獻。在本書校定中，凡因提供異文、發現問題而有助於文本校勘，並有一定學術價值者，筆者將隨時指出。

必須指出，由於五行大義的創作本旨不是輯佚，因此，雖然它對於與五行相關的某些殘缺文獻的整理與恢復具有重大意義，但對其價值進行認定的基礎，仍應重點放在思想史方面。蕭吉廣徵博引，爲後人清理出了一條追尋中國五行思想發展歷史的清晰脈絡，稱得上是中國古代（特别是中古）五行思想的傑出總結者。在這個意義上，五行大義作爲隋以前五行理論的集大成作品，應當成爲研究中國五行思想史的必讀之書。英國學者李約瑟曾認定五行大義的性質是有关中國古代五行思想、五行史料最重要的中古時代的書籍，並説「這本書討論的科學問題比後來的任何著作都更多，而討論的算命都更少」〔一〕，這一評價顯然是深刻和中肯的。

錢杭

二〇二二年六月

〔一〕李約瑟中國科學技術史第二卷科學思想史，第二七五頁。

# 凡例

一、本書校定以日本東方文化學院京都研究所藏寬政十一年（一七九九）佚存叢書初刻本第一帙所收五行大義五卷本爲底本。

二、本書校定所用參校本及各本簡稱如下：

（一）寶治二年（一二四八）抄本，高野山三寶院靈寶館藏，存第五卷，簡稱「高野本」。

（二）元弘三年（一三三三）抄本，穗久邇文庫藏，簡稱「元弘本」。

（三）天文十年（一五四一）抄本，天理大學圖書館藏，簡稱「天文本」。

（四）元禄十二年（一六九九）刊本，簡稱「元禄本」。

（五）嘉慶九年（一八〇四）許宗彦家刻本，簡稱「嘉慶本」。

（六）嘉慶十二年（一八〇七）阮元宛委别藏刻本，簡稱「宛委本」。

（七）嘉慶十八年（一八一三）鮑廷博知不足齋叢書刻本，簡稱「知不足本」。

（八）光緒二十三年（一八九七）盛宣懷常州先哲遺書刻本，簡稱「常州本」。

（九）一九三九年商務印書館叢書集成初編排印本，簡稱「集成本」。

校定中，凡涉及所有參校本時稱「諸本」；凡涉及所有日本抄本時稱「抄本」；凡涉及所有刊本時稱「刊本」；凡涉及所有中國刊本時稱「中國刊本」。多本並列時以問世先後爲序。

三、本書校定參考了日本学者中村璋八的著作：

（一）中村璋八五行大義校注，汲古書院一九八三年版，簡稱「中村校注本」。

（二）中村璋八、藤井友子五行大義全釋，明治書院一九八六年版，簡稱「中村等全釋本」。

（三）中村璋八、清水浩子五行大義，明治書院一九九八年版，簡稱「中村等大義本」。

四、凡參校本誤、底本不誤者，不出校。

五、凡底本確誤而某本某説不誤者，據某本某説改，出校説明。

六、底本雖可議但可通者不改，出校附列某本某説異文。

七、底本明顯誤筆（如戊、戍、戌，巳、己、已之類）、避諱（如元、玄之類）徑改不出校。

八、底本不分段落，校定本據文意分段。

九、對正文中的典籍及引文，擇要説明來源。

十、校記徵引文獻，原始典籍類徑稱經典原名（如周易正義，稱周易），注疏輯佚類則稱全名。版本信息詳見附録三。

# 五行大義序

上儀同三司城陽郡開國公蕭吉撰

夫五行者，蓋造化之根源，人倫之資始；萬品〔一〕禀其變易，百靈因其感通。本乎陰陽，散乎精像；周竟天地，布極幽明。子午、卯酉爲經緯，八風、六律爲綱紀。故天有五度以垂象，地有五材以資用，人有五常以表德。萬有森羅，以五爲度，過其五者，數則變焉。寔資五氣，均和四序，孕育百品，陶鑄萬物。善則五德順行，三靈炳曜；惡則九功不革，六沴互興。原始要終，靡究萌兆。是以聖人體於未肇，故設言以筌象，立象以顯事〔二〕。事既懸有，可以象知；象則有滋，滋故生數。數則可紀，象則可形；可形可紀，故其理可假而知，可假而知則龜筮是也。龜則爲象，故以日爲五行之元；筮則爲數，故以辰爲五行之主。若夫參辰伏見，日月盈虧〔三〕，雷動虹出，雲行雨施，此天之象也。二十八舍〔四〕，內外諸官，七耀三光，星分歲次，此天之數也。山川水陸，高下平汙，嶽鎮河通，風迴露蒸，此地之象也。八極四海，三江五湖，九州百郡，千里萬頃，此地之數也。禮以節事，樂以和心，爵表章旗，刑用革善，此人之象也。百官以治，萬人以立，四教修文，七德閲武，此人之數也。因夫象數，故識五行之始末；藉〔五〕斯龜筮，乃辨陰陽之吉凶。是以事假象知，物從數立。

**校記**

〔一〕「品」，天文本引一本作「物」。
〔二〕「立象以顯事」，天文本「立」上有「以」字。
〔三〕「虧」，天文本作「虚」。
〔四〕「舍」，元弘本作「宿」。
〔五〕「藉」，底本、元禄本、宛委本作「籍」，據元弘本、嘉慶本、知不足本、常州本、集成本改。

吉每尋閲墳、索〔一〕，研窮〔二〕經典，自羲、農以來迄于周、漢，莫不以五行爲政治之本，以蓍龜爲善惡之先，所以傳云：「天生五材，廢一不可〔三〕。」尚書曰：「商王受〔四〕，狎侮五常，殄棄三政〔五〕。」故知得之者昌，失之者滅。昔中原喪亂〔六〕，晉氏南遷，根本之書不足，枝條之學斯盛。虚談巧筆，競功於一時；碩學經邦，棄之於萬古。末代踵習，風軌遂成。雖復占候之術尚行〔七〕，皆從左道之説；卜筮之法恒在，爻象之理莫分。月令靡依，時制〔八〕必爽；失之毫髮，千里必差。水旱興而不辨其由，妖祥作而莫知其趣。非因形像，罕徵窮〔九〕者。觀其謬惑，歎其學人，皆信其末而忘本，竝舉其麤而漏細。古人有云：「登山始見天高，臨壑方覺地厚。不聞先聖之道，無以知學者之大〔一〇〕。」況乃五行幽邃，安可斐然？今故博採經緯，搜窮簡牒，略談大義，凡二十四段，别而分之，合四十段。二十四者，節數之氣；總四十者，五行之成數。始自釋名，終于蟲鳥；凡配五行，皆在兹義，庶幾使斯道不墜，知其始焉。若能治心静志，研其微者，豈直怡神養性，保德全身，亦可弼諧庶政，利安萬有，斯故至人之所達也。昔人感物制經，吉今因事述義，異時而作，共軌殊途。嘆味道之不齊，求利物之一致，倚焉來哲補其闕焉。

## 校記

〔一〕「墳、索」，即三墳、八索。春秋左傳卷四五昭公十二年：「（楚靈）王曰：『（左史）是良史也，子善視之，是能讀三墳、五典、八索、九丘。』」杜注：「皆古書名。」後泛指古代文獻。

〔二〕「窮」，抄本、元禄本作「究」。

〔三〕春秋左傳卷三八襄公二十七年宋子罕言：「天生五材，民並用之，廢一不可，誰能去兵？」杜注「五材」：「金、木、水、火、土也。」

〔四〕各本「受」下有「命」字，孫星衍續古文苑卷一一序上五行大義序：「『尚書曰商王受命』，案：當是『今商王受』之錯誤。」據刪。商王即殷紂，名受，或受德。尚書泰誓下：「今商王受，狎侮五常，荒殆弗敬。」梁玉繩人表考卷九下下愚人辛：「受、紂音相亂。」

〔五〕尚書卷七甘誓：「有扈氏威侮五行，怠棄三正。」「殄」，抄本作「殆」。

〔六〕「亂」，天文本引一本作「禮」。

〔七〕「尚行」，天文本「行」上有「常」字，又引一本無。

〔八〕「制」，天文本引一本作「訓」。

〔九〕「窮」，元弘本作「究」。

〔一〇〕荀子卷一勸學篇：「不登高山，不知天之高也；不臨深溪，不知地之厚也；不聞先王之遺言，不知學問之大也。」

# 總目

就此分爲三段：一者論五行體雜〔二〕，二者論支干雜，三者論方位雜。

第七　論德

第八　論合

第九　論扶抑

第十　論相尅

第十一　論刑

第十二　論害〔三〕

第十三　論衝破

右大小十四篇，第二卷。

第十四　論雜配

就此分爲六段：一者論配五色，二者論配聲音〔四〕，三者論配氣味，四者論配藏府，五者論配五常〔五〕，六者論配五事。

右大小六篇，第三卷。

第十五　論律呂
第十六　論七政
第十七　論八卦八風
第十八　論情性[六]
第十九　論治政
右大小五篇，第四卷。
第二十　論諸神
第二十一　論五帝
第二十二　論諸官
第二十三　論諸人
就此分爲二段：一者論人配五行，二者論人遊年年立。
第二十四　論禽蟲
就此分爲二段：一者論五靈，二者論三十六禽。
右大小七篇，第五卷。

## 校記

〔一〕「衍」，底本作「演」，據元弘本、嘉慶本、知不足本、常州本、集成本及正文改。

〔二〕「體雜」，底本、元弘本、嘉慶本、宛委本、知不足本、集成本作「雜體」，據天文本、常州本及正文改。

〔三〕「害」，底本、宛委本作「善」，據天文本、嘉慶本、知不足本、常州本、集成本及正文改。

〔四〕「聲音」，底本、元弘本、嘉慶本、宛委本、知不足本、集成本作「音聲」，據常州本及正文改。

〔五〕「常」，底本、宛委本作「帝」，據天文本、嘉慶本、知不足本、常州本、集成本及正文改。

〔六〕「情性」，底本、中國刊本作「性情」，據卷目及正文改。

# 五行大義卷一

## 第一　釋名

就此分爲二段：一者釋五行名，二者論支干名。

### 第一釋五行名

夫萬物自有體質，聖人象類而制其名，故曰「名以定體」。無名乃天地之始，有名則萬物之母。以其因功涉用，故立稱謂。禮云：「子生三月，咳而名之〔一〕。」及其未生，本無名字。五行爲萬物之先，形用資於造化，豈不先立其名，然後明其體用。

**校記**

〔一〕「子生三月」，參見儀禮卷三一喪服：「子生三月，則父名之。」「咳而名之」，禮記卷二八内則：「父執子之右手，咳而名之。」「咳」又寫作「孩」，小兒笑貌。

春秋元命苞曰：「木者，觸也，觸地而生〔一〕。」許慎云：「木者，冒也。言冒地而出，字從於中〔二〕，下象其根也〔三〕。」其時春。禮記曰：「春之爲言蠢也，産萬物者也〔四〕。」其位〔五〕在東方。尸子云：「東者，動也〔六〕。」震氣故動。

**校記**

〔一〕「春秋元命苞」，即爲春秋緯元命苞，是成書於西漢末、東漢初的春秋緯之一種，全書已佚。唐、宋以來有多種輯本，清馬國翰玉函山房輯佚書、王謨漢魏遺書鈔、趙在翰七緯、黄奭黄氏逸書考等較爲著名。天文本無「觸也」二字。參見李昉等太平御覽卷九五二木部一引春秋元命苞：「木者陽精生于陰，故水者木之母也。木之爲言觸也，氣動躍也。其字八推十爲木，八者陰合，十爲陽數。」

〔二〕「中」，底本、元禄本、宛委本、集成本作「中」，天文本作「斗」，據元弘本、嘉慶本、知不足本改。

〔三〕説文解字木部：「木，冒也，冒地而生。東方之行，從中，下象其根。」

〔四〕禮記卷四五鄉飲酒義：「春之爲言蠢也，産萬物者聖也。」

〔五〕「其位」，底本、抄本、宛委本作「位有」，據嘉慶本、知不足本、常州本、集成本改。

〔六〕隋書卷三四經籍志三：「尸子二十卷，目一卷。梁十九卷。秦相衛鞅上客尸佼撰。其九篇亡，魏黄初中續。」汪繼培輯尸子卷下：「春爲忠，東方爲春，春，動也。」

白虎通云：「火之爲言化也。陽氣用事，萬物變化也〔一〕。」許慎曰：「火者，炎上也。其字炎而上，象形者也〔二〕。」其時夏。尚書大傳云：「何以謂之夏？夏，假也。假者，方呼萬物而養之〔三〕。」釋名曰：「夏，假者，寬假萬物，使生長也〔四〕。」其位南方。尚書大傳云：「南，任也，物之方任也。」

## 校記

〔一〕見白虎通卷四五行。

〔二〕説文解字火部：「火，燬也，南方之行，炎而上，象形。」

〔三〕太平御覽卷二一時序部六引尚書大傳卷一下唐傳：「南方者何也？任方也。任方者，物之方任。何以謂之夏？夏者，假也，吁荼萬物，養之外者也。故曰南方夏也。」

〔四〕見釋名卷一釋天。

元命苞云：「土之爲言吐也。含吐氣精，以生於物〔一〕。」許慎云：「土者，吐生者也〔二〕。」王肅云：「土者，地之別號，以爲五行也。」許慎云：「其字，二以象地之下與地之中。以一直畫，象物初出地也〔三〕。」其時季夏。季，老也。萬物於此成就方老，王於四時之季〔四〕，故曰老也〔五〕。其位處內。內，通也。禮斗威儀〔六〕云：「得皇極之正氣，含黃中之德，能苞萬物。」

## 校記

〔一〕太平御覽卷三七地部二引春秋元命苞：「土爲言吐也，言子成父道，吐也，氣精以輔也。陽立於三，故成生。其立字，十夾一爲土。」

〔二〕説文解字土部：「土，地之吐生萬物者也。」

〔三〕説文解字土部：「二，象地之上、地之中。丨，物出形也。」

〔四〕「王於四時之季」，元弘本、天文本作「季於四時之王」。

〔五〕孫星衍尚書今古文注疏卷一二周書三洪範第十二下「五曰考終命」下云：「五行大義云：『土，其時季夏。季，老也。萬物於此成就方老，王於四時之季，故曰老也。』萬物老而成就，是考終命也。」

〔六〕「禮斗威儀」，禮緯三卷之一，隋書卷三二經籍志一：「禮緯三卷，鄭玄注，亡。」

許慎云：「金者，禁也，陰氣始起，萬物禁止也。土生於金〔一〕，字從土，左右注，象金在土中之形也〔二〕。」其時秋也。禮記云：「秋之爲言愁也。愁之〔三〕以時，察守義者也。」尸子云：「秋，肅也，萬物莫不肅敬恭莊，禮之主也〔四〕。」説文曰：「天地反物爲秋〔五〕。」

其位西方。尚書大傳云：「西，鮮也。鮮，訊也。訊者，始入之貌也。」

**校記**

〔一〕「金者」至「於金」十七字不見今本説文解字。

〔二〕説文解字金部：「西方之行生於土，从土，左右注，象金在土中形。」

〔三〕「愁之」，元弘本、天文本無。語見禮記卷四五鄉飲酒義。

〔四〕尸子卷下：「秋爲禮，西方爲秋。秋，肅也，萬物莫不肅敬，禮之至也。」

〔五〕「天地」，元弘本、天文本無「天」字。六字不見今本説文解字。太平御覽卷二四時序部九釋「秋」同此本：「説文曰：天地反物爲秋。字從禾，燋省聲。」

釋名、廣雅、白虎通皆曰：「水，準也，平準萬物〔一〕。」元命苞曰：「水之爲言演〔二〕也，陰化淖濡，流施潛行也。故立字，兩人交，一以中出者爲水。一者數之始，兩人譬男女，陰陽交以起一也〔三〕。」水者，五行始焉，元氣之湊液也。管子云：「水者，地之血氣，筋脉之通流者，故曰水〔四〕。」許慎云：「其字象泉並流，中有微陽之氣〔五〕。」其時冬。尸子云：「冬，終也，萬物至此終藏也〔六〕。」禮記云：「冬之爲言中也，中者，藏也〔七〕。」其位北方。尸子云：「北，伏也。萬物至冬皆伏，貴賤若一也〔八〕。」

五行之時及方位，故分而釋之。

## 校記

〔一〕釋名卷一釋天：「水，準也，準平物也。」廣雅卷五下釋言：「水，準也。」白虎通卷四五行：「水之爲言准也。養物平均，有准則也。」

〔二〕「演」，天文本作「準」。

〔三〕太平御覽卷五八地部二三引春秋元命苞：「水之爲言演也，陰化淖濡，流施潛行也。故其立字，兩人交，一以中出者爲水。一者數之始，兩人譬男女，言陰陽交物，以一起也。」俞正燮癸巳類稿卷七緯字論：「漢人言緯讖，非聖人所作，中多近鄙別字，頗類世俗之辭，恐貽誤後生。今檢五行大義釋名引元命包云：『水立字，兩人交，一從中出者爲水。一者數之始，兩人譬男女，陰陽交以起一也。』」

〔四〕管子卷一四水地：「水者，地之血氣，如筋脉之通流者也。」

〔五〕説文解字水部：「象衆水並流，中有微陽之氣也。」

〔六〕尸子卷下：「冬爲信，北方爲冬，冬，終也。」

〔七〕見禮記卷四五鄉飲酒義。

〔八〕尸子卷下：「北，伏方也。是故萬物至冬皆伏，貴賤若一，美惡不減，信之至也。」

# 第二論支干名

支干者，因五行而立之。昔軒轅之時，大撓〔一〕之所制也。蔡邕月令章句云：「大撓採〔二〕五行之情，占斗機所建也。始作甲乙以名〔三〕日，謂之幹；作子丑以名月〔四〕，謂之支〔五〕。有事於天，則用日；有事於地，則用辰〔六〕。」陰陽之別，故有支干名也。而名有總別，先論總名，次言別號。

## 校記

〔一〕「撓」，後漢書律曆志上劉昭注引月令章句作「橈」，下同。

〔二〕「採」，後漢書律曆志上劉昭注引月令章句作「探」。

〔三〕「名」，天文本引一本作「爲」。

〔四〕「月」，天文本引一本作「辰」。

〔五〕後漢書律曆志上劉昭注引月令章句：「大橈探五行之情，占斗綱所建，於是始作甲乙以名日，謂之幹，作子丑以名月，謂之枝。枝幹相配，以成六旬。」黄奭黄氏逸書考漢學堂經解蔡邕月令章句：「『五行大義』『綱』作『機』。下『於是』作『也』。」

〔六〕南齊書卷九禮志上引助教周山文議：「蔡邕月令章句解元辰云『日，幹也。辰，支也。有事於天，用日；有事於地，用辰』。」

總名支榦者，榦字乃有三種不同：一作幹，二作榦，三作干字。今解榦字者，此支榦既相配成用，如樹木之有枝條莖榦，共爲樹體，所以云榦。又作幹者，幹濟爲義，支〔一〕者，支任爲義，以此日辰，任濟萬事，故云支幹。又作干字者，亦是榦義。如物之在竿上，能豎立顯然，故亦云竿也。世書從易，故多干也。

**校記**

〔一〕「支」，天文本上有「作」字。

次別號者，詩緯推度災云：「甲者，押也，春則開也，冬則闔也〔一〕。」鄭玄注禮記月令云：「甲者，抽也；乙者，軋也。春時萬物皆解孚甲，自抽軋而出也〔二〕。」丙者，柄也。物之生長，各執其柄〔三〕。鄭玄云：「丙者，炳也。夏時萬物强大，炳然著見也〔四〕。」丁者，亭也，亭猶止也〔五〕。物之生長，將應止也。戊者，貿〔六〕也。生長既極，極則應成，貿易前體也〔七〕。己者，紀也。物既始成，有條紀也〔八〕。鄭玄云：「戊之言茂也，己之言起也，謂萬物皆枝葉茂盛，其含秀者抑屈而起也〔九〕。」庚者，更也。辛者，新也。謂萬物成代，改更復新也〔一〇〕。鄭玄云：「謂萬物皆肅然改更，秀實新成也〔一一〕。」壬者，任也。癸者，揆也。陰任於陽〔一二〕，揆然萌牙於物也。鄭玄云：「時維閉藏萬物，懷任於下，揆然萌牙也〔一三〕。」子者，孳也。陽氣既動，萬物孳萌〔一四〕。三禮義宗云：「陽氣至，孳養生〔一五〕。」丑者，紐也。紐者，繫也，續萌而繫長也〔一六〕。故曰：「孳萌於子，紐牙於丑〔一七〕。」三禮義宗云：「言居終始之際，故以紐結爲名。」寅者，移也，亦云引也。物牙稍吐，引而申之，移出於地也。淮南子云：「寅，螾動生也〔一八〕。」三禮義宗云：「寅者，引也，肆建之義也〔一九〕。」卯者，冒也。物生長大，覆冒於地也〔二〇〕。淮南子云：「卯，茂也，茂然也〔二一〕。」三禮義宗云：「卯，茂也，陽氣至此，物生滋茂〔二二〕。」辰者，震也。震動奮迅，去其故體也〔二三〕。三禮義宗云：「此月之時，物盡震動而長。」巳者，已也。故體洗去，於是已竟也〔二四〕。三禮義宗云：「巳，起也，物至此時，皆畢盡而起〔二五〕。」午者，仵也，亦云萼也〔二六〕。仲夏之月，萬物盛大，枝柯萼布於午。淮南子云：「午者，忤也〔二七〕。」三禮義宗云：「仵，長也，大也。明物皆長大也〔二八〕。」未者，味也〔二九〕。陰氣已長，萬物稍衰，體蔓味也，故曰「蔓味於未」。淮南子云：「未，味也〔三〇〕。」三禮義宗云：「時物向成，皆有氣味〔三一〕。」申者，伸，伸猶引也，長也，衰老〔三二〕引長。淮南子云：「申，呻也〔三三〕。」三禮義宗云：「申者，身也，物皆身體成就也〔三四〕。」酉者，老也，亦云熟也，萬物老極而成熟也〔三五〕。淮南子云：「酉，飽也〔三六〕。」三禮義宗云：「酉，猶也，猶倫之義也。此時物皆縮小而成也。」戌者，滅也，殺也。九月殺極，物皆滅也〔三七〕。三禮義宗云：「此時物衰滅也。」亥者，核也，閡也。十月閉藏，萬物皆入核閡〔三八〕。三禮義宗云：「亥，劾也，言陰氣劾殺萬物也〔三九〕。」

## 校記

〔一〕「推度災」，詩緯十八卷之一，隋書卷三二經籍志一：「詩緯十八卷，魏博士宋均注。梁十卷。」「押」，天文本作「抽」。王仁俊玉函山房輯佚書續編詩緯推度災宋均注引五行大義一「押」作「物」。陳喬樅詩緯集證卷一推度災引五行大義一此句云：「五行大義云支干者，因五行而立之……五行大義中引詩緯語，皆前人採輯所未及，亟爲登之以補佚。……『甲』有開、闔二義，故注申之曰『春則開也，冬則闔也』，以釋『押』字之意，知此二語爲注文者，據下文尒疋歲次云：『卯名單閼。單，盡也；閼，止也。言陽氣推萬物而起，陰氣盡止也。』是尒疋注李巡之語，蕭氏連引之，不別標注云，下引『辰名執徐』諸條皆然，故知此二語及下『物之生長，各執其柄』云云皆詩緯宋注之文。」

〔二〕「甲者」，陳喬樅詩緯集證卷一推度災：「『甲』當作『乙』字之譌耳。『乙者，抽也』，是推度災文。文選陸士衡文賦『思乙乙其若抽』，注云『乙，抽也』，與詩緯義同。『甲』之爲義，無訓作『抽』者。知詩緯是言『乙者，抽也』，文當在鄭注上，轉寫錯入鄭注中，遂致十幹闕乙之名義，今爲訂正之。」禮記卷一四月令「其日甲乙」鄭玄注：「乙之言軋也。日之行，春東從青道，發生萬物，月爲之佐，時萬物皆解孚甲，自抽軋而出，因以爲日名焉。乙不爲月名者，君統臣功也。」

〔三〕陳喬樅詩緯集證卷一推度災引五行大義一此句云：「此亦詩緯及宋均注語。蕭氏引之，不別標書名者，以上文偁詩緯推度災已發其凡，以起例也。」

〔四〕禮記卷一五月令「其日丙丁」鄭玄注：「丙之言炳也。日之行，夏南從赤道，長育萬物，月爲之佐，時萬物皆炳然著見而强大，又因以爲日名焉。」

〔五〕陳喬樅詩緯集證卷一推度災引五行大義一此句云：「文選謝靈運初去郡『止監流歸停』，注引倉頡篇云『亭，定也。停與亭同，古字通。』定，義即止之意。尒疋釋天『太歲在丁曰强圉。』又云：『月在丁曰圉。』圉義亦訓爲止。」

〔六〕「貿」，底本、宛委本、集成本作「買」，據元弘本、元禄本、常州本、知不足本改，下同。

〔七〕陳喬樅詩緯集證卷一推度災引五行大義一此句云：「一曰貿與茂、楙皆聲同，古文通用。鄭君注月令云『戊之言茂也，謂萬物皆枝葉茂盛。』詩緯『貿』字即『茂』之假借。」

〔八〕陳喬樅詩緯集證卷一推度災引五行大義一此句云：「漢書律志云『理紀於己』，釋名釋天云『己，紀也，皆有定形，可紀識也』，與詩緯義合。鄭君云『己之言起也，謂萬物含秀者抑屈而起也』，别爲一解。」

〔九〕禮記卷一六月令「其日戊己」鄭玄注：「戊之言茂也，己之言起也。日之行，四時之間從黃道，月爲之佐，至此萬物皆枝葉茂盛，其含秀者抑屈而起，故因以爲日名焉。」

〔一〇〕陳喬樅詩緯集證卷一推度災引五行大義一此句云：「三國志魏文帝紀及宋書符瑞志引推度災『庚者，更也』，毛詩十月之交正義引推度災『辛之言新』，與此所引皆合，尤足證五行大義所載支幹名號，皆據詩緯之文。」

〔一一〕禮記卷一六月令「其日庚辛」鄭玄注：「庚之言更也，辛之言新也。日之行，秋西從白道，成熟萬物，月爲之佐，萬物皆肅然改更，秀實新成，又因以爲日名焉。」

〔一二〕陳喬樅詩緯集證卷一推度災引五行大義一此句云：「史記律書云『壬之爲言任也，言陽氣任養萬物於下也。癸之爲言揆也，言萬物可揆度，故曰癸。』……釋名釋天云：『壬，妊也，陰陽交，物懷妊，至子而萌也。癸，揆也，揆度而生，乃出土也。』其義皆足證明緯說。」

〔一三〕禮記卷一七月令「其日壬癸」鄭玄注：「壬之言任也，癸之言揆也。日之行，東北從黑道，閉藏萬物，月爲之佐，時萬物懷任於下，揆然萌牙，又因以爲日名焉。」

〔一四〕陳喬樅詩緯集證卷一推度災引五行大義一此句云：「史記律書云：『子者，滋也；滋者，言萬物滋於下也。』『滋』與『孳』通。釋名釋天云：『子，孳也，陽氣始萌，孳生於下也。』」

〔一五〕「三禮義宗」，隋書卷三二經籍志一：「三禮義宗三十卷，崔靈恩撰。」陳立白虎通疏證卷四五行「子者，孳也」，注：「五行大義云：『子者，孳也。陽氣既動，萬物孳萌。』又引義宗云：『陽氣至，孳養生。』滋、茲、孳、子，並音義兼通。」

〔一六〕「丑者，紐也」，史記卷二五律書「律中大吕。大吕者，其於十二子爲丑」，裴駰集解引徐廣曰：「此中闕，不説大吕及丑也。」張守節正義：「案：此下闕文。或一本云『丑者，紐也。言陽氣在上未降，萬物厄紐未敢出也』。」陳喬樅詩緯集證卷一推度災引五行大義一此句云：「律書云：『丑者，紐也。言陽氣在上未降，萬物厄紐未敢出也。』」

〔一七〕見漢書卷二一律曆志上。

〔一八〕淮南鴻烈卷三天文訓：「正月指寅，十二月指丑，一歲而匝，終而復始。指寅，則萬物螾螾也。」高誘注：「動生貌。」

〔一九〕俞正燮癸巳存稿卷六「攝提格」：「寅曰攝提格者，史記天官書云：『攝提者，直斗柄所指，以建時節，故曰「攝提格」。』則格以斗柄起義。五行大義引三禮義宗云：『寅者，引也，肆建之義也。』……蓋以寅爲建之始，故以攝提屬之，明六十甲子之名生於斗也。」

〔二〇〕説文解字卯部：「卯，冒也。二月，萬物冒地而出。象開門之形。」釋名卷一釋天：「卯，冒也，載冒土而出也。」陳喬樅詩緯集證卷一推度災引五行大義一此句云：「冒、茂二義亦互相備，詩緯注言『物生長大，覆冒於地』，兼有滋茂之義。」

〔二一〕淮南鴻烈卷三天文訓：「指卯，卯則茂茂然，律受夾鐘。」

〔二二〕陳立白虎通疏證卷四五行注引五行大義所引三禮義宗有此句，並云：「古茂、卯、冒並同音。」

〔二三〕說文解字辰部：「辰，震也。三月陽氣動，雷電振，民農時也，物皆生。」史記卷二五律書云：「辰者，言萬物之蜄也。」淮南鴻烈卷三天文訓：「指辰，辰則振之也，律受姑洗。姑洗者，陳去而新來也。」陳喬樅詩緯集證卷一推度災引五行大義一「辰者，震也」云：「姑者，故也；洗者，鮮也。言萬物皆去故就新，莫不鮮明也。注言『去其故體』，是其義矣。」

〔二四〕說文解字巳部：「巳，已也。四月陽氣已出，陰氣已臧，萬物見，成文章。」又白虎通卷四五行：「太陽見於巳。巳者，物必起，律中中呂。」陳喬樅詩緯集證卷一推度災引五行大義一「巳者，已也」云：「『必』與『畢』字通，畢，竟也。釋名釋天云『巳，已也，陽氣畢布已也。』訓義並同。」

〔二五〕陳立白虎通疏證卷四五行注：「大義引義宗云：『巳，起也，物至此時，皆畢盡而起。』起、已皆諧聲爲義也。」

〔二六〕釋名卷一釋天：「午，仵也，陰氣從下，上與陽相仵逆也。」

〔二七〕淮南鴻烈卷三天文訓：「指午，午者，忤也，律受蕤賓。蕤賓者，安而服也。」

〔二八〕陳立白虎通疏證卷四五行注：「大義引義宗云：『午，長也，大也。明物皆長大也。』是即物滿長之義也。」

〔二九〕淮南鴻烈卷三天文訓：「指未，未，味也，律受林鐘。林鐘者，引而止也。」釋名卷一釋天：「未，昧也。日中則昃，向幽昧也。」

〔三〇〕史記卷二五律書：「未者，言萬物皆成，有滋味也。」又說文解字未部：「未，味也，六月滋味也。」陳喬樅詩緯集證卷一推度災引五行大義一此句云：「釋名就一日而言，律書及說文就一歲而言，故訓義各殊耳。」王念孫讀書雜志九淮南內篇第三天文：「未，味也。念孫案：『未』下脱『者』字。『味』本作『昧』，後人以漢書律曆志云『昧薆於未』，故改『昧』爲『味』。不知淮南自訓『未』爲『味』，與漢書不同也。五行大義論支榦名篇及太平御覽引淮南竝云『未者，味也』。白虎通義及廣雅竝云『未，味也』，說文『未，味也。六月滋味也（「六月」下有脱文）。』史記律書：『未者，味也，言萬物皆成，有滋味也。』義竝與淮南同。」

〔三一〕「皆有氣味」，陳立白虎通疏證卷四五行注引五行大義作「皆有滋味」。王仁俊據此輯入玉函山房輯佚書續編經編通禮類三禮義宗，云：「按：『時』字疑『待』之誤。」

〔三二〕「衰老」下，天文本有「刻」字。

〔三三〕淮南鴻烈卷三天文訓：「指申，申者，呻之也，律受夷則。」

〔三四〕釋名卷一釋天：「申，身也，物皆成其身體，各申束之，使備成也。」陳喬樅詩緯集證卷一推度災引五行大義一「申者，伸也，伸猶引也，長也，衰老引長」云：「意物既成體，則漸老而堅。」

〔三五〕史記卷二五律書：「酉者，萬物之老也，故曰酉。」釋名卷一釋天：「酉，秀也。秀者，物皆成也。於易爲兑，兑，説也，物得備足，皆喜悦也。」爾雅釋草：「木謂之華，草謂之榮。不榮而實者謂之秀。」陳立白虎通疏證卷四五行「酉者，老也」，注引此句云：「並取物收斂成熟爲義。」陳喬樅詩緯集證卷一推度災引五行大義一此句云：「秀有成實之義。」

〔三六〕淮南鴻烈卷三天文訓：「指酉，酉者，飽也，律受南吕。南吕者，任包大也。」

〔三七〕史記卷二五律書：「戌者，言萬物盡滅，故曰戌。」淮南鴻烈卷三天文訓：「指戌，戌者，滅也，律受無射。」説文解字戌部：「戌，滅也。九月陽氣微，萬物畢成，陽下入地也。」釋名卷一釋天：「戌，恤也，物當收斂，矜恤之也。亦言脱也，落也。」陳喬樅詩緯集證卷一推度災引五行大義一此句云：「訓脱、訓落，並與滅義相近，惟收恤之訓，其義特殊。然據律曆志言『畢入於戌』，則是戌兼有收恤之義也。」

〔三八〕説文解字亥部：「亥，荄也，十月微陽起，接盛陰。」釋名卷一釋天：「亥，核也，收藏百物，核取其好惡真僞也。亦言物成皆堅核也。」陳喬樅詩緯集證卷一推度災引五行大義一此句云：「訓荄、訓核，即爲萬物作種之義。」

〔三九〕陳喬樅詩緯集證卷一推度災引五行大義一此句云：三禮義宗「義與諸解不同，別爲一説」。

爾雅歲次云：「大歲在寅，名攝提格〔一〕。」淮南子注云：「格，起也，萬物承陽而起〔二〕。」

卯名單閼。單，盡；閼，止也。言陽氣推萬物而起，陰氣盡止也〔三〕。辰名執徐。執，蟄也；徐，舒也。言伏蟄之物皆散舒而出也〔四〕。巳名大荒落。荒，大也。言萬物熾盛而大出，落落而布散也〔五〕。午名敦牂。淮南子云：「敦，盛；牂，壯也。言萬物盛壯也。〔六〕」未名協洽。淮南子云：「協，和也；洽，合也。言陰欲化，萬物和合也〔七〕。」申名涒灘。淮南子云：「涒灘，大脩也。言萬物皆脩其精氣也〔八〕。」酉名作鄂〔九〕。淮南子云：「名作鄂。作鄂，零落也。言萬物皆陊落也〔一〇〕。」戌名閹〔一一〕茂。掩，蔽也；茂，冒也。言萬物皆蔽冒也〔一二〕。亥名大淵獻。淵，藏；獻，迎也。言萬物終亥，大小深藏窟伏，以迎陽也〔一三〕。子名困敦。困，混也；敦，沌也。言陽氣混沌，萬物牙孽也〔一四〕。丑名赤奮若。奮，起也；若，從也。言陽氣奮迅萬物而起，無不順其性。赤，陽色也〔一五〕。春秋緯云「大陰所在之名〔一六〕」，與淮南子、爾雅不同〔一七〕。

此竝支干別名大意，終從氣解，故以具釋之。

## 校記

〔一〕見爾雅釋天。下「辰名執徐」「巳名大荒落」等語均可參見爾雅釋天。史記卷二七天官書：「大角者，天王帝廷。其兩旁各有三星，鼎足句之，曰攝提。攝提者，直斗杓所指，以建時節，故曰『攝提格』。」司馬貞索隱：「元命包云『攝提之爲言提攜也。言提斗攜角以接於下也。』」

〔二〕淮南鴻烈卷三天文訓「攝提格之歲」高誘注：「格，起。言萬物承陽而起也。」

〔三〕淮南鴻烈卷三天文訓「單閼之歲」高誘注：「單，盡；閼，止也。陽氣推萬物而起，陰氣盡止也。」

〔四〕淮南鴻烈卷三天文訓「執徐之歲」高誘注：「執，蟄；徐，舒也。伏蟄之物皆散舒而出也。」

〔五〕淮南鴻烈卷三天文訓「大荒落之歲」高誘注：「荒，大也。方萬物熾盛而大出，霍然落落大布散。」

〔六〕底本、宛委本、集成本「敦」上有「欃槍」二字，淮南鴻烈卷三天文訓高誘注無，嘉慶本、知不足本、常州本亦無。元祿本校語：「欃槍，恐衍。」據刪。「敦盛牂壯」，抄本作「敦牂」。

〔七〕淮南鴻烈卷三天文訓「敦牂之歲」高誘注：「敦牂，敦盛牂壯也。言萬物皆盛壯也。」

〔七〕淮南鴻烈卷三天文訓「協洽之歲」高誘注：「協，和；洽，合也。言陰欲化，萬物和合。」

〔八〕淮南鴻烈卷三天文訓「涒灘之歲」高誘注：「涒，大；灘，修也。言萬物皆修其精氣也。」「脩」「修」或爲「循」之誤。陳奇猷呂氏春秋校釋序意「維秦八年，歲在涒灘」，高誘注：「歲在申名涒灘。涒，大也；灘，循也。萬物皆大循其情性也。」陳奇猷校釋：「案：淮南高注『循』皆作『脩』，誤。……『脩』蓋『循』形近而誤耳。」

〔九〕史記卷二六曆書「尚章作噩」，裴駰集解：「噩，一作『鄂』。」司馬貞正義引李巡云：「作鄂，萬物皆落枝起之貌也。」

〔一〇〕淮南鴻烈卷三天文訓「作鄂之歲」高誘注：「作鄂，零落也。萬物皆陊落。」

〔一一〕「閹」，知不足本、常州本、集成本作「掩」。

〔一二〕「掩蔽也茂冒也」，元弘本作「掩大也置也言萬物皆大置也」。淮南鴻烈卷三天文訓「掩茂之歲」高誘注：「掩，蔽；茂，冒也。言萬物皆蔽冒。」

〔一三〕淮南鴻烈卷三天文訓「大淵獻之歲」高誘注：「淵，藏；獻，迎也。言萬物終於亥，大小深藏窟伏以迎陽。」

〔一四〕淮南鴻烈卷三天文訓「困敦之歲」高誘注：「困，混；敦，沌也。言陽氣皆混沌，萬物牙蘖也。」

〔一五〕淮南鴻烈卷三天文訓「赤奮若之歲」高誘注：「奮，起也；若，順也。言陽奮物而起之，無不順其性也。赤，陽色。」

〔一六〕「春秋緯」，讖緯類典籍，漢代無名氏作，全書已佚。清侯康補三國藝文志卷二讖緯類「宋均春秋緯注三十卷」下云：「康案：後漢書樊英傳注載春秋緯十三篇，有握誠圖而無命厤序，宋注亦適十三篇，有命厤序而無握誠圖，朱彝尊疑握誠圖即令誠圖，然則正宜以命厤序補其闕。但詩生民疏云：緯候之書及春秋命厤序言五帝傳世之事，以命厤序别于緯候之外，又似春秋緯實無其書。而據蕭吉五行大義論諸神篇、後漢書楊厚傳注、初學記卷九、御覽卷七十八，則宋均命厤序注確有明文（趙氏七緯無命厤序，故今特著宋注所出），無妨宋均于十三緯之外別注他篇矣。」

〔一七〕王引之經義述聞第三〇第廿一論甲子篇太歲之名當出殷數：「五行大義曰：『春秋緯太陰所在之名，與爾雅不同。』案：春秋緯亦用殷數，故與爾雅不同。」甲子篇，見史記卷二六曆書「曆術甲子篇」。史記卷二六曆書有「端蒙赤奮若四年」，司馬貞索隱：「天官書作『赤奮若』，與爾雅同。四年已後，自太始、征和已下訖篇末，其年次甲乙皆準此。並褚先生所續。」

## 第二　辨體性

體者，以形質爲名；性者，以功用爲義。以五行體性資益萬物，故合而辨之。

木居少陽之位，春氣和煦温柔，弱火伏其中，故木以温柔爲體，曲直爲性。火居大陽之位，炎熾赫烈，故火以明熱爲體，炎上爲性。土在四時之中，處季夏之末，陽衰陰長，居位之中，總於四行〔一〕，積塵成實。積則有間，有間故含容，成實故能持，故土以含散持實爲體，稼穡爲性。金居少陰之位，西方成物之所，物成則凝强，少陰則清冷，故金以强冷爲體，從革爲性。水以寒虚爲體，潤下爲性。洪範云「木曰曲直，火曰炎上，土曰稼穡〔二〕，金曰從革，水曰潤下」，是其性也。淮南子云：「天地之襲精爲陰陽，陰陽之專精爲四時，四時之散精爲萬物。積陰之寒氣反者爲水，積陽之熱氣反者爲火〔三〕。」水雖陰物，陽在其內，故水體內明；火雖陽物，陰在其內，故火體內暗。木爲少陽，其體亦含陰氣，故內空虛，外有花葉，敷榮可觀。金爲少陰，其體剛利，殺性在外，內亦光明可照。土苞四德，故其體能兼虛實。

## 校記

〔一〕「總於四行」，太平御覽卷二二時序部七引五行體性論作「摠於四德」。

〔二〕「穡」，底本、宛委本作「稷」，天文本、元禄本、嘉慶本、知不足本、常州本、集成本作「穡」，尚書卷一二洪範及本節下文亦作「穡」，據改。

〔三〕淮南鴻烈卷三天文訓：「天地之襲精爲陰陽，陰陽之專精爲四時，四時之散精爲萬物。積陽之熱氣生火，火氣之精者爲日；積陰之寒氣爲水，水氣之精者爲月。日月之淫爲精者爲星辰。」太平御覽卷四天部四引淮南子：「日月天之使也，積陰之寒氣久者爲水，水氣之精者爲月。」藝文類聚卷一天部上引淮南子曰：「月，天之使也，積陰之寒氣大者爲水，水氣之精者爲月。」王念孫讀書雜志九淮南內篇第三：「初學記天部上、太平御覽天部四竝引此云『積陰之寒氣久者爲水』。隋蕭吉五行大義辨體性篇引此云『積陽之熱氣反者爲火，積陰之寒氣反者爲水』。藝文類聚天部上引此云『積陰之寒氣大者爲水』，『反』與『大』皆『久』字之誤，則原有『久者』二字明矣。」

洪範傳〔一〕曰：木曰曲直者東方。易云「地上之木爲觀」，言春時出地之木，無不曲直，花葉可觀，如人威儀容貌也。許慎云：「地上之可觀者莫過於木，故相字，目傍木也。」古之王者，登輿有鸞和之節，降車有佩玉之度，田狩有三驅之制，飲餞有獻酢之禮。無事不巡幸，無奪民時。以春，農之始也，無貪欲姦謀，所以順木氣。木氣順則如其性，茂盛敷實，以爲民用，直者中繩，曲者中鉤。若人君失威儀，酖酒淫縱，重徭厚税，田獵無度，則木失其性，春不滋長，不爲民用，橋梁不從其繩墨，故曰「木不曲直」也〔二〕。

## 校記

〔一〕「洪範傳」，應指洪範五行傳論（漢書卷三六劉向傳）、洪範五行傳記（漢書卷三〇藝文志）、洪範五行傳（尚書大傳卷四）、五行傳（後漢書志第一三至第一六）一類説解發揮尚書洪範意旨之書。

〔二〕漢書卷二七五行志上：「傳曰：『田獵不宿，飲食不享，出入不節，奪民農時，及有姦謀，則木不曲直。』説曰：木，東方也。於易，地上之木爲觀。其於王事，威儀容貌亦可觀者也。」傳、説又見後漢書志第一三五行志一、尚書大傳卷四洪範五行傳。

火曰炎上。炎上者，南方。揚〔一〕光輝，在盛夏，氣極上，故曰炎上。王者向明而治，蓋取其象。古者明王南面聽政，攬海内雄俊，積之於朝，以助明也。退邪佞之人臣，投之於野，以通壅塞。任得其人則天下大治，垂拱無爲。易以離爲火、爲明。重離重明，則君臣俱明也。明則順火氣，火氣順則如其性，如其性則能成熟。順人士之用，用之則起，捨之則止。若人君不明，遠賢良，進讒佞，棄法律，疏骨肉，殺忠諫，赦罪人，廢敵立庶，以妾爲妻，則火失其性，不用則起，隨風斜行，焚宗廟宮室，燎于民居，故曰「火不炎上」〔二〕。

## 校記

〔一〕「揚」，天文本作「陽」。

〔二〕漢書卷二七五行志上：「傳曰：『棄法律，逐功臣，殺太子，以妾爲妻，則火不炎上。』說曰：火，南方，揚光煇爲明者也。其於王者，南面鄉明而治。」傳、說又見後漢書志第一四五行志二，尚書大傳卷四洪範五行傳。

土爰稼穡。稼穡者，種曰稼，斂曰穡。土爲地道，萬物貫穿而生，故曰稼穡。土居中〔一〕，以主四季、成四時。中央爲内事，宮室、夫婦、親屬之象。古者天子至於士人，宮室寢處皆有高卑節度。與其過也，寧儉。禹卑宮室，孔子善之。后、夫人、左右妾媵有差，九族有序，骨肉有恩，爲百姓之所軌則也〔二〕。如此順中和之氣，則土得其性；得其性，則百穀實而稼穡成。如人君縱意廣宮室臺榭，鏤雕五色，罷盡人力，親疏無別，妻妾過度，則土失其性；土失其性則氣亂，稼穡不成，故五穀不登，風霧爲害，故曰「土不稼穡」〔三〕。

## 校記

〔一〕天文本「中」下有「央」字。

〔二〕「也」，底本、抄本、宛委本作「則」，據嘉慶本、知不足本、常州本、集成本改。

〔三〕漢書卷二七五行志上：「傳曰：『治宮室，飾臺榭，內淫亂，犯親戚，侮父兄，則稼穡不成。』說曰：土，中央，生萬物者也。其於王者，爲內事。宮室、夫婦、親屬，亦相生者也。古者天子諸侯，宮廟大小高卑有制，后夫人媵妾多少進退有度，九族親疏長幼有序。孔子曰：『禮，與其奢也，寧儉。』故禹卑宮室，文王刑於寡妻，此聖人之所以昭教化也。如此則土得其性矣。若乃奢淫驕慢，則土失其性。亡水旱之災而草木百穀不孰，是爲稼穡不成。」傳、說又見後漢書志第一六五行志四、尚書大傳卷四洪範五行傳。

金曰從革。從革者，革，更也，從範而〔一〕更，形革成器也。西方物既成，殺氣之盛，故秋氣起而鷹隼擊，春氣動而鷹隼化，此殺生之二端，是以白露爲霜，霜者，殺伐之表。王者教兵，集戎事以誅不義，禁暴亂以安百姓。古之人君，安不忘危，以戒不虞，故曰：「天下雖安，忘戰者危；國邑雖强，好戰必亡〔二〕。」殺伐必應義，應義則金氣順，金氣順則如其性。如其性者，工冶鑄作，革形成器。如人君樂侵凌，好攻戰，貪色賂，輕百姓之命，人民騷動，則金失其性，冶鑄不化，凝滯渠〔三〕堅，不成者衆。秋時萬物皆熟〔四〕，百穀已熟〔五〕，若逆金氣，則萬物不成，故曰「金不從革」〔六〕。

## 校記

〔一〕「而」，天文本無。

〔二〕史記卷一一二平津侯主父列傳主父偃引司馬法：「國雖大，好戰必亡；天下雖平，忘戰必危。」

〔三〕「渠」，嘉慶本、知不足本、常州本作「涸」。

〔四〕「熟」，知不足本作「成」。

〔五〕「熟」，天文本作「成」。

〔六〕漢書卷二七五行志上：「傳曰：『好戰攻，輕百姓，飾城郭，侵邊境，則金不從革。』説曰：金，西方，萬物既成，殺氣之始也。故立秋而鷹隼擊，秋分而微霜降。其於王事，出軍行師，把旄杖鉞，誓士衆，抗威武，所以征畔逆止暴亂也。」傳、説又見後漢書志第一三五行志一、尚書大傳卷四洪範五行傳。

水曰潤下。潤下者，水流濕就汙下也。北方至陰，宗廟祭祀之象。冬，陽之所始，陰之所終，終始者，綱紀時也。死者魂氣上天爲神，魄氣下降爲鬼，精氣散在於外而不反，故爲之宗廟，以收散也。易曰「渙，亨。王假有廟」，此之謂也。夫聖人之德，又何以加於孝乎？故天子親耕以供粢盛，王后親蠶以供祭服，敬之至也。敬之至，則鬼神報之以介福，此順水氣。水氣順，則如其性；如其性，則源泉通流，以利民用。若人君廢祭祀，漫〔一〕鬼神，逆天時，則水失其性。水暴出，漂溢没溺，壞城邑，爲人之害，故曰「水不潤下」也〔二〕。

## 校記

〔一〕「漫」，天文本、嘉慶本、知不足本、常州本、集成本作「慢」。

〔二〕漢書卷二七五行志上：「傳曰：『簡宗廟，不禱祠，廢祭祀，逆天時，則水不潤下。』說曰：水，北方，終臧萬物者也。其於人道，命終而形臧，精神放越，聖人爲之宗廟以收魂氣，春秋祭祀，以終孝道。王者即位，必郊祀開地，禱祈神祇，望秩山川，懷柔百神，亡不宗事。慎其齊戒，致其嚴敬，鬼神歆饗，多獲福助。」傳、說又見後漢書志第一五五行志三、尚書大傳卷四洪範五行傳。

# 第三　論〔一〕數

就此分爲五段：一者起大衍論易動静數，二者論五行及生成數，三者論支干數，四者論納音數，五者論九宫數。

## 第一起大衍〔二〕論易動静數

凡萬物之始，莫不始於無而後有。是故易有大極，是生兩儀，兩儀生四序〔三〕。四序，生之所生也。有萬物滋繁，然後萬物生成也。皆由陰陽二氣鼓舞陶鑄，互相交感，故孤陽不能獨生，單陰不能獨成，必須配合以鑪冶，爾乃萬物化通〔四〕。是則天有其象，精氣下流，地道含化，以資形始，陰陽消長，生殺用〔五〕成。明其道難明，非數不可究，故因數以辨之。

### 校記

〔一〕「論」，底本、元禄本、嘉慶本、宛委本、知不足本、集成本作「明」，總目、元弘本、常州本作「論」。按體例，應作「論」，據改。

〔二〕「大衍」，周易卷七繫辭上：「大衍之數五十，其用四十有九。」王弼注：「演天地之數，所賴者五十也。」

〔三〕周易卷七繫辭上：「是故易有大極，是生兩儀。兩儀生四象，四象生八卦。八卦定吉凶，吉凶生大業。」

〔四〕天文本「通」下有「還」字。

〔五〕「用」，天文本作「以」。

數之顯理，猶筌蹄之取魚兔〔一〕。陽順唱始，陰佐其終，窮奇偶之數，備相成之道，極變化之源者，詳於蓍策之數也。七八爲靜，九六爲動。陽〔二〕動而進，變七之九，象氣息也。明陽道之舒，以象君德，唱始不休，無所屈後。去極一等，而猶進之，故九動也。陰動而退，變八之六，象氣消也。以明臣法，有所屈後，唱和而已。事理近君則靖〔三〕息以聽命，必須退讓以明其義，故八靜也。易曰「分二以象兩，掛一以象三，揲之以四，以象四時〔四〕」者，餘手有四七，故名七也；有四八，故名八也。有此〔五〕則靜爻之數，夏、殷尚質，以用靜爻占之。餘有四九，故名九也；有四六，故名六也。此則動爻之數，周備質文，故兼用動爻。

## 校記

〔一〕莊子卷七外物：「筌者所以在魚，得魚而忘筌；蹄者所以在兔，得兔而忘蹄。」

〔二〕「陽」，底本作「陰」，據天文本、中國刊本及文意改。

〔三〕「靖」，天文本作「消」。

〔四〕周易卷七繫辭上：「分而爲二以象兩，掛一以象三，揲之以四以象四時，歸奇於扐以象閏，五歲再閏，故再扐而後掛。」

〔五〕元禄本校語：「『有此』之『有』恐衍。」

凡大衍，極天地之數，五十有五也。京房以十日、十二辰、二十八宿，合應五十〔一〕。其一不用者，天之生氣，將欲以虚求實，故用四十九焉。馬融以易之大極謂北辰也〔二〕。北辰生兩儀，兩儀生日月，日月生四時，四時生五行，五行生十二月，十二月生二十四氣。北辰居位不動，其餘四十九，轉運而用也。鄭玄曰：「貞悔六爻，本有五十，定所用者，四十有九〔三〕。」天地之數本五十五，天五與地十通，天一與地六通〔四〕。數之者，氣則有并，并則宜減焉。大衍減五，故有五十；其用減一，故四十有九。不并者，不可減也。今總其數五十者，天一至地十，凡五十五也，此合生成之數。若止言生數，唯有十〔五〕五，從一至五也。

易之所象，爻盡之，有遂，故自天地以下，日月等數皆爲蓍卦所攝，循環變轉，萬世無窮。而五十有五，五本并數，并數者，天之與地，共各有一體，體各有一，正應敵對。今盈於五，則是氣之并數，并不再用，是其配義。配則爲虚，不當於實；不當於實，故事無所主。所以揲蓍不用，又虚其一者，掛一象無，無無可象，故有之用極，則無之功見。故曰尋太業而得吉凶〔六〕，尋吉凶而得八卦，尋八卦以得四時，尋四時以至兩儀，尋兩儀以至太極。太極者，大殺而極，窮無之致也。遣有以極〔七〕遂，減多以就少，此之謂也。故曰太極無所復象，明其空寂，非言象所詮也。

校　記

〔一〕周易卷七繫辭上孔穎達正義引京房云：「五十者，謂十日、十二辰、二十八宿也，凡五十。其一不用者，天之生氣，將欲以虚來實，故用四十九焉。」

〔二〕周易卷七繫辭上孔穎達正義引馬融云：「易有太極，謂北辰也。太極生兩儀，兩儀生日月，日月生四時，四時生五行，五行生十二月，十二月生二十四氣。北辰居位不動，其餘四十九轉運而用也。」

〔三〕周易卷七繫辭上孔穎達正義引鄭康成云：「天地之數五十有五，以五行氣通。凡五行減五，大衍又減一，故四十九也。」

〔四〕中村校注本疑「通」下有「數之也通」四字。

〔五〕「有十」，天文本、知不足本、常州本、集成本作「十有」。

〔六〕「曰」，天文本無。周易卷七繫辭上：「八卦定吉凶，吉凶生大業。」

〔七〕「極」，天文本作「窮」。

## 第二論五行及生成數

行言五者，明萬物雖多，數不過五。故在天爲五星，其神爲五帝。孔子曰：「昔丘聞諸老聃云：『天有五行，木金水火土，其神謂之五帝〔一〕。』」在地爲五方，其〔二〕鎮爲五岳。物理論云：「鎮之以五岳〔三〕。」在人爲五藏，其候五官。黄帝素問云：「五藏候在五官，眼耳口鼻舌也〔四〕。」五行遞相負載，休王相生，生成萬物，運用不休，故云行也。春秋繁露云：「天地之氣，列爲五行。夫五行者，行也〔五〕。」易上繫曰：「天數五，王曰〔六〕：「謂一三五七九也。」韓曰〔七〕：「五，奇也。」地數五，王曰：「謂二四六八十也。」韓曰：「五，偶也。」五位相得，王曰：「五位，金木水火土也。」而各有合。王曰：「謂水在天爲一，在地爲六，六一〔八〕合於北。火在天爲七，在地爲二，二七合於南。金在天爲九，在地爲四，四九合於西。木在天爲三，在地爲八，三八合於東。土在天爲五，在地爲十，五十合於中。故曰：『五位相得，而各有合。』」謝曰〔九〕：「陰陽相應，奇偶相配，各有合也。」韓曰：「天地之數各有五，五數相配，以合成金木水火土也。」」尚書洪範篇曰：「五行，一曰水，二曰火，三曰木，四曰金，五曰土。」

皆其生數〔一〇〕。禮記月令篇云：「木數八，火數七，金數九，水數六，土數五〔一一〕。」皆其成數，唯土言生數。天以一生水於北方，君子之位，陽氣微動於黃泉之下，始動無二，天數與陽合而爲一。水雖陰物，陽在於内，從陽之始，故水數一也。極陽生陰，陰始於午，始亦無二。陰陽二氣，各有其始，正應言一而云二者，以陽〔一二〕尊故。尊既括〔一三〕始，陰〔一四〕卑贊和，配故能生，而陽數偶陰，在火中。火雖陽物，義從陰配，合陰始，故從始立義，故火數二也。老子云：「天得一以清，地得一以寧〔一五〕。」是知皆有一義，唱和同始，是以云木配陽動，而左長於東方。長則滋繁，滋繁則數增，故木數三也。陰佐陽消，陰道右轉而居於西，在陽之後，理無等義，故金數四也。陰陽之數，始乎一周〔一六〕，然後陽達於中，總括四行，苞則彌多，故土數五也。此竝生數，皆云據始，未明成數。數既未成，亦未能爲用。潁容春秋釋例云：「五行生數，未能變化，各成其事。水凝而未能流行，火有形而未生炎光，木精破而體剛，金强而斫，土鹵而斥。於是天以五臨民，君化之。傳曰：『配以五成。』〔一七〕」所以用五者，天之中數也。於是水得於五，其數六，用能潤下。火得於五，其數七，用能炎上。木得於五，其數八，用能曲直。金得於五，其數九，用能從革。土得於五，其數十，用能稼穡〔一八〕。鄭玄云：「數若止五，則陽無匹偶，陰無配義，故合之而成數也。奇者，陽唱於始，爲制爲度；偶者，陰之本，得陽乃成。故天以一始生水於北方，地以其六而成之，使其流潤也。

地以二生火於南方，天以七而成之，使其光曜也。天以三生木於東方，地以其八而成之，使其〔一九〕舒長盛大也。地以四生金於西方，天以九而成之，使其剛利有文章也。天以五合氣於中央，生土，地以十而成之，以備天地之間所有之物也。合之，則地之六爲天一匹也，天七爲地二偶也，地八爲天三匹也，天九爲地四偶也，地十爲天五匹也。陰陽各有合，然後氣性相得，施化行也〔二〇〕。」故四時之運，成於五行；土總四行，居時之季，以成之也。五行傳及白虎通皆云：「木非土不生，根核茂榮。火非土不榮，得土〔二一〕著形。金非土不成，入範成名。水非土不停，隄防禁盈。土扶微助衰，應成其道。故五行更互須土，土王四季而居中央，不以名成時。故知同時俱起，但託義相生。傳曰：『五行竝起，各以名別。』〔二二〕」

## 校記

〔一〕孔子家語卷六五帝：「孔子曰：『昔丘也聞諸老聃曰：「天有五行，水火金木土，分時化育，以成萬物，其神謂之五帝。」』」

〔二〕「方其」，底本、宛委本作「其方」，據元弘本、元禄本、嘉慶本、知不足本、常州本、集成本改。

〔三〕「物理論」，隋書卷三四經籍志三：「梁有楊子物理論十六卷……晉徵士楊泉撰。」楊泉，字德淵，三國吴會稽郡人。太平御覽卷三六引物理論：「鎮之以五岳，積之以丘陵，播之以四瀆，流之以四川。」姚振宗三國藝文志卷三子部「楊子物理論十六卷（楊泉撰）」下云：「錢保塘輯本序曰：『周氏廣業、嚴氏可均謂意林所載傅子、物理論互有錯簡，因取孫氏輯本校之，去其誤收傅子數十條，以齊民要術、五行大義、天中記所引略加補正，而以意林錯簡入傅子者八條録附焉。』」

〔四〕「黄帝素問」，隋書卷三四經籍志三：「黄帝素問九卷，梁八卷。」「五藏候」云云，似爲佚文。

〔五〕春秋繁露卷一三五行相生：「天地之氣，合而爲一，分爲陰陽，判爲四時，列爲五行。行者行也，其行不同，故謂之五行。五行者，五官也，比相生而間相勝也。」

〔六〕「王曰」，隋書卷三二經籍志一：「周易十卷，魏尚書郎王弼注六十四卦六卷。……王弼又撰易略例一卷。」「王曰」所云，或即舊唐書卷四六經籍志上所謂王弼所撰「周易大衍論」，而非指王弼繫辭注。南齊書卷三九陸澄列傳引陸澄致王儉書謂：「易近取諸身，遠取諸物，彌天地之道，通萬物之情。……數百年後，乃有王弼。……且弼於注經中已舉繫辭，故不復別注。今若專取弼易，則繫説無注。」

〔七〕「韓曰」，隋書卷三二經籍志一：「韓康伯注繫辭以下三卷……周易繫辭二卷，晉太常韓康伯注。」

〔八〕「六一」，天文本作「一六」。

〔九〕「謝曰」，隋書卷三二經籍志一：「周易繫辭二卷，晉西中郎將謝萬等注。」

〔一〇〕尚書卷一二洪範引孔氏傳。

〔一一〕禮記卷一四月令：「孟春之月……其數八……盛德在木。」禮記卷一五月令：「孟夏之月……其數七……盛德在火。」禮記卷一六月令：「孟秋之月……其數九……盛德在金。」「中央土……其數五。」禮記卷一七月令：「孟冬之月……其數六……盛德在水。」

〔一二〕天文本「陽」後有「事」字。

〔一三〕「括」，天文本作「格」。

〔一四〕天文本「陰」下有「始故從始立氣」六字。

〔一五〕老子第三九章。

〔一六〕「周」，天文本作「朝」，又引一本作「周」。

〔一七〕「潁容」，又寫作潁容，東漢末學者，傳見後漢書卷七九下儒林列傳下：「潁容字子嚴，陳國長平人也。博學多通，善春秋左氏，師事太尉楊賜。……著春秋左氏條例五萬餘言。」春秋左氏條例即隋書卷三二經籍志一所謂：「春秋釋例十卷，漢公車徵士潁容撰。」杜預春秋序評潁容：「末有潁子嚴者，雖淺近，亦復名家。」全書佚，馬國翰玉函山房輯佚書經編春秋類輯録二十七條，謂「其全書體例不能詳考」。王謨漢魏遺書鈔子部雜家類輯有潁容春秋釋例十八條。侯康補後漢書藝文志卷一春秋類「潁容春秋釋例十卷」下云：「其書王謨有輯本，然杜預釋例所載，蕭吉五行大義所引者尚未采也。」「配以五成」，今本春秋左傳卷四五昭公九年「配」作「妃」，云「妃以五成，故曰五年」。

〔一八〕馬國翰玉函山房輯佚書經編春秋類以「五行生數」至「用能稼穡」爲潁容春秋釋例佚文。陳立白虎通疏證卷四五行「居中央，不名時」下云：「（五行大義）引潁氏春秋釋例云：『五行生數，未能變化，各成其事。水凝而未能流行，火有形而未能炎光，木精破而體剛，金强而斫，土鹵而斥。於是天以五臨民，君化之。傳曰：「配以五成。」案：水數一，得土而成六；火數二，得土而成七；木數三，得土而成八；金數四，得土而成九。故月令四時皆言成數，言金木水火皆須土而成也。』」

〔一九〕「其」，嘉慶本、知不足本、常州本作「得」。

〔二〇〕禮記卷一四月令「律中大蔟，其數八」，鄭注「木生數三，成數八」，孔穎達疏引鄭注易繫辭云：「天一生水於北，地二生火於南，天三生木於東，地四生金於西，天五生土於中。陽無耦，陰無配，未得相成。地六成水於北，與天一并；天七成火於南，與地二并；地八成木於東，與天三并；天九成金於西，與地四并；地十成土於中，與天五并也。」又，春秋左傳卷四五昭公九年孔氏正義引鄭玄云：「天地之氣各有五。五行之次：一曰水，天數也；二曰火，地數也；三曰木，天數也；四曰金，地數也；五曰土，天數也。此五者，陰無匹，陽無耦，故又合之。地六爲天一匹也，天七爲地二耦也，地八爲天三匹也，天九爲地四耦也，地十爲天五匹也。二五陰陽各有合，然後氣相得，施化行也。」

〔二二〕「土」，底本、元弘本、元禄本、中國刊本作「木」，據天文本改。

〔二三〕白虎通卷四五行：「土所以王四季何？木非土不生，火非土不榮，金非土不成，水非土不高，土扶微助衰，暦成其道，故五行更王，亦須土也。王四季，居中央，不名時。五行何以知同時起丑訖義相生？傳曰：『五行並起，各以名別。』」陳立疏證：「此文有譌，當云『五行何以知同時而起，託義相生』。大義二云：『五行同土而異時者，土離其親，有所配偶，譬如一生亦同元氣而生，各出一家，配爲夫妻，化生子息。夫五行皆資陰陽氣而生，故云濡氣生水，温氣生火，强氣生木，剛氣生金，和氣生土。故知五行得時而起，託義相生。傳曰：五行並起，各以名別也。』亦較爲詳備。」

常從數義〔一〕云：「北方亥子，水也，生數一。丑，土也，生數五。一與五相得爲六，故水成數六也。東方寅卯，木也，生數三。辰，土也，生數五。三與五相得爲八，故木成數八也。南方巳午，火也，生數二。未，土也，生數五。二與五相得爲七，故火成數七也。西方申酉，金也，生數四。戌，土也，生數五。四與五相得爲九，故金成數九也。中央戊己，土也，生數五。又土之位在中，其數本五，兩五相得爲十，故土成數十也。此陰陽兩氣各一周也。共一周則爲生數，各一周則爲成數。陽以輕清上爲天，陰以重濁下爲地。而陽至第五而入中者，其體躁疾，故共一周而入中；陰至第十方入中者，其體遲緩，故各一周而始入耳。然五行皆得中氣而後成，土居中而王四季，并須土以成之也。」洪範是上古創制之書，故言生數。禮記月令是時候之書，所貴成就事業，故言成數。唯土言生數者，土以能生爲貴，且以成四行，足簡之矣，是其能生能成之義也。鄭玄曰：「以天地相配，取陰陽之理〔二〕。」常從以支干數和合，取日辰爲用。兩説雖别，大意還同，終會易經天一至地十之義。

## 校記

〔一〕「常從」，漢書卷三〇藝文志「常從日月星氣二十一卷」，顔師古注：「常從，人姓名也，老子師之。」數義，已佚。

〔二〕春秋左傳卷四五昭公九年孔氏正義引鄭玄語。

孝經援神契言：「以一立，以二謀，以三出，以四孳，以五合，以六嬉，以七變，以八舒，以九列〔一〕，以十鈞。」五行以一立水，一爲生數，以五配一，水之成數，故言一立而六嬉。嬉是興義。二是火之生數，七是火之成數，故言二謀，火以變化爲能，故言七變。謀者，以其爲變之始也。三，木之生數；八，木之成數。五行始於東方，故云三出；八而成長，故曰八舒。四，金之生數；九，金之成數。西方成就，故言四滋〔二〕；品類不同，故稱九列。五是土之生數，十是土之成數，以天之五合地之十，數義斯畢，所以五言其合，十言其均。均是成備之義。春秋元命苞云：「胎錯儛連以均一〔三〕；動合於二，故陰陽；受成於三，故日月星；序張於四，故時；起立於五，故行；動布於六，故律；踊分於七，故宿；改萌於八，故風；布極於九，故州；吐畢於十，故功成數止。」此并經緯，共明五行生成〔四〕之數不過十也。

### 校記

〔一〕「列」，天文本作「烈」，下同。

〔二〕「滋」，元弘本作「孳」。

〔三〕王仁俊玉函山房輯佚書續編據此輯入春秋元命苞，「均」作「鈞」。

〔四〕「生成」，底本、元祿本、宛委本作「生數」，據元弘本、天文本、嘉慶本、知不足本、常州本、集成本改。

## 第三論支干數

支干數者，凡有二種：一通數，二別數。今先辯通數，後論別數。

通數者，十干、十二支也。干有十者，應天地之大數也。易繫辭言：「天數五，地數五。」天地之數，不過於十，故以干極於十。十主日，十日爲一旬也。支十二者，禮稽命徵言：「布政十二，尊卑有序〔一〕。」援神契言：「三三參行，四四相扶〔二〕。」天有四時之氣，以三月成一時，故言「三三參行，四四相扶」。天地人謂之三才，是爲三者，物生之常〔三〕數，因而各生三，本三而末九，所以十二。元命苞言：「數成於三，故合於三。三月，陽極於九，故一時九十日也〔四〕。」支象於月，十二月爲一歲也。此辨通數。

## 校記

〔一〕「禮稽命徵」，禮緯三卷之一，隋書卷三二經籍志一：「禮緯三卷，鄭玄注，亡。」「布政十二，尊卑有序」，禮稽命徵佚文。

〔二〕「援神契」，即孝經援神契，隋書卷三二經籍志一：「孝經援神契七卷，宋均注。」「三三參行，四四相扶」，孝經援神契佚文。

〔三〕天文本「常」下有「道」字。

〔四〕蕭統文選卷二三阮籍詠懷詩「悦懌若九春，磬折似秋霜」，顔延年、沈約注引春秋元命苞：「陽氣數成於三，故時別三月；陽數極於九，故三月一時九十日。宋衷曰：四時皆象此類，不唯春也。」

別數者，支數，則子數九、丑八、寅七、卯六、辰五、巳四、午九、未八、申七、酉六、戌五、亥四。太玄經〔一〕云「子午九」者，陽起於子，訖於午，陰起於午〔二〕，訖於子，故子午對衝，而陰陽二氣之所起也。寅爲陽始，申爲陰始，從所起而左數，至所始而定數，故自子數至申數九，自午數至寅亦九，所以子午九也。丑未爲對衝，自丑數至申數八，自未數至寅亦八，所以丑未八也。寅申爲對衝，自寅數至申數七，自申數至〔三〕寅亦七，所以寅申七也。卯酉爲對衝，自卯數至申數六，自酉數至寅亦六，所以卯酉六也。辰戌爲對衝，自辰數至申數五，自戌數至寅亦五，所以辰戌五也。巳亥爲對衝，自巳數至申數四，自亥數至寅亦四，所以巳亥四也。又云「陽數極於九」，子午爲天地之經，故取陽之極數。自丑未已下，各減一，從八至四，理自可知。

## 校記

〔一〕「太玄經」，漢揚雄撰。隋書卷三四經籍志三：「揚子太玄經九卷，宋衷注。梁有揚子太玄經九卷，揚雄自作章句，亡。揚子太玄經十卷，陸績、宋衷注。揚子太玄經十卷，蔡文邵注。梁有揚子太玄經十四卷，虞翻注；揚子太玄經十三卷，陸凱注；揚子太玄經七卷，王肅注，亡。」

〔二〕王應麟周易鄭康成注序卦：「易乾鑿度曰：陽起於子，陰起於午。天數天分，以陽出離，以陰入坎，坎爲中男，離爲中女。」

〔三〕「數至」，底本作「至數」，據諸本改。

干數者，甲九，乙八，丙七，丁六，戊五，己九，庚八，辛七，壬六，癸五。太玄經云「甲己九」者，甲起甲子，從子故九，己爲甲配，故與甲俱九。乙起乙丑，從丑故八，乙配於庚，與庚俱八。丙起丙寅，從寅故七，辛配於丙，與丙俱七。丁起丁卯，從卯故六，丁配於壬，與壬俱六。戊起戊辰，從辰故五，癸配於戊，與戊俱五。支有十二，以對衝同數，故自九至四；干唯有十，以配合同數，故自九至五。又云「支從地，故數畢於陰，以四偶也；干從天，故數畢於陽，以五奇也。五則止於五氣，四則極於四時。上不過九者，陽之極數也。

五行及支干之數，相則倍之，王則十而倍之，休則如本，因〔一〕死半之。以此四而孳，數乃無極。此并從氣增減，氣盛則多，氣衰則少也。

校記

〔一〕「因」，底本、元弘本、元禄本、宛委本、集成本作「囚」，據嘉慶本、知不足本改。論衡卷一命禄篇：「夫富貴不欲爲貧賤，貧賤自至；貧賤不求爲富貴，富貴自得也。春夏囚死，秋冬王相，非能爲之也。」

## 第四論納音數

納音〔一〕數者，謂人本命所屬之音也。音，即宫商角徵羽也。納者，取此音以調姓所屬也。樂緯云：「孔子曰：『丘吹律定姓。一言得土曰宫，三言得火曰徵，五言得水曰羽，七言得金曰商，九言得木曰角〔二〕。』」此并是陽數。凡五行有生數、壯數、老數三種。木，生數三，壯數八，老數九；火，生數二，壯數七，老數三；土，生數五，壯數十，老數一；金，生數四，壯數九，老數七；水，生數一，壯數六，老數五。管輅云：「土，老數一者，土爲萬物之主，一切歸之，所以一也。三才交而人理具，火之爲德，取三才之義，故老數三。水，上應五星，下同五藏，故水老數五。金配七曜，故金老數七。木，在天爲九星，在地爲九州，在人爲九竅，故木老數九。先生數，次壯數，後老數。納音論其本命，故以終數言之〔三〕。」此釋猶爲未盡。

### 校記

〔一〕「納音」，中國古代術數之一。印度籍唐代天文學家瞿曇悉達大唐開元占經卷九一風占專論納音之義：「甲子、壬申、甲午、庚辰、壬寅、庚戌爲陽商。乙丑、癸酉、辛亥、乙未、辛巳、癸卯爲陰商。丙寅、戊子、甲辰、甲戌、丙申、戊午爲陽徵。丁卯、己丑、乙巳、乙亥、丁酉、己未爲陰徵。戊辰、庚寅、壬午、壬子、戊戌、庚辰爲陽角。己巳、辛卯、癸未、癸丑、己亥、辛酉爲陰角。庚午、丙戌、戊申、戊寅、庚子、丙辰爲陽宮。辛未、丁亥、己酉、己卯、辛丑、丁巳爲陰宮。甲申、壬辰、丙午、甲寅、丙子、壬戌爲陽羽。乙酉、癸巳、丁未、丁丑、乙卯、癸亥爲陰羽。凡言宮商角徵羽曰，皆依此。」陳喬樅齊詩翼氏學疏證卷上「凡風者，天之號令，所以譴告人君者也」，陳氏引開元占經風占，又引五行大義「納音者，謂人本命所屬之音也」。

〔二〕「樂緯」，隋書卷三四經籍志三：「樂緯三卷，宋均注。」「孔子曰……得木曰角」，樂緯佚文。朱一新無邪堂答問卷五：「先天出於納甲，納甲出於納音，納音出於緯書，其見於古籍者歷有明徵，近儒之所駁詰，皆昧其源流，不足據也。隋蕭吉五行大義引樂緯：『孔子曰：某吹律定姓，一言得土曰宮……九言得木曰角。』此納音之法，與抱朴子仙藥篇引玉策記、開名經正同，與禮記月令正義引易林亦合。蕭吉闡其說甚詳。」

〔三〕「管輅」，字公明，平原人，三國時曹魏術士。精通周易，善卜筮相術。隋書卷三四經籍志三：「周易通靈決二卷，魏少府丞管輅撰。周易通靈要決一卷，管輅撰。」「木，在天爲九星」云云，參楚辭宋玉九辯：「故天有九星，以正機衡；地有九州，以成萬邦；人有九竅，以通精明。」

夫萬物皆稟五常之氣，化合而生；物生之後，必至成壯；成壯之後，必有衰老。故有三種〔一〕義。爲人之道，自壯及老，莫不本乎禮義而以立身。然存禮義者，靡不有初，鮮克有終。今既論納音，人之所屬，非人莫能行其禮義，故以終老之數禮義明之。一言得土者，土以含弘德厚，位高爲君，君爲民主，主則無二，唱始之言，故數一也。三言得火者，火既主禮，孝敬爲先，不敢棄所生之德，故其數三，從木數也。水居陰位，人臣之道，土能制水，如君制臣，縱之則行，壅之則止，水不自專，故從土數五也。金既主義，義是夫妻之道，妻無自專，有從夫之義，火爲金夫，故用火數七也。木主仁孝，金能尅木，宗廟之象。式經云〔二〕：「金爲骸骨，木爲棺槨。」此明金木爲鬼神之事以敬事。故木從金數，故數九也。一示君德，二順父母，三表臣節，四敬從夫，五事鬼神。此則禮義備而人事畢矣，故納音用之數〔三〕。

## 校記

〔一〕天文本「種」下有「數」字，又引一本無。

〔二〕「式經」，術數之書，種類不一。「式」，即栻，占卜用具。隋書卷三四經籍志三：「黄帝式經三十六用一卷，曹氏撰。……玄女式經要法一卷。……六壬式經雜占九卷，梁有六壬式經三卷，亡。……桓安吳式經一卷，梁有雜式占五卷，式經雜要、決式立成各九卷，式王曆、伍子胥式經章句、起射覆式、越相范蠡玉笥式，各二卷，亡。」

〔三〕「用之數」，嘉慶本、知不足本、常州本、集成本作「數用之」。

納音者，子午屬庚，震卦所直日辰也。丑未屬辛，巽卦所直日辰也。寅申屬戊，坎卦所直日辰也。卯酉屬己，離卦所直日辰也。辰戌屬丙，艮卦所直日辰也。巳亥屬丁，兑卦所直日辰也。一言得土者，本命庚子，子屬於庚，數之，一言便以得之是也。三言得火者，本命丙寅，寅屬於戊，從丙數至戊，凡三是也。五言得水者，本命壬戌，戌屬於丙，從壬數至丙，凡五是也。七言得金者，本命壬申，申〔一〕屬於戊，從壬數至戊，凡七是也。九言得木者，本命己巳，巳屬於丁，從己數至丁，凡九是也。六十甲子，例皆如是。

**校　記**

〔一〕「申」，底本、元禄本、中國刊本無，據天文本補。

支屬八卦，爲納音者，皆以次而取對衝，如子午屬庚，子午相對衝也。餘例悉然。夫陽施陰化，故受氣定形皆資於陰陽以養成之，是以人之所屬，皆以陽數言也。所以子午屬庚之例者，乾爲父，坤爲母，共有六子，故曰：乾將三男震坎艮，坤將三女巽離兑。陰陽相生，故就乾索女，就坤索男。所以乾一索而得巽，曰長女；再索而得離，曰中女；三索而得兑，曰少女。坤一索而得震，曰長男；再索而得坎，曰中男；三索而得艮，曰少男〔一〕。甲是陽干之始，乾下三爻取之；壬是陽干之末，乾上三爻取之。乙是陰干之始，坤下三爻取之；癸是陰干之末，坤上三爻取之。餘有六干，陽付其男，陰付其女。甲乙之後，次於丙丁，故以丙付少男艮，以丁付少女兑。丙丁之後，次於戊己，故以戊付中男坎，以己付中女離。戊己之後，次於庚辛，故以庚付長男震，以辛付長女巽。所以從少而付老，自小及大，從微至著故也。付干既訖，次付其支。震爲長子，故其卦初九得乾之子，九四得乾之午，震干庚，故子午屬庚。巽爲長女，子後次丑，故其卦初六得坤之丑，午後次未，六四得坤之未，巽干辛，故丑未屬辛。坎爲中男，丑後次寅，其卦初六得乾之寅，未後次申，六四得乾之申，坎干戊，故寅申屬戊。離爲中女，寅後次卯，故其卦初九得坤之卯，申後次酉，九四得坤之酉，離干己，故卯酉屬己。艮爲少男，卯後次辰，故其卦初六得乾之辰，酉後次戌，六四得乾之戌，艮干丙，故辰戌屬丙。兑爲少女，辰後次巳，故其卦初九得坤之巳，戌後次亥，九四得坤之亥，兑干丁，故巳亥屬丁。六子取干，則乾坤之餘；取支，竝從乾坤而得。陽取於乾，陰取於坤，皆受於父母。故六子併主十二辰，人之納音，皆所繼焉。甲乙壬癸不爲納音者，以屬乾坤故也〔二〕。

## 校記

〔一〕周易卷九説卦：「乾，天也，故稱乎父。坤，地也，故稱乎母。震一索而得男，故謂之長男。巽一索而得女，故謂之長女。坎再索而得男，故謂之中男。離再索而得女，故謂之中女。艮三索而得男，故謂之少男。兑三索而得女，故謂之少女。」

〔二〕以上爲納音之法，參見瞿曇悉達大唐開元占經卷九一風占五音六屬法：「乾主甲子、壬午。甲爲陽日之始，壬爲陽日之終。子爲陽辰之始，午爲陽辰之終。乾初在子，則四在午，乾主陽，内子外午，内爲始，外爲終也。坤主乙未、癸丑。乙爲陰日之始，癸爲陰日之終。丑爲陰辰之始，未爲陰辰之終。坤爲初在未，四在丑，坤主陰，故内主未，外主丑。震主庚子、庚午。震爲長男，乾初九主甲，對於庚，故震主庚，以父授子，故主子午，與父同也。巽主辛丑、辛未。巽爲長女，坤初主乙，乙與辛對，故巽主辛，以母授女，故主丑未，與母同也。坎主戊寅、戊申。坎主中男，故主中干、中辰。離主己卯、己酉。離爲中女，亦主中干、中辰。艮主丙辰、丙戌。艮爲少男，乾上主壬，對丙，故主丙辰、丙戌，是第五配。兑主丁巳、丁亥。兑爲少女，坤上主癸，對丁，故主丁巳、丁亥，是第六配。以地十二辰合十干，以十干所屬者命之，以其言數納其音，以主一日，日辰相配，共得一音，此納音之法也。」

或問曰：「六子用干，則取父母之不用者；用支，則竝同於父母者何？」答曰：「干是陽也，陽體奇，故正得一往分用；支是陰也，陰體偶，故以再往用之。」又復龜則用日，是以正求於干，故發兆分爲十分。筮則用辰，正求於支，是以飛伏六爻竝論十二支。雖復體不兼，要須相配以明義。干爲尊，故不得不先設〔一〕，而後求支。筮雖不正用干，亦須干助，以顯其趣。猶如龜判十二支，兆體雖無支象，必約而論之。筮雖闕三甲、三壬、三乙、三癸，亦約虛以求實。且設干往，先從父母而爲始，後及六子，以甲付乾，以乙付坤，以丙付艮，以丁付兑，以戊付坎，以己付離，以庚付震，以辛付巽，歷八卦訖，壬還到乾，次癸還到坤。十干所在六爻，乾坤位尊，取其始末理然，體各得二干。支既當爻正用，故卦別皆備，陽卦取其陽支，陰卦取其陰支，四卦同陽，四卦同陰，非正〔二〕同於父母，當伏羲畫八卦，爲三爻，備天地人，所以分干，卦別取三，乾坤居始，故取甲乙。後神農重之〔三〕，以爲八純子，有重來之理，所以卦六干竝同，父母無二之義，故後卦取乎壬癸。其甲乙壬癸各少三者，皆排在虛用之中。不全無者，陰有從陽之義。

**校　記**

〔一〕「設」，天文本引一本作「從」。

〔二〕「正」，天文本作「止」。

〔三〕「之」，天文本無。

## 第五論九宮數

九宮者，上分於天，下別於地，各以九位。天則二十八宿，北斗九星；地則四方四维及中央，分配九有。謂之宫者，皆神所遊處，故以名宫也。鄭司農〔一〕云：「太一行八卦之宫，每四乃入中央。中央云者，地神之所居，故謂之九宫。」易緯乾鑿度云：「易：『一陰一陽之謂道也。』故太一取其數以行九宫〔二〕。」易曰：「天一、地二，天三、地四，天五、地六，天七、地八，天九、地十。」天地之數，合五十有五。九宫用者，天除一，地除二，人除三，餘四十九，以當蓍策之數。又四時除四，餘四十五。五者，五行；四十者，五行之成數。合之則一節之數，分置五方，方各九者，一時九十日之數，四方成四時也。三宫〔三〕相對，止十五者，爲一氣之數，成二十四氣也。

### 校記

〔一〕「鄭司農」，東漢初經學家鄭衆，字仲師，河南開封人，鄭興子，傳見後漢書卷三六鄭興傳附。明帝時爲給事中，章帝時爲大司農。又被稱爲先鄭，以别於東漢末鄭玄。鄭衆「從父受左氏春秋，精力於學，明三統曆，作春秋難記條例，兼通易、詩」。

〔二〕後漢書卷五九張衡列傳「雜之以九宮」，李賢注：「易乾鑿度曰：『太一取其數以行九宮。』鄭玄注云：『太一者，北辰神名也。下行八卦之宮，每四乃還於中央。中央者，北辰之所居，故謂之九宮。天數大分，以陽出，以陰入。陽起於子，陰起於午，是以太一下九宮，從坎宮始，自此而從於坤宮，又自此而從於震宮，又自此而從於巽宮，所以行半矣，還息於中央之宮。既又自此而從於乾宮，又自此而從於兑宮，又自此而從於艮宮，又自此而從於離宮，行則周矣，上游息於太一之星而反紫宮。行起從坎宮始，終於離宮也。』」又，後漢書卷五二崔駰列傳「扶陽以出，順陰而入」，李賢注：「鄭玄注易乾鑿度曰：『陽起於子，陰起於午，天數大分。以陽出離，以陰入坎，坎爲中男，離爲中女。太一之行，出從中男，入從中女。因陰陽男女之偶爲終始也。』」

〔三〕「宮」，底本作「官」，據天文本、中國刊本及文意改。

尚書洪範云「初一曰五行」，位在北方，陽氣之始，萬物將萌。「次二曰敬用五事」，位在西南方，謙虚就德，朝謁嘉慶。「次三曰農用八政」，位在東方，耕種百穀，麻枲蠶桑。「次四曰協用五紀」，位在東南方〔一〕，日月星辰，雲雨竝興。「次五曰建用皇極」，位在中宮，百官立表，政化公卿。「次六曰乂用三德」，位在西北，抑伏强暴，斷制獄訟〔二〕。「次七曰明用稽疑」，位在西方，決定吉凶，分别所疑。「次八曰念用庶徵」，位在東北，肅敬德方，狂僭亂行。「次九曰嚮〔三〕用五福，威〔四〕用六極」，位在南方，萬物盈實，陰氣宣布，時成歲德，陰陽和調，五行不忒。故黃帝九宮經云：「戴九履一，左三右七，二四爲肩，六八爲足，五居中宮，總御得失。其數，則坎一，坤二，震三，巽四，中宮五，乾六，兑七，艮八，離九。太一行九宮，從一始，以少之多，順其數也〔五〕。」配筭曰：中央及四仲各分九筭，命云木落歸本，分六至亥，故取震六筭以置於乾；水流向末，分八至丑，故取坎八筭以置於艮；金義而堅，分二還未，故取兑二筭以置於坤；火本〔六〕炎盛，自處其鄉，故離筭不動；土王四季，本生於巳，故分中宮四筭以置於巽。故成戴九履一之位也。

## 校記

〔一〕「方」，天文本無。

〔二〕「訟」，底本作「詔」，據天文本、中國刊本及下文改。

〔三〕「嚮」，元弘本作「饗」。

〔四〕「威」，天文本作「畏」。

〔五〕「黃帝九宮經」，隋書卷三四經籍志三：「黃帝九宮經一卷。九宮經三卷，鄭玄注。梁有黃帝四部九宮五卷，亡。」東漢數學家徐岳數術記遺有「九宮算，五行參數，猶如循環」之說，北周數學家甄鸞注：「九宮者，即二四爲肩，六八爲足，左三右七，戴九履一，五居中央。五行參數者，設位之法依五行。」朱一新無邪堂答問卷五：「徐岳數術記遺有九宮算，甄鸞注與五行大義所引説同，宋人之圖自有所本。」

〔六〕「本」，天文本無。

又初成八卦之法，命方之筭。先取北方九筭，命曰水生木，縱一筭置寅上，一筭置卯上，一筭置辰上，又横一筭置甲上，一筭置乙上。次取東方九筭，命曰木生火，於南方布五位。又取南方之筭，命曰火生土，於中央，一筭於西北爲戊，一筭於西南爲己。又取中央之筭，命曰土生金，於西方布五位。又取西方之筭，命曰金生水，於北方布五位。五方布十干、十二支位訖，然後加陰干各一，命曰陰數偶也，次加陽支各一，命曰支體本加其始。餘筭十二月之數也。一筭置西北，命曰乾之始也。二筭置西南，命曰坤之始也。又餘筭九，置于中央，爲易象也。命曰乾主甲壬，即取甲壬上筭，以成乾卦。又命曰坤主乙癸，次取乙癸上筭，以成坤卦。父母之卦，爻象既定，次及六子。先起長男，命曰震主庚子午，即取庚及子午上筭，以成震卦。又次長女，命曰巽主辛丑未，次取辛及丑未上筭，以成巽卦。又次中男，命曰坎主戊寅申，次取戊及寅申上筭，以成坎卦。又次中女，命曰離主己卯酉，次取己及卯酉上筭，以成離卦。又次少男，命曰艮主丙辰戌，次取丙及辰戌上筭，以成艮卦。又次少女，命曰兑主丁巳亥，次取丁及巳亥上筭，以成兑卦。

八卦既成，問曰：「八卦從何而始？」曰：「因五行生。」又問：「五行因何生？」曰：「因天地生。」「天地因何生？」曰：「因太一生。」「太一因何生？」曰：「因易生。」故云「易有太極，是生兩儀〔一〕。」故變易字爲太一，變太一字爲天。天一生，地二生也。變天字爲水，天生水也。變水字爲木，水生木也。變木字成火，木生火也。變火字成土，火生土也。變土字成金，土生金也。變金字成八卦字，八卦因五行生也。變八卦字爲十二月字，八卦所主月也。變十二月字成地，出萬物以〔二〕終歸乎地也。此九宮八卦創制之法備矣。九宮數一起自北方始〔三〕者，坎一正北，應天之始，始無二，故一。北方，五行之始，所以五行在北方。故云「陽氣之始，萬物將萌」。

### 校記

〔一〕周易卷七繫辭上。

〔二〕「以」，天文本無。

〔三〕「始」，天文本無。

五事數二在西南者，五事，貌言視聽思也〔一〕，別在後篇解〔二〕。因五行而有五事，次之，故二。又云，坤二在西南，應地之數。西南林鐘之管，氣之次，二也。五事，人事之先也，故曰「謙虛就德，朝謁嘉慶」，竝五事所主也。

## 校　記

〔一〕尚書卷一二洪範：「二，五事。一曰貌，二曰言，三曰視，四曰聽，五曰思。」

〔二〕見本書卷三第十四論雜配第六論配五事。

八政之數三在東方者，八政，食、貨、祀、司空、司徒、司寇、賓、師也〔一〕。既有五事，次脩八政，故三。又云，震三正東，應人之數，三才義畢。東方春，農之始也。食者，耕種炊烹也。貨者，畜積儲博，錢布金兵也。祀者，祭祀供神也。司空者，土地畞〔二〕也。司徒者，民户口大小數也。司寇者，禁備盜賊，糾察非常也。賓者，注〔三〕籍往來，受容嘉慶也。師者，教訓農夫，耒耜設法也。故云「耕種百穀，麻枲蠶桑」也。

## 校　記

〔一〕尚書卷一二洪範：「三，八政。一曰食，二曰貨，三曰祀，四曰司空，五曰司徒，六曰司寇，七曰賓，八曰師。」

〔二〕元禄本校語：「『畞』字之字恐有闕文。」

〔三〕「注」，元弘本作「住」。

五紀數四在東南者，五紀，歲、日月、奉化、日辰、曆數也〔一〕。八政既脩，非歲時日月無以敷播植，次之故四。又云，巽四東南，風行四時，以應四時之數。東南巳，純乾用事，乾主天，巽主號令，故居東南。歲者，以四時有序，盛衰始終也。日月者，照明萬物，氣候遠近也。奉化者，即仰王化，須建功貢寶也。日辰者，次序陰陽，斷制産物也。曆數者，記綴度數，農夫候望，賦斂隨時也。故曰「王者惟歲〔二〕」，稅數握成，以化下也。「卿士惟月」，奉化行道，以立寶。「師允惟日」，陳列衆職，制作於萬〔三〕品。「歲月日，時無易」，脩務敬時，以順紀也。故云「日月星辰，雲雨竝興」也。

校記

〔一〕尚書卷一二洪範：「四，五紀。一曰歲，二曰月，三曰日，四曰星辰，五曰曆數。」

〔二〕尚書卷一二洪範：「王省惟歲，卿士惟月，師尹惟日，歲月日，時無易。」

〔三〕「萬」，天文本引或本無。

皇極數五在中央者〔一〕，皇王建萬國，處中分別四方。百官以治，萬事畢理，歲時成就，職貢均等，租稅五穀以供王事，故在其中央，中央之數本五也。又云土居中央，應五行之數。若王者動不得中則不能建萬事，故曰「皇之不極，是謂不建〔三〕」也。故曰「百官立表，政化公卿」也。

校記

〔二〕尚書卷一二洪範：「五，皇極。皇建其有極，斂時五福，用敷錫厥庶民。」

〔三〕尚書大傳卷三洪範五行傳：「王之不極，是謂不建。」陳壽祺輯校：「『王』字，漢志、續漢志並作『皇』。劉昭注云尚書大傳作『王』。文獻通考、玉海引同。」

三德數六在西北者，三德，正直，剛克，柔克〔一〕。乾爲天位，人君之象，過五故數六。又云，乾在西北，陰陽氣分於西北，故應六律之數也。西北，乾之所處，故人君居之。正直者，人德也。君子方正以義，無所曲私，故云「平康正直〔二〕」，不疑其德。剛克者，天德也。法度不失，輕重罪服〔三〕，故曰「沈潛剛克」。柔克者，地德也。有德秩禄，安定衆職，賞賜萬國，故曰「高明柔克」。故云「抑伏强暴，斷制獄訟」也。

校記

〔一〕尚書卷一二洪範：「六，三德。一曰正直，二曰剛克，三曰柔克。」

〔二〕尚書卷一二洪範：「平康正直，彊弗友剛克，燮友柔克。沈潛剛克，高明柔克。惟辟作福，惟辟作威，惟辟玉食。」

〔三〕「服」，天文本作「報」。

稽疑數七在西方者〔一〕，稽疑者，建立卜筮，問疑擇善，占天地之象，以定吉凶。蓍圓卦方，龜筮共知可否，三人占，從二人之言。昔者聖人慎謀重始，動事作業，樹本開基，決嫌定疑，必謀以賢知，咨〔二〕以耆艾，參以蓍龜，故舉無過事，慮無失計。蠻夷雖無君臣之序，亦有決疑之卜，或以金石，或以木草。故知稽疑之事，聖人所尚。以其次乾之後，故數七也。又云兑正西，卯酉爲天地之門，卯主始，酉主終，故斗指卯，則萬物皆出，指酉，則萬物皆入，兑應七星之數，兑爲金，主悦言，故在西方。故云「決定吉凶，分別所疑」也。

## 校記

〔一〕尚書卷一二洪範：「七，稽疑。擇建立卜筮人，乃命卜筮。曰雨，曰霽，曰蒙，曰驛，曰克，曰貞，曰悔，凡七。卜五，占用二，衍忒。立時人作卜筮，三人占，則從二人之言。」

〔二〕「咨」，底本無，據嘉慶本、知不足本、常州本、集成本補。

庶徵數八在東北者〔一〕，庶徵者，衆徵也。王者以及衆庶，莫不内省咎過，外察徵祥，順徵知機，則無禍患；不審其過，不念庶徵，則禍至不悟，敗亡無日矣。有機徵見者，必恭事上帝，用不爲過，則降以福應。詩云：「昭事上帝，聿懷多福〔二〕。」如不共御善，不畏上帝，群神乃怒，必有譴罰。數八者，次七後也。又云，艮八在東北，艮是止義，艮爲徑路，萬物大出於震，小出於艮，震爲衆男之長，艮爲衆男之少，故應八卦之數。艮既爲止，令止惡就善也，故在東北。故云「肅敬德方，狂僭亂行」。

**校記**

〔一〕尚書卷一二洪範：「八，庶徵。曰雨，曰暘，曰燠，曰寒，曰風。曰時五者來備，各以其敘，庶草蕃廡。」

〔二〕毛詩卷一六之二大雅文王之什：「維此文王，小心翼翼。昭事上帝，聿懷多福。厥德不回，以受方國。」

五福、六極數九在南方〔一〕，五福，壽、富、康寧、攸好德、考終命。壽者，孝悌道德備，然後脩神丹，延壽命。富者，德化所及，豐穰無闕。康寧者，國化安寧，長樂無事。攸好德者，論理比類，進善抑惡〔二〕。考終命者，順時成務，可以壽命，統著善德。六極者，凶短折、疾、憂、惡、貧，弱。凶短折者，斬梟誅裂〔三〕，大罪也。疾者，榜笞毆擊，疾卧養視也。憂，論作望，兢朝日也。惡，髡鉗赭剥，戮辱固〔四〕棄也。貧，償贓〔五〕賦，没財産也。弱，離邑里，徙邊地，以戒後也。此罪罰之理居後，故數九。又云，離既在午，以爲子衝，極則還反，故離最其末。以爲九宫之數，離爲明，人君南面以聽政，象離之明。刑罰須明，故在南方。故云萬物率盈實也。

## 校記

〔一〕尚書卷一二洪範：「九，五福。一曰壽，二曰富，三曰康寧，四曰攸好德，五曰考終命。六極。一曰凶短折，二曰疾，三曰憂，四曰貧，五曰惡，六曰弱。」

〔二〕底本、元禄本、宛委本「惡」下有「者」字，元禄本校語：「『惡者』之『者』恐衍。」據嘉慶本、知不足本、常州本、集成本删。

〔三〕「裂」，天文本無。

〔四〕「固」，嘉慶本、知不足本、常州本、集成本作「錮」。

〔五〕「贓」，天文本無。

宫唯有九不十者，八方與中央，數終於九。上配九天、九星、二十八宿，下配五岳、四瀆、九州也。九宫經言：「一主恒山，二主三江，三主太山，四主淮，五主嵩高，六主河，七主華山，八主濟，九主霍山〔一〕。」又一爲冀州，二爲荆州，三爲青州，四爲徐州，五爲豫州，六爲雍州，七爲梁州，八爲兖州，九爲楊州。九州之名，互有改變，禹貢九州〔二〕，即此配。唐時名同者，以堯命禹治洪水，分九州，因而不易。故周虞有十二州，加幽、并、營。舜以青州越海，分齊爲營州；冀州南北太遠，分衛爲并州，燕以北分置幽州。殷時九州有幽、營，無青、梁。周官九州有幽、并，無徐、梁。漢立十二州，增交、益焉。

## 校記

〔一〕九宫經佚文。俞正燮癸巳類稿卷一〇九宫應九星考，據五行大義引黄帝九宫經云：「一爲幽州，二爲荆州，三爲青州，四爲徐州，五爲豫州，六爲雍州，七爲梁州，八爲兖州，九爲揚州。又云：一主恒山，二主三江，三主泰山，四主淮，五主嵩高，六主河，七主華山，八主沸，九主霍山。」文字略異。

〔二〕尚書卷六禹貢：「冀州既載……濟河惟兖州……海、岱惟青州……海、岱及淮惟徐州……淮、海惟揚州……荆及衡陽惟荆州……荆、河惟豫州……華陽、黑水惟梁州……黑水、西河惟雍州。」下引各條皆本此。

冀州者，釋名云：「冀州取地爲名，有險易，帝王所都〔一〕。」太康地記曰：「冀，近，其氣相近也。其地自太行東至碣石、王屋、底柱〔二〕。」禹貢云：「冀州既載。」吕氏春秋云：「兩河之間爲冀州〔三〕。」正北方。

## 校記

〔一〕釋名卷二釋州國：「冀州，亦取地以爲名也。其地有險有易，帝王所都。亂則冀治，弱則冀彊，荒則冀豐也。」

〔二〕舊唐書卷四六經籍志上：「地記五卷，太康三年撰。」新唐書卷五八藝文志二：「晉太康土地記十卷。」全書已佚，輯本見唐歐陽詢等藝文類聚、宋李昉等太平御覽、清畢沅晉太康三年地記、王謨漢唐地理書鈔、黄奭黄氏逸書考、王仁俊玉函山房輯佚書續編等。「冀，近……底柱」，所引不見各輯本，當爲太康地記佚文。

〔三〕吕氏春秋卷一三有始覽有始：「兩河之間爲冀州，晉也。」又見爾雅釋地：「兩河間曰冀州。」郭璞注：「自東河至西河。」

荆州者，釋名云：「荆，警也。南蠻數爲寇逆，州道先强，當警備之也〔一〕。」其地北據荆山，南及衡山之陽。禹貢云：「荆及衡陽惟荆州。」爾雅云：「漢南曰荆州〔二〕。」吕氏曰：「荆，楚也〔三〕。」

校記

〔一〕釋名卷二釋州國：「荆州，取名於荆山也。必取荆爲名者，荆，警也。南蠻數爲寇逆，其民有道後服，無道先彊，常警備之也。」

〔二〕爾雅釋地：「漢南曰荆州。」郭璞注：「自漢南至衡山之陽。」

〔三〕吕氏春秋卷一三有始覽有始：「南方爲荆州，楚也。」

青州者，釋名云：「青在東，生也〔一〕。」太康地記曰：「少陽色青，歲始事首，即以爲名。其地東北據海，西距岱〔二〕。」禹貢云：「海、岱惟青州。」吕氏云：「東方海隅青州，齊也〔三〕。」

校記

〔一〕釋名卷二釋州國：「青州在東，取物生而青也。州，注也，郡国所注仰也。」

〔二〕藝文類聚卷六州部引太康地記：「青州，東方少陽，其色青，其氣清，歲之首，事之始也，故以爲名。周之建國，表齊東海，居於青州，故吴季札觀樂于魯，聞齊之詩，云泱泱乎大國之風也，其表東海者乎？」

〔三〕呂氏春秋卷一三有始覽有始：「東方爲青州，齊也。」

徐州者，釋名曰：「徐，舒也。土氣舒緩也。」其地東至海，北至岱，南及淮。禹貢云：「海、岱及淮惟徐州。」呂氏云：「泗上爲徐州，魯也〔一〕。」爾雅云：「濟東曰徐州。」

校記

〔一〕呂氏春秋卷一三有始覽有始：「泗上爲徐州，魯也。」底本、宛委本、常州本誤「泗」爲「洒」，據元弘本、天文本、元禄本、嘉慶本、知不足本、集成本改。

豫州者，釋名曰：「豫在九州之中，安豫也〔一〕。」太康地記云：「稟中和之氣，性理安舒。其地南據荆，北距河〔二〕。」禹貢云：「荆、河惟豫州。」呂氏云：「河、漢之間爲豫州〔三〕。」爾雅云：「河南曰豫州〔四〕。」

校記

〔一〕釋名卷二釋州國：「豫州，地在九州之中，京師東都所在，常安豫也。」

〔二〕太平御覽卷一五八州郡部四：「豫州之分，其人得中和之氣，性安舒，其俗阜，其人和，今俗多寬慢。」

〔三〕呂氏春秋卷一三有始覽有始：「河、漢之間爲豫州，周也。」

〔四〕爾雅釋地：「河南曰豫州。」郭璞注：「自南河至漢。」

雍州者，太康地記云：「雍居西北之位，陽所不至，陰氣壅閼，取以爲名。其地西據黑水，東距西河〔一〕。」禹貢云：「黑水、西河惟雍州。」呂氏云：「雍州，秦也〔二〕。」爾雅云：「河西曰雍州〔三〕。」

## 校記

〔一〕藝文類聚卷六州部引太康地記：「雍州，兼得梁州之地，西北之位，陽所不及，陰氣雍閼，故取名焉。」太平御覽卷一六四州郡部十引晉太康地志：「雍州，西北之位，陽所不及，陰氣壅遏，故以爲名。」

〔二〕呂氏春秋卷一三有始覽有始：「西方爲雍州，秦也。」

〔三〕爾雅釋地：「河西曰雝州。」郭璞注：「自西河至黑水。」

梁州者，太康地記云：「梁者，剛也，取西方金剛之氣剛强，以爲名也。其地東據華山，西距黑水〔一〕。」禹貢曰：「華陽、黑水惟梁州。」

校記

〔一〕王謨漢唐地理書鈔太康地記：「梁州者，言西方金剛之氣疆梁，故因以爲名。漢時改雍州爲梁州，改梁州爲益州也。」

兗州者，釋名云：「取兗水爲名。」太康地記曰：「辨其履信，稟貞正之意也。其地東南據濟，西北距河〔一〕。」禹貢曰：「濟、河惟兗州。」

校記

〔一〕此爲太康地記佚文。「貞」，元弘本引一本作「直」；「濟」，天文本作「海」。

揚州者，釋名云：「揚州多水，水波揚也〔一〕。」其地北據淮，東距海。禹貢云：「淮、海惟揚州。」呂氏曰：「揚州，越也〔二〕。」爾雅曰：「江南曰揚州〔三〕。」

校記

〔一〕釋名卷二釋州國：「揚州，州界多水，水波揚也。」

〔二〕呂氏春秋卷一三有始覽有始：「東南爲揚州，越也。」

〔三〕爾雅釋地：「江南曰揚州。」郭璞注：「自江南至海。」

今依九宫之位，冀州正北，在坎宫；荆州西南，在坤宫；青州正東，在震宫；徐州東南，在巽宫；豫州中央，在中宫；雍州西北，在乾宫；梁州正西，在兑宫；兖州東北，在艮宫；揚州正南，在離宫。其位與此解相似。太一以兖州在正北，坎位；青州在東北，艮位；徐州在正東，震位；揚州在東南，巽位；荆州在正南〔一〕，離位；梁州在西南，坤位；雍州在正西，兑位；冀州在西北，乾位。此竝從五行本始之氣。西北亥地，故坎水居之；東北寅地，故震木居之；東南巳地，故離火居之；西南申地，故兑金居之。乾爲金，故從本金位；巽爲木，故從本木位；坤、艮俱土，故取地之經，居正南正北。此竝依周禮職方之始位〔二〕，雖宫位微移，五行氣一。此九州，上對九天分，二十八宿屬焉。

## 校記

〔一〕「正南」，底本、元弘本、元禄本、宛委本作「西南」，據嘉慶本、知不足本、常州本、集成本改。

〔二〕周禮卷三三夏官司馬：「職方氏掌天下之圖，以掌天下之地……東南曰揚州……正南曰荆州……河南曰豫州……正東曰青州……河東曰兖州……正西曰雍州……東北曰幽州……河内曰冀州……正北曰并州。」

淮南子云〔一〕「中央鈞天」，數五，「其星角、亢、氐」。韓、鄭分。鈞，極也，布極四方，亦曰極天，爲四行主，對中宫豫州。「東方蒼天」，數三，「其星房、心、尾」。房、心，宋分；尾，燕分。東方色青也，對震宫青州。「東北變天」，數八，「其星箕、斗、牛」。箕，燕分；斗，吴分；牛，岱分。水之季，陰氣盡，陽始作，萬物將變，對艮宫兗州。「北方〔二〕玄天」，數一，「其星女、虚、危、室」。女，越分；虚、危，齊分；室，衛分。水色黑，故云玄天〔三〕，對坎宫冀州。「西北幽天〔四〕」，數六，「其星壁、奎、婁」。壁，衛分；奎、婁，魯分。金之季，即太陰幽闇也，對乾宫雍州。「西方昊天」，數七，「其星胃、昴、畢」。胃，魯分；畢、昴，趙分。金色白，故曰昊天，對兑宫梁州。「西南朱天」，數二，「其星觜、參、井」。觜、參，晉分；井，秦分。居火之季，陽色朱也，對坤宫荆州。「南方炎天」，數九，「其星鬼、柳、星」。鬼，秦分也；柳、星，周分也。火性炎上，故曰炎天也，對離宫楊州。「東南陽天」，數四，「其星張、翼、軫」。張，周分；翼、軫，楚分。木之季，將即太陽，故曰陽天也，對巽宫徐州。

## 校記

〔一〕此以下參見淮南鴻烈卷三天文訓及高誘注：「何謂九野？中央曰鈞天，其星角、亢、氐（高注：韓、鄭之分野也）。東方曰蒼天，其星房、心、尾。東北曰變天（高注：陽氣始作，萬物萌芽，故曰變天），其星箕、斗、牽牛（高注：尾、箕，一名析木，燕之分野。斗，吴之分野。牽牛，一名星紀，越之分野）。北方曰玄天，其星須女、虛、危、營室（高注：虛、危，一曰玄枵，齊之分野）。西北方曰幽天，其星東壁、奎、婁（高注：幽，陰也。西方季秋將即於陰，故曰幽天也。營室、東壁，一名承委，衛之分野。奎、婁，一名降婁，魯之分野）。西方曰顥天（高注：顥，白也。西方金，色白，故曰顥天。或作「昊」字），其星胃、昴、畢（高注：昴、畢，一名大梁，趙之分野）。西南方曰朱天（高注：朱，陽也。西南爲少陽，故曰朱天），其星觜嶲、參、東井（高注：觜嶲、參，一名實沈，晉之分野）。南方曰炎天（呂氏春秋卷一三有始覽有始高注：南方五月建午，火之中也。火曰炎上，故曰炎天），其星輿鬼、柳、七星（呂氏春秋卷一三有始覽有始高注：輿鬼，南方宿，秦之分野。柳、七星，南方宿，一名鶉火，周之分野）。東南方曰陽天（高注：東南純乾用事，故曰陽天），其星張、翼、軫（高注：張，周之分野。翼、軫，一名鶉尾，楚之分野）。」

〔二〕天文本「北」下無「方」字。下「西方昊天」、「南方炎天」，天文本均無「方」字。

〔三〕「玄天」，天文本無。

此九天，亦屬北斗九星之數，故下對九州〔一〕。炎天數九，屬斗第一樞星，應離宮，對揚州。變天數八，屬斗第二璇星，應艮宮，對兗州。昊天數七，屬斗第三璣星，應兑宮，對梁州。幽天數六，屬斗第四權星，應乾宮，對雍州。鈞天數五，屬斗第五衡星，應中宮，對豫州。陽天數四，屬斗第六開陽星，應巽宮，對徐州。蒼天数三，屬斗第七瑶〔二〕光星，應震宫，對青州。朱天數二，屬斗第八星，應坤宫，對荆州。玄天数一，屬斗第九星，應坎宫，對冀州。屬斗第八第九二星，陰而不見，以其對陰宫也。又郭璞易占云：「乾一，坤二，震三，巽四，坎五，離六，艮七，兑八〔三〕。」占人及物數皆準此，蓋以父母男女爲次〔四〕也。

此九宫八卦之數，故以備釋。

## 校記

〔一〕俞正燮癸巳類稿卷一〇九宫應九星考：「九星應九天者，五行大義云：『九天亦屬北斗九星九列之數，故下對九州。』」丁芮樸风水祛惑楊曾書論北斗九星之名：「九星：一天蓬，二天芮，三天衝，四天輔，五天禽，六天心，七天柱，八天任，九天英。見素問刺法論、本病論及太始天元册文王冰注。又見抱朴子内篇登涉引遁甲中經、舊唐書禮儀志四引黄帝九宫經及蕭吉五行大義。」

〔二〕「瑶」，天文本作「摇」。

〔三〕「郭璞易占」，未見著録。王仁俊玉函山房輯佚書續編子編雜占類辑郭氏易占一卷，稱據續博物志引「郭氏易占」一條：「乾一，坤二，震三，巽四，坎五，離六，艮七，兑八。占人及物，數皆非十。」

〔四〕「次」，底本、元禄本、宛委本作「坎」，據嘉慶本、知不足本、常州本、集成本改。

# 五行大義卷二

## 第四　論相生

就此分爲三段：一者論相生，二者論生死所，三者論四時休王。

### 一者論相生

經云：「天生一，始於北方水。地生二，始於南方火。人生三，始於東方木。時生四，始於西方金。五行生五，始於中央土〔一〕。」又曰：「天始生一者，因一而生天，非天生一也。」故云：「一生二，二生三，三生萬物〔二〕。」地生二者，亦因二而生地，因三生人，因四生時。五行皆由一而生，數至於五，土最在後，得五而生五行也。五行同出而異時者，出離其親，有所配偶。譬如人生，亦同元氣而生，各出一家，配爲夫妻，化生子息，故五行皆相須〔三〕而成也。五行同胎而異居，有先後耳。夫五行皆資陰陽氣而生，故云濡氣生水，温氣生火，强氣生木，剛氣生金，和氣生土。故知五行同時而起，託義相生。傳曰：「五行竝起，各以名別〔四〕。」然五行既以名別，而更互用事，輪轉休王，故相生也。潁容云：「凡五行相生，謂異類相化。如男女異姓，能至繁殖。若以水濟水，不生嘉味〔五〕。」

**校記**

〔一〕「經」，文獻不明；大意見漢書卷二七五行志上：「天以一生水，地以二生火，天以三生木，地以四生金，天以五生土，五位皆以五而合，而陰陽易位。」

〔二〕老子第四十二章：「道生一，一生二，二生三，三生萬物。萬物負陰而抱陽，沖氣以爲和。」

〔三〕「須」，天文本作「待」。

〔四〕見白虎通卷四五行。

〔五〕潁容所言或爲春秋釋例佚文。

河間獻王問温城董〔一〕君曰：「『孝者，天之經，地之義也〔二〕』，何謂也？」對曰：「天有五行，木火土金水是也。木生火，火生土，土生金，金生水，水生木。木爲春。春主生，夏主長養〔三〕，秋主收，冬主藏。藏者，冬之所成也。是故父之所生，其子長之；父之所長，其子養之；父之所養，其子成之。不敢不致如父之意，盡爲人之道也。故五行者，五常也〔四〕。」

## 校記

〔一〕「董」，底本、元禄本、宛委本作「薫」，據元弘本、天文本、嘉慶本、知不足本、常州本、集成本改。

〔二〕孝經卷三三才章：「子曰：『夫孝，天之經也，地之義也，民之行也。』」

〔三〕元弘本引一本，「養」側有「季夏主」三字。

〔四〕本段大意參見春秋繁露卷一〇五行對：「河間獻王問温城董君曰：『孝經曰：「夫孝，天之經，地之義。」何謂也？』對曰：『天有五行，木火土金水是也。木生火，火生土，土生金，金生水。水爲冬，金爲秋，土爲季夏，火爲夏，木爲春。春主生，夏主長，季夏主養，秋主收，冬主藏。藏，冬之所成也。是故父之所生，其子長之；父之所長，其子養之；父之所養，其子成之。諸父所爲，其子皆奉承而續行之，不敢不致如父之意，盡爲人之道也。故五行者，五行也。』」

白虎通云：「木生火者，木性温暖，火伏其中，鑽灼而出，故木生火。火生土者，火熱，故能焚木，木焚〔一〕而成灰，灰即土也，故火生土。土生金者，金居石，依山津潤而生，聚土成山，山必生石，故土生金。金生水者，少陰之氣，潤澤流津，銷金亦爲水，所以山雲而從潤，故金生水。水生木者，因水潤而能生〔二〕，故水生木也〔三〕。」元命苞云：「陽吐陰化，故水生木也。」

校　記

〔一〕「木焚」，天文本作「焚木」。

〔二〕天文本「生」下有「木」字。

〔三〕所引不見今本白虎通。白虎通卷四五行：「五行所以更王何？以其轉相生，故有終始也。木生火，火生土，土生金，金生水，水生木。」

春秋繁露云：「東方木。木，農之本。司農尚仁〔一〕，五穀畜積〔二〕，司馬食之，故木生火。火，本朝。司馬尚〔三〕知，天時形兆未萌，照然獨見，天下既寧，以安君臣，故火生土也。土君尚信，因時之威武强御，以成大理司徒，故土生金。金，大理司徒尚義〔四〕，邊境安寧，寇賊不發，邑無獄訟則安。執法司寇，故金生水。水，執法司寇尚禮，君臣有位，長幼有序，百工維時，以成歲用。器械既成，以給司農田官，故水生木〔五〕。」

校　記

〔一〕「尚仁」，底本、元弘本、元禄本、宛委本無，據嘉慶本、知不足本、集成本補。

〔二〕「積」，底本、宛委本作「績」，據天文本、元禄本、嘉慶本、知不足本、常州本、集成本改。

〔三〕「尚」，底本、元禄本、元弘本、宛委本作「當」，據天文本、嘉慶本、知不足本、常州本、集成本改。下同。

〔四〕「金大理司徒尚義」，底本、元弘本、元禄本、宛委本作「金尚書義」，據嘉慶本、知不足本、常州本、集成本及春秋繁露卷一三五行相生改。

〔五〕春秋繁露卷一三五行相生：「東方者木，農之本。司農尚仁……親入南畝之中，觀民墾草發淄，耕種五穀，積蓄有餘，家給人足，倉庫充實。司馬實穀。司馬，本朝也。本朝者火也，故曰木生火。南方者火也，本朝。司馬尚智，進賢聖之士，上知天文，其形兆未見，其萌芽未生，昭然獨見存亡之機……天下既寧以安君。官者，司營也。司營者土也，故曰火生土。中央者土，君官也。司營尚信……應天因時之化，威武强禦以成。大理者，司徒也。司徒者金也，故曰土生金。西方者金，大理司徒也。司徒尚義，臣死君而衆人死父。……伐有罪，討不義，是以百姓附親，邊境安寧，寇賊不發，邑無獄訟，則親安。執法者，司寇也。司寇者水也，故曰金生水。北方者水，執法司寇也。司寇尚禮，君臣有位，長幼有序……是死者不恨，生者不怨，百工維時，以成器械。器械既成，以給司農。司農者，田官也。田官者木，故曰水生木。」

兩説事義雖别，而相生是同。五行各定〔一〕形，唯火鑽灼方出者，火是大陽之氣，温故乃生，鑽木出者，還寄託萬物耳。如聖人無名，能理萬物，還以萬物爲名。陽氣至神，故有隱顯。

**校記**

〔一〕天文本「定」下有「文」字。

## 二者論生死所

五行體别，生死之處不同，遍有十二月、十二辰而出没〔一〕。

木，受氣於申，胎於酉，養於戌，生於亥，沐浴於子，冠帶於丑，臨官於寅，王於卯，衰於辰，病於巳，死於午，葬於未。

火，受氣於亥，胎於子，養於丑，生於寅，沐浴於卯，冠帶於辰，臨官於巳，王於午，衰於未，病於申，死於酉，葬於戌。

金，受氣於寅，胎於卯，養於辰，生於巳，沐浴於午，冠帶於未，臨官於申，王於酉，衰於戌，病於亥，死於子，葬於丑。

水，受氣於巳，胎於午，養於未，生於申，沐浴於酉，冠帶於戌，臨官於亥，王於子，衰於丑，病於寅，死於卯，葬於辰。

土，受氣於亥，胎於子，養於丑，寄行於寅，生於卯，沐浴於辰，冠帶於巳，臨官於午，王於未，衰病於申，死於酉，葬於戌〔二〕。

戌是火墓，火是其母，母子不同葬，進行於丑。丑是金墓，金是其子，義又不合〔三〕，欲還於未。未是木墓，木爲土鬼，畏不〔四〕敢入，進休就辰。辰是水墓，水爲其妻，於義爲合，遂葬於辰。

## 校記

〔一〕此下部分内容參見淮南鴻烈卷三天文訓：「木生於亥，壯於卯，死於未，三辰皆木也。火生於寅，壯於午，死於戌，三辰皆火也。土生於午，壯於戌，死於寅，三辰皆土也。金生於巳，壯於酉，死於丑，三辰皆金也。水生於申，壯於子，死於辰，三辰皆水也。」

〔二〕俞正燮癸巳存稿卷六三合説：「五行大義云：『土受氣於亥，生寅卯，葬辰。』又引五行書云：『土寄火，生巳，葬辰。』然辰土生子，未土生卯，戌土生午，丑土生酉。」

〔三〕天文本「合」下有「葬」字。

〔四〕「畏不」，底本、元弘本、元禄本、宛委本作「不畏」，據嘉慶本、知不足本、常州本、集成本改。

昔舜葬蒼梧，二妃不從〔一〕，故知合葬非古，然季武子云：「自周公已來，未之有改〔二〕。」詩云：「穀則異室，死則同穴〔三〕。」蓋以敦其義，合骨肉〔四〕同歸。水土共墓，正取此也。又以四季釋，所〔五〕理歸於斯。高唐隆以土生於未，盛於戌，壯〔六〕於丑，終於辰。辰爲水土墓，故辰日不哭，以辰日重喪故也〔七〕。祖踊之哀豈待移日〔八〕？高唐所說蓋爲浮淺。其生王意，别又〔九〕是一家。

## 校記

〔一〕禮記卷七檀弓上：「舜葬於蒼梧之野，蓋三妃未之從也。季武子曰：『周公蓋祔。』」

〔二〕禮記卷六檀弓上：「季武子成寢，杜氏之葬在西階之下，請合葬焉，許之。入宮而不敢哭，武子曰：『合葬，非古也。自周公以來，未之有改也。吾許其大而不許其細，何居？』命之哭。」

〔三〕毛詩卷四之一王風大車：「穀則異室，死則同穴。謂予不信，有如皦日。」

〔四〕「肉」，底本、元弘本、元禄本、宛委本作「完」，據嘉慶本、知不足本、常州本、集成本改。

〔五〕「所」，元禄本校語：「按：『所』字疑誤字。」

〔六〕「壯」，底本、元禄本、宛委本作「牡」，據元弘本、天文本、嘉慶本、知不足本、常州本、集成本改。

〔七〕論衡卷二四辨祟：「趙軍爲秦所坑於長平之下，四十萬衆，同時俱死，其出家時，未必不擇時也。辰日不哭，哭有重喪。」又見顏氏家訓卷二風操：「陰陽説云：『辰爲水墓，又爲土墓，故不得哭。』王充論衡云：『辰日不哭，哭則重喪。』今無教者，辰日有喪，不問輕重，舉家清謐，不敢發聲，以辭弔客。」

〔八〕「唐」，嘉慶本、知不足本、常州本、集成本作「堂」。下同。高唐隆，字升平，泰山郡平陽縣人。三國曹魏名臣。傳見三國志卷二五魏書二五高堂隆傳。著文集十卷，已佚。嚴可均全上古三代秦漢三國六朝文全三國文卷三一輯録散見佚文。此所云爲嚴氏未見佚文。參見太平御覽卷三三時序部引高氏魏臺訪議：「聞先師説曰：王者各以其行之盛祖，以其終臘。水始生於申，盛於子，終於辰，故水行之君以子祖辰臘。火始生於寅，盛於午，終於戌，故火行之君以午祖戌臘。木始生於亥，盛於卯，終於未，故木行之君以卯祖未臘。金始生於巳，盛於酉，終於丑，故金行之君以酉祖丑臘。土始生於未，盛於戌，終於辰，故土行之君以戌祖辰臘。」

〔九〕天文本「又」作「亦」。「别又」，嘉慶本、知不足本、常州本、集成本作「又别」。

五行書云〔一〕：「土雖有寄王於火鄉〔二〕，生於巳，葬於辰，然土分王四季，各有生死之所。辰土受氣於申、酉，胎於戌，養於亥，生於子，沐浴於丑，冠帶於寅，臨官於卯，王於辰，衰病於巳，死於午，葬於未。未土受氣於亥、子，胎於丑，養於寅，生於卯，沐浴於辰，冠帶於巳，臨官於午，王於未，衰病於申，死於酉，葬於戌。戌土受氣於寅、卯，胎於辰，養於巳，生於午，沐浴於未，冠帶於申，臨官於酉，王於戌，衰病於亥，死於子，葬於丑。丑土受氣於巳、午，胎於未，養於申，生於酉，沐浴於戌，冠帶於亥，臨官於子，王於丑，衰病於寅，死於卯，葬於辰。」

**校　記**

〔一〕中村校注本引藤原佐世日本國見在書目録五行家，有「五行書二」，或爲同類文獻。

〔二〕「鄉」，底本、元弘本、元禄本、宛委本作「卿」，據嘉慶本、知不足本、常州本、集成本改。

孝經援神契云：「五行土出利，以給天下〔一〕。」龜經云：「土，木動爲辰土，火動爲未土，金動爲戌土，水動爲丑土〔二〕。」又云：「甲乙寅卯爲辰土，丙丁巳午爲未土，庚辛申酉爲戌土，壬癸亥子爲丑土。」凡五行之王，各七十二日。土居四季，季十八日，并七十二日，以明土有四方，生死不同。此蓋卜筮所用。

**校　記**

〔一〕周禮卷一三地官司徒載師鄭注「以知其所宜之事」，賈公彦疏：「此言出於孝經緯。故孝經緯援神契云：『五岳藏神，四瀆含靈，五土出利，以給天下。黃白宜種禾，黑墳宜種麥，蒼赤宜種菽，洿泉宜種稻。』所宜處多，故鄭云之屬也。」

〔二〕「龜經」，隋書卷三四經籍志三：「龜經一卷，晉掌卜大夫史蘇撰。梁有史蘇龜經十卷。」新唐書卷五九藝文志三：「柳彦詢龜經三卷，柳世隆龜經三卷，劉寶真龜經一卷，王弘禮龜經一卷，莊道名龜經一卷。」太平御覽卷九三一鱗介部三引柳氏龜經一條，不涉五行。引文當爲某龜經佚文。姚振宗隋書經籍志考證卷三六子部「龜經一卷，晉掌卜大夫史蘇撰，梁有史蘇龜經十卷，亡」下云：「案：七録載史蘇龜經十卷，至隋僅存一卷，或即漢志五種龜書之遺。說郛有龜經一卷，不著撰人，南匯吴省蘭刊入藝海珠塵叢書中，未知即史蘇書否也。五行大義論刑篇、論五靈篇並引史蘇龜經。」

若論定位王相及生死之處，皆以季夏六月爲土王之時，禮記云「中央土〔一〕」，在季夏之後，此則歲之半，處四時之中央。天社、地神、人鬼，又竝在未，坤〔二〕亦在未，卦主於土，故云「土德於未，終於丑」。易曰：「西南得朋，東北喪朋〔三〕。」此則明土王定在於未，墓定在辰也。

校記

〔一〕禮記卷一六月令：「中央土，其日戊己。」

〔二〕天文本「坤」上有「卦」字。

〔三〕周易卷一坤：「坤，元亨。利牝馬之貞。君子有攸往，先迷後得主，利，西南得朋，東北喪朋。安貞吉。」天文本「東北」作「東南」；「朋」下有「得弱東南苦弱」六字。

五行皆以父母臨官中生者，取其盛壯能生養義。唯金〔一〕在火中生者，巳中有方壯之土，能生金〔二〕也。金非火不革其形，故金在火位中生。又云金生鬼中者，金父土〔三〕戊己，寄治丙丁，父不能獨養，要須母也。金在南方值巳火，金得火方化，金化而水生。戊己土有化生之水，則金不畏火，巳含水氣，則金之繼母也。五行皆以葬後之月而受氣者，以其死還復生，神氣不絶故也。

校記

〔一〕天文本「金」上有「又」字。

〔二〕天文本「金」下有「石」字，又引一本無。

〔三〕天文本「土」作「在」。

## 三者論四時休王

休王之義，凡有三種：弟一，辨五行體休王；弟二，論支干休王；第三，論八卦休王。五行體休王者〔一〕，春則木王，火相，水休，金囚，土死。夏則火王，土相，木休，水囚，金死。六月則土王，金相，火休，木囚，水死。秋則金王，水相，土休，火囚，木死。冬則水王，木相，金休，土囚，火死。

**校記**

〔一〕休王之説見漢代多種文獻。周禮卷二五春官宗伯占夢「占夢掌其歲時觀天地之會，辨陰陽之氣」，郑注：「其歲時，今歲四時也。天地之會，建厭所處之日辰。陰陽之氣，休王前後。」贾疏：「案春秋緯云：『生王者休，王所勝者死，相所勝者囚。』假令春之三月木王，水生木，水休；木勝土，土死；木王，火相王，所生者相；相所勝者囚，火勝金，春三月金囚。以此推之，火王金王水王義可知。」孫詒讓周禮正義卷四八春官占夢：「休王之説又見淮南子墬形訓、白虎通義五行篇，而五行大義又有五行休王、支干休王、八卦休王之義，其論甚詳，大旨並與春秋緯同。」淮南鴻烈卷四墬形訓：「木壯水老火生金囚土死，火壯木老土生水囚金死，土壯火老金生木囚水死，金壯土老水生火囚木死，水壯金老木生土囚火死。」白虎通卷四五行：「五行所以更王何？以其轉相生，故有終始也。木生火，火生土，土生金，金生水，水生木。是以木王，火相，土死，金囚，水休。王所勝者死，囚，故王者休。」

支干休王者，春則甲乙寅卯王，丙丁巳午相，壬癸亥子休，庚辛申酉囚，戊己辰戌丑未死。夏則丙丁巳午王，戊己辰戌丑未相，甲乙寅卯休，壬癸亥子囚，庚辛申酉死。六月則戊己辰戌丑未王，庚辛申酉相，丙丁巳午休，甲乙寅卯囚，壬癸亥子死。秋〔一〕則庚辛申酉王，壬癸亥子相，戊己辰戌丑未休，丙丁巳午囚，甲乙寅卯死。冬則壬癸亥子王，甲乙寅卯相，庚辛申酉休，戊己辰戌丑未囚，丙丁巳午死。

## 校記

〔一〕「秋」，底本、宛委本作「秩」，據抄本、嘉慶本、知不足本、常州本、集成本改。

八卦休王者，立春艮王，震相，巽胎，離没，坤死，兑囚，乾廢，坎休。春分震王，巽相，離胎，坤没，兑死，乾囚，坎廢，艮休。立夏巽王，離相，坤胎，兑没，乾死，坎囚，艮廢，震休。夏至離王，坤相，兑胎，乾没，坎死，艮囚，震廢，巽休。立秋坤王，兑相，乾胎，坎没，艮死，震囚，巽廢，離休。秋分兑王，乾相，坎胎，艮没，震死，巽囚，離廢，坤休。立冬乾王，坎相，艮胎，震没，巽死，離囚，坤廢，兑休。冬至坎王，艮相，震胎，巽没，離死，坤囚，兑廢，乾休。其卦從八節之氣，各四十五日。

凡當王之時，皆以子爲相者，以其子方壯，能助治事也。父母爲休者，以其子當王，氣正盛，父母衰老，不能治事，如堯老委舜以國政也。所畏〔一〕爲死者，以其身王，能制殺之。所剋者〔二〕爲囚者，以其子爲相，能囚讎敵也。

## 校記

〔一〕天文本「畏」下有「者」字。

〔二〕「者」，天文本無。

柳世隆云：「木，王時爲林園竹樹，相時爲葦荻草萊，休時爲椽柱船車，囚時爲薪蕉榛梗，死時爲棺槨朽株。火，王時爲陶冶炎光，相時爲燈燭，休時爲煙氣，囚時爲炭燼，死時爲灰〔一〕。土，王時爲國邑山岳，相時爲城社丘陵，休時爲田宅，囚時爲墻垣，死時爲糞壤。金，王時爲金玉寶器，相時爲銀銅利刃，休時爲鉛錫犂鋤，囚時爲焦器釜鑊，死時爲沙礫碎鐵。水，王時爲海瀆，相時爲湖澤陂泉，休時爲溝渠，囚時爲酒漿〔二〕，死時爲枯池涸井〔三〕。」此竝王時氣盛，故爲洪大之物；相時氣劣，其比〔四〕漸小；休時氣衰，故復轉微之；囚時彌〔五〕惡，所以最下；死時棄不用，故是枯朽之類也。

## 校記

〔一〕天文本「灰」下有「之」字。

〔二〕天文本「漿」下有「水」字，又引一本無。

〔三〕柳世隆，字彦緒，河東解县人，南北朝宋、齊重臣。南齊書卷二四、南史卷三八有傳。新唐書卷五九藝文志三：「柳世隆龜經三卷。」太平御覽卷九三一鱗介部三引柳氏龜經一條。引文當爲龜經佚文。

〔四〕「比」，天文本作「皆」。

〔五〕「彌」，底本、元禄本、宛委本、集成本作「於」，元禄本校語：「按：『於』字疑誤字，或有脱簡。」嘉慶本、知不足本、常州本作「已」，據天文本改。

趙怡云：「五行之位，得其方爲盛，得其所畏爲終〔一〕。」故木畏金，甲以女弟乙妻庚，庚得木氣，故木胎於金鄉〔二〕，而生於水中，盛於其方，衰於火鄉，火中有生金，故終於未，至西方而木終，以金王也。丙以女弟丁妻壬，壬得火氣，故火胎於水鄉，生於木中，盛於其方，衰於金位，至北方而終，以水王也。戊以女弟己妻甲，甲得土氣，故土胎於木鄉，而生於火中，盛於其位，衰於水鄉，至東方而終，以木王也。庚以女弟辛妻丙，丙得金氣，故金胎於火鄉〔三〕，生於〔四〕火位，盛於其方，衰於水鄉，至東方而終，有生火也。壬以女弟癸妻戊，戊得水氣，故水胎於土鄉，生於金中，盛於其方，衰於木鄉，至南方而終，有强土也。更互相生相畏，終始不绝之義也。

## 校記

〔一〕「趙怡」，魏明帝曹叡太和中博士，約與高堂隆同時。宋書卷一七禮志四：「祠部朱膺之議：『閟宫之祀，高堂隆、趙怡並云周人祫，歲俱祫祭之。魏、晉二代，取則奉薦，名儒達禮，無相譏非，不諐不忘，率由舊章。』」嚴可均全上古三代秦漢三國六朝文全三國文卷四〇輯録散見佚文。「五行之位」云云，嚴氏未見。

〔二〕「鄉」，底本、元弘本、元禄本、宛委本、集成本作「卿」，據天文本、嘉慶本、知不足本、常州本改。下同。

〔三〕「故金胎於火鄉」，底本、元弘本、元禄本、嘉慶本、宛委本、集成本無「於」字，據天文本、知不足本、常州本補。「火」，底本、元弘本、元禄本作「木」，據嘉慶本、知不足本、常州本、集成本改。

〔四〕「於」，底本、元弘本、元禄本、嘉慶本、宛委本、知不足本、集成本無，據天文本、常州本補。

## 第五　論配支幹

支干之義，多所配合，今〔一〕略論方位及配所。

幹不獨立，支不虛設，要須配合，以定歲月日時而用。如君臣夫婦，必配合以相成。總而言之，從甲至癸爲陽爲干爲日，從寅至丑爲陰爲支爲辰〔二〕。别而言之，干則甲丙戊庚壬爲陽，乙丁己辛癸爲陰。支則寅辰午申戌子爲陽，卯巳未酉亥丑爲陰。陽則爲剛，爲君爲夫，爲上爲外，爲表爲動，爲進爲起，爲仰爲前，爲左爲德，爲施爲開。陰則爲柔，爲臣爲妻，爲妾爲財，爲下爲内，爲裏爲止，爲退爲伏〔三〕，爲俯〔四〕爲後，爲右爲刑〔五〕，爲藏爲閉。陰陽所擬，例多且略，大綱如此。

### 校記

〔一〕「今」，天文本無。

〔二〕孫詒讓周禮正義卷六七秋官鄉士「獄訟成，士師受中。協日刑殺，肆之三日」下云：「五行大義云：『干不獨立，支不虛設，要須配合，以定歲月日時。從甲至癸爲干，從寅至丑爲支。』幹干同。支幹即哲蔟氏十二辰十日。故楚辭云『吉日兮辰良』。古凡擇日，並以斗建合辰爲吉。月令『孟春擇元辰，躬耕帝藉』，注以元辰爲吉亥。」

〔三〕「伏」，天文本作「休」。

〔四〕「俯」，底本、元禄本、宛委本作「位」，元弘本、天文本作「俛」，據嘉慶本、知不足本、常州本、集成本改。

〔五〕「刑」，底本、宛委本作「荆」，據元弘本、元禄本、嘉慶本、知不足本、常州本、集成本改。

甲乙寅卯，木也，位在東方。丙丁巳午，火也，位在南方。戊己辰戌丑未，土也，位在中央，分王四季，寄治丙丁。庚辛申酉，金也，位在西方。壬癸亥子，水也，位在北方。甲爲干首，子爲支初。相配者，太陽之氣，動於黄泉之下，在建子之月，黄鍾之律，爲氣之源，在子，故以子爲先。萬物湊出，於建寅之月皆以見形，甲屬此月，故以甲爲先。而配子，見者爲陽，故從干。未見者爲陰，故從支。所以用甲子相配，爲六旬之始。干既有十，支有十二，輪轉相配，終於癸亥，故有六十日。十日一旬，故有六旬，一旬盡一甲癸，便以甲配子，盡干至癸酉，便盡干，餘支有戌亥。又起甲配戌，盡干至癸未，餘支有申酉。又起甲配申，盡干至癸巳〔一〕，餘支有午未。又起甲配午，盡干至癸卯，餘支有辰巳。又起甲配辰，盡干至癸丑，餘支有寅卯。又起甲配寅，盡干至癸亥〔二〕。

**校記**

〔一〕「盡干至癸巳」，底本、宛委本作「盡至干癸巳」，據元禄本、嘉慶本、知不足本、常州本、集成本改。

〔二〕天文本「亥」下有「餘支有子丑」五字，底本、元弘本、元禄本、中國刊本無。中村校注本：「按：是也。」

十干有十二支相〔一〕配周畢，還從甲子起，故六甲輪轉，止六十日。十日一旬，一旬〔二〕之内，二支無配偶者爲之孤，所對衝者爲之虚〔三〕。卜筮所云空亡，以支孤無干，故名爲空亡。亡〔四〕者无也，无干故亡。所對者全虚，故云空也。

**校記**

〔一〕「相」，底本、宛委本作「有」，據元弘本、天文本、嘉慶本、知不足本、常州本、集成本改。

〔二〕「一旬」，天文本作「十日」。

〔三〕「衝」，底本、宛委本作「鍾」，據元禄本、嘉慶本、知不足本、常州本、集成本改。「爲之虚」，天文本作「治之爲虚」，又引一本作「治爲虚」。「爲之虚」云云，參見史記卷一二八龜策列傳：「竹外有節理，中直空虚；松柏爲百木長，而守門閭。日辰不全，故有孤虚。」

裴駰集解：「甲乙謂之日，子丑謂之辰。六甲孤虚法：甲子旬中無戌亥，戌亥即爲孤，辰巳即爲虚。甲戌旬中無申酉，申酉爲孤，寅卯即爲虚。甲申旬中無午未，午未爲孤，子丑即爲虚。甲午旬中無辰巳，辰巳爲孤，戌亥即爲虚。甲辰旬中無寅卯，寅卯爲孤，申酉即爲虚。甲寅旬中無子丑，子丑爲孤，午未即爲虚。劉歆七略有風后孤虚二十卷。」

〔四〕天文本「亡」上有「空」字。

筭法，横下十二支，位於四方，縱下八干，位於四方，下戊己，位於中央。若甲子旬，取甲干以配子支，如此〔一〕次第相配，至戊辰，位在中央。土爲四行主，不可移，故取辰支巳支入中央，配戊己，餘悉以干就支，至戌亥，无干配之，單故爲孤。辰巳之位，支干竝无，故名爲虚。其空亡之辰，從五行言之，如甲子旬，无戌亥，水土半空亡，以戌是土，亥是水也，不全無亥子，故云半也。甲戌旬，無申酉，爲金全空亡，以金二支竝无也。甲申旬，無午未，爲火土半空亡，以巳午不全无也。甲午旬無辰巳亦然。甲辰旬，無寅卯，亦云木全空亡。甲寅旬，無子丑，亦云〔二〕水土半空亡，竝以二支不俱無也。兵書云：「陽生甲子，不足戌亥，仍爲天門。陰生甲午，不足辰巳，仍爲地户。陽界甲寅，不足子丑，仍爲鬼門。陰界甲申，不足午未，仍爲人門。陽盛甲辰，卯爲之隔；陰興甲戌，酉爲之隔〔三〕。」此竝是六甲之空支也。春秋元命苞云：「地不足東南，右動，終而入虛門〔四〕。」此明甲子，孤在戌亥，虛在辰巳也。

## 校記

〔一〕「此」，天文本作「是」。

〔二〕「云」，底本、元弘本、元禄本、中國刊本無，據天文本補。

〔三〕「兵書」，所指文獻不明。漢書卷三〇藝文志：「凡兵書五十三家，七百九十篇，圖四十三卷。」「天門」「地户」云云，參見癸巳類稿卷六天門：「周禮大司徒疏引河圖括地象云：『天不足西北，地不足東南，西北爲天門，東南爲地户。天門無上，地户無下。』」又隋書蕭吉傳中提及艮地鬼門，西南人門。艮爲東北，即東北爲鬼門。

〔四〕太平御覽卷三六地部一引春秋元命苞曰：「地不足東南，陰右動，終而入靈門。（地不足東南，故言立子午以相明之。子午者，陰陽之衆所見處也，故以二辰回轉所不同以爲門也。右動而東也。靈門，巳也，陰藏於以也。）」又淮南鴻烈卷三天文訓：「天柱折，地維絕。天傾西北，故日月星辰移焉；地不滿東南，故水潦塵埃歸焉。」

一干一支爲一日者，以周天三百六十五度四分度之一，日日行一度〔二〕，故正用一干一支，以主一日也。三旬爲一月者，月日行十三度四分度之一〔三〕，三旬而周天也。十二月爲一歲者，四時時有三月，生殺之功，備遍十二支也。一歲合三百六十日者，六六三十六，六甲之數也。六甲間兩月之日〔三〕者，以陰陽奇偶備也。陽者爲奇，陰者爲偶，萬物庶類，吉凶之理，以此彰矣。其支干相配，歲月日時竝然。立歲之元，起於上元甲子。立月之元，起甲己之歲，十一月甲子。立日之元，六旬起自甲子。立時之元，冬夏二至後得甲巳之日，夜半起甲子。四事皆以甲子爲首也。

## 校記

〔二〕白虎通卷九日月：「一日一夜，適行一度，一日夜爲一日，剩復分天爲三十六度，周天三百六十五度四分度之一，日月徑千里也。」注：「大義引此下有『日徑千里，圍三千里，下于天七千里』，似當補入。」「周天三百六十五度四分度之一」云云，常見於秦、漢間緯書。尚書注疏卷二堯典孔穎達正義：「古時真曆遭戰國及秦而亡，漢存六曆，雖詳於五紀之論，皆秦漢之際假託爲之，實不得正。要有梗概之言，周天三百六十五度四分度之一，而日日行一度，則一期三百六十五日四分日之一。今考靈曜、乾鑿度諸緯皆然。」孫穀編古微書卷三六洛書甄曜度：「周天三百六十五度四分度之一。夫一度爲千九百三十二里，則天地相去六十七萬八千五百里，周天一百七萬一千里，一度爲二千九百三十二里七十一步二尺七寸四分四百八十七分分之三百六十二。」

〔二〕白虎通卷九日月：「含文嘉曰：『計日月右行也。』刑德放曰：『日月東行。』日行遲，月行疾何？君舒臣勞也。日日行一度，月日行十三度十九分度之七。」文略不同。

〔三〕天文本「日」下有「存」字。

其上配九星，下配九州者，黄帝兵決〔一〕云：「甲子從北斗魁第一星起，順數至庚午，在第七剛星，至辛未，還從第六星，逆數至丙子，又從第一星。順數盡六甲。」其下配九州者，史書云：「甲齊，乙東夷，丙楚，丁南夷，戊魏，己韓，庚秦，辛西夷，壬燕，癸北夷。」漢書五行志云：「甲乙，海外，日月不治。丙丁，江淮海岱。戊己，中州河濟。庚辛，華山以西。壬癸，常山以北。子周，丑翟，寅楚，卯鄭，辰邯鄲，巳衛，午秦，未中山、宋，申齊，酉魯，戌越，亥燕〔二〕。」龍首經曰：「子齊，青州；丑吴、越，楊州；寅燕，幽州；卯宋，豫州；辰晋，兗州；巳楚，荆州；午周，三河；未秦，雍州；申蜀，益州；酉梁州；戌徐州；亥衛，并州〔三〕。」若地辰之位，史、漢近之；星次而論，龍首爲當。

## 校記

〔一〕「黄帝兵決」，託名黄帝所著兵書之一。隋書卷三四經籍志三：「黄帝兵法雜要決一卷。」新唐書卷五九藝文志：「黄帝用兵法訣一卷，黄帝兵法孤虛推記一卷。」嚴可均全上古三代秦漢三國六朝文全上古三代文卷一兵法，注：「五行大義第五篇引黄帝兵訣。案隋志，黄帝兵法雜要訣一卷，此省詞。」王先謙漢書補注卷三〇藝文志「黄帝十六篇，圖三卷」補注：「葉德輝曰：五行大義五篇引黄帝兵訣，即隋志黄帝兵法要訣省詞。開元占經五引作黄帝用兵要法，十一引作黄帝用兵要訣，二十一、二十二又引作黄帝兵法十要，出後人依託者爲多。」

〔二〕漢書卷二六天文志：「甲乙，海外，日月不占。丙丁，江、淮、海、岱。戊己，中州河、濟。庚辛，華山以西。壬癸，常山以北。一曰，甲齊，乙東夷，丙楚，丁南夷，戊魏，己韓，庚秦，辛西夷，壬燕，趙，癸北夷。子周，丑翟，寅趙，卯鄭，辰邯鄲，巳衛，午秦，未中山，申齊，酉魯，戌吴、越，亥燕、代。」語略同史記卷二七天官書：「甲乙，四海之外，日月不占。丙丁，江、淮、海、岱也。戊己，中州河、濟也。庚辛，華山以西。壬癸，恒山以北。日蝕，國君；月蝕，將相當之。」裴駰集解引晉灼曰：「海外遠，甲乙日時不以占候。」王念孫讀書雜志四漢書第五天文志「寅趙」：「子周，丑翟，寅趙……亥燕、代。念孫案：邯鄲即趙也，辰爲邯鄲，則寅非趙矣。隋蕭吉五行大義引此作『寅楚』，是也。淮南天文篇及廣雅竝作『寅楚』。」

〔三〕「龍首經」，隋書卷三四經籍志三：「黄帝龍首經二卷。」洪頤煊筠軒文鈔卷六黄帝龍首經序：「龍首經之名，始見於晉葛洪抱朴子遐覽篇，隋書經籍志五行類有黄帝龍首經二卷……據蕭吉五行大義第四篇引龍首經『子齊，青州；丑吴、越，揚州』一條……今本皆無此文，疑傳寫尚有殘闕。」

其配人身，甲乙爲頭，丙丁爲胸脇，戊己爲心腹，庚辛爲股，壬癸爲手足。則子爲頭，丑亥爲胸臂，寅戌爲手，卯酉爲腰脇，辰申爲尻肱，巳未爲脛，午爲足，此皆初爲首，末爲足。配五藏也，干以甲乙爲肝，丙丁爲心，戊己爲脾，庚辛爲肺，壬癸爲腎也，支以寅卯爲肝，巳午爲心，辰戌丑未爲脾，申酉爲肺，亥子爲腎，此皆從五行配之。又干以甲乙爲皮毛，丙丁爲爪筋，戊己爲宍，庚辛爲骨，壬癸爲血脉也。支以寅卯爲皮毛，巳午爲爪筋，辰戌丑未爲宍，申酉爲骨，亥子爲血脉也。木生在地上，故爲皮毛；火有猛毅，故爲筋爪；土有持載，故以爲宍；金性堅剛，故爲骨；水本流潤，故是爲血脉〔一〕。竝支干所配，故以備釋。

## 校記

〔一〕嘉慶本、知不足本、常州本「故」下無「是」字；集成本「是」下無「爲」字。

# 第六　論〔一〕相雜

就此分爲三段：一者論五行體雜，二者論支干雜，三者論方位雜〔二〕。

校　記

〔一〕底本、元弘本、元禄本、嘉慶本、宛委本、知不足本、集成本「論」下有「五行」二字，據總目、卷目、常州本删。

〔二〕「一者論」、「二者論」、「三者論」：底本、元弘本、元禄本、嘉慶本、宛委本、知不足本、集成本無「者」字，據總目、卷目、常州本補。

## 一者論五行體雜

凡五行均布，遍在萬有，不可定守一途。今先論五行體雜。但其氣周流，隨事而用，若言不雜，水只應一，何故謂五而爲六？火〔一〕金木土竝爾。當知生數爲本，成數爲雜。既有雜，故一行當體即有五義。

校　記

〔一〕天文本「火」上有「水」字。

如木有曲直，此是木也。木中有火，則是火也。木堪爲兵仗，有擊觸之能，即是金也。木中有潤，即是水〔一〕也。木吐華葉子實，即是土也。火外陽，即〔二〕是火也。内陰，即是水也。能殺，即是金也。能熟，即是木也。能生，即是土也。土能生，即是土也。能容，即是水也。能成，即是木也。能防，即是金也。含陽，即是火也。金能斷，即是金也。從革，即是木也。含火，即是火也。有汙，即是水也。能生，即是土也。水外陰，即是水也。内陽，即是火也。含養，即是木也。潤生，即是土也。能殺，即是金也。

**校記**

〔一〕「水」，底本、元弘本、元禄本、宛委本作「火」，據天文本、嘉慶本、知不足本、常州本、集成本改。

〔二〕「即」，天文本作「故」。下同。

此皆以義釋一〔一〕行通有五氣，就事而論義則〔二〕不爾，或有或無。質弱者則體相容，質堅者則體不相容。

**校記**

〔一〕「一」，底本、元弘本、元禄本、宛委本作「二」，據天文本、嘉慶本、知不足本、集成本改。

〔二〕天文本無「則」字。

金中無木，木中無金，金木〔一〕以正相害故。水〔二〕中無火，火中無水，兩法正相害故。水中〔三〕亦無金，金中有水，木中亦有水，木中亦〔四〕有火，石中亦有火，而水能生木，則木中有水。水生於金，金中有水。火生於木，木中有火〔五〕。水〔六〕復從金生，金中有水。水能生木，木中有火。火刻〔七〕於金，那得石復有火？此是火性弱，故〔八〕能入堅；而火中無金，是堅不能入弱。木生於水，木中含水。金能生水，金中含水。所以水中無金木者，金木在水中，不得言水體有金木。溼潤在木石中，木石便得有水義，此亦是弱能入堅，堅不能入弱。炎州有樹，生於火中，此非火能生樹，是火不能燒樹；亦非火在樹中，乃是樹在火中，而體不相雜。無異金在水中，而不能雜水體，亦如海中陰火潛燃，此水中有火，但非水體雜火。此稍涉〔九〕靈奇，亦非五行常準。

### 校記

〔一〕「木」，底本、元祿本、宛委本作「水」，據元弘本、天文本、嘉慶本、知不足本、常州本、集成本改。

〔二〕天文本「水」上有「亦」字。

〔三〕「水中」，底本、元弘本及刊本無，據天文本補。
〔四〕「亦」，天文本無。
〔五〕「火」，底本、元禄本、宛委本作「水」，據抄本、嘉慶本、知不足本、常州本、集成本改。
〔六〕「水」，底本、元禄本、宛委本作「火」，據抄本、嘉慶本、知不足本、常州本、集成本改。
〔七〕「刻」，抄本、知不足本、常州本、集成本作「尅」。
〔八〕抄本「故」下有「弱」字。
〔九〕「稍涉」，天文本作「神妙」。

又木中有火，火還燒木。此是生火方盛，故能燒木。石中有火，火不燒石，是火至金鄉，氣已衰，故不能燒石。其以火消金者，亦取其盛，故能爍金。是不取衰火，猶如金能剋木，鉛錫不能斷，此是不堅之金也。土性包含，無所不受，故土中皆備有水金木火。火非直陽氣，猶如范陽地燃〔一〕，是陰〔二〕也。土火非〔三〕相害，雖不恒爾，不得言無。等是四行，何故獨爾？土既居地，地即是陰。火即是太陽之氣，故不得恒有也。

## 校記

〔一〕「范陽」，秦縣之一，原位於今河北省定興縣境內，治所固城。曹魏時置范陽國，後改涿郡爲范陽郡，治所移至今河北省薊縣。隋開皇元年（五八一）廢范陽郡，唐武德七年（六二四）改涿縣爲范陽縣（今涿州市一帶）。地燃，當指地下煤礦或天然氣發生的自燃。隋王通撰元經薛氏傳卷一：「（晉惠帝）光熙元年（三〇六）……夏五月，范陽地燃。」唐李淳風觀象玩占卷一：「惠帝光熙元年，范陽地燃，可爨，此火沴土地，而晉卒以亂亡。」

〔二〕「陰」，天文本無。

〔三〕「非」，嘉慶本、知不足本、常州本、集成本作「不」。

## 二者〔一〕論支干雜

支干雜者，五行書云：「甲以女弟乙嫁庚爲妻，故乙中有雜金。立春木王，甲召乙還，乙懷金氣來，故仲春殺榆莢白也。丙以女弟丁嫁壬爲妻，丁中有雜水。立夏火王，丙召丁還，丁懷水氣來，故仲夏桑椹熟黑也。戊以女弟〔二〕己嫁甲爲妻，己中有雜木。季夏土王，戊召己還，己懷木氣來，故季夏有菓實青也。庚以女弟辛嫁丙爲妻，辛中有雜火。立秋金王，庚召辛還，辛懷火氣來，故仲秋棗熟朱也。壬以女弟癸嫁戊爲妻，癸中有雜土。立冬水王，壬召癸還，癸懷土氣來，故仲冬草木皆黄也。甲丙戊庚壬爲男，剛强，故自有德不雜。乙丁己辛癸爲女，柔弱，不自專，從夫，故有雜〔三〕。」猶出嫁之女即稱夫氏，歸〔四〕寧之日攜子而來，氏族便雜。五行十雜〔五〕云：「甲爲木，乙爲材，丙爲火，丁爲灰，戊爲土，己爲泥，庚爲金，辛爲鑪銻，壬爲水，癸爲濁汙。」此皆雜義也。

## 校記

〔一〕「者」，底本、抄本、元禄本、嘉慶本、宛委本、知不足本、集成本無，據常州本、諸本總目及卷目補。

〔二〕「弟」，底本、宛委本作「第」，據抄本、嘉慶本、知不足本、常州本、集成本改。

〔三〕「五行書」，姚振宗隋書經籍志考證卷三六子部「九天嫁娶圖一卷，並不著撰人」條下：「蕭吉五行大義論支干雜篇曰：『五行書云（下略）』，是五行家亦以嫁娶爲推測比喻之辭。此類或亦有其説歟？莫得而詳已。」

〔四〕「歸」，元弘本、天文本作「皈」。

〔五〕「五行十雜」，五行書之一種，書爲佚書，文爲佚文。

寅卯爲木，春懷火，故卯爲純木，寅爲雜木。巳午爲火，夏懷土，故午爲純火，巳爲雜火。申酉爲金，秋懷水，故酉爲純金，申爲雜金。亥子爲水，冬懷木，故子爲純水，亥爲雜水。土居中央，分主四氣〔一〕，故辰中有餘木，未中有餘火，戌中有餘金，丑中有餘水，各十二日〔二〕。故四孟爲懷任，生氣之所由；四仲，盛壯〔三〕之所立；四季，葬送之所在。懷任及葬，皆有雜義。

校記

〔一〕「氣」，天文本、元禄本作「季」。

〔二〕「日」，天文本作「月」。

〔三〕「壯」，天文本作「性」。

## 三者〔一〕論方位雜

五行非直性相雜，當方亦有雜義。東方，甲乙寅卯辰。甲，木也，乙中有雜金，寅中有生火，辰，土也，卯中有死水。南方，丙丁巳午未。丙，火也，丁中有雜水，巳中有生金，未，土也，午中有死木。西方，庚辛申酉戌。庚，金也，辛中有雜火，申中有生水，戌，土也，又酉中有胎木。北方，壬癸亥子丑。壬，水也，癸中有雜土，亥中有生木，子中有胎火，丑中有死金。

此竝方別有五行也。寅午戌，火之位也。寅中有生火，在東方；午中有王火，在南方；戌中有死火，在西方。亥卯未，木之位也。亥中有生木，在北方；卯中有王木，在東方；未中有死木，在南方。申子辰，水之位也。申中有生水，在西方；子中有王水，在北方；辰中有死水，在東方。巳酉丑，金之位也。巳中有生金，在南方；酉中有王金，在西方；丑中有死金，在北方。此一行之體，雜在三方也。未辰丑戌，土之位也。未中有王土〔二〕，辰中有死土，丑中有衰土，戌中有壯土，此土體雜在四方也。趙怡言：「五行相雜，如錦綺焉。」斯言當矣。

校　記

〔一〕「者」，底本、抄本、元禄本、嘉慶本、宛委本、知不足本、集成本無，據常州本、諸本總目及卷目補。

〔二〕「王土」，底本、元禄本、宛委本作「土土」，據抄本、嘉慶本、知不足本、常州本、集成本改。

## 第七　論德

德者得也〔一〕，有益於物，各随所欲，無悔悋，故謂之爲德也。五行書云：「若有一德，能攘〔二〕百災。」凡陰陽用事，遇德爲善，謂之福德。爲有救助，萬事皆吉，災害消亡〔三〕。

德有四德，三者從支干論之，一者從月氣論之。

校　記

〔一〕釋名卷四釋言語：「德，得也，得事宜也。」説文解字心部：「悳，外得於人，内得於己也。」

段注：「内得於己，謂身心所自得也。外得於人，謂惠澤使人得之也。俗字假『德』爲之。」

〔二〕「攘」，嘉慶本、知不足本、常州本、集成本作「禳」。

〔三〕「害」，天文本作「咎」，元弘本、元禄本作「各」，元禄本校語：「按：『各』字疑『害』字誤。」「亡」，天文本作「也」。

支干三種者，一曰干德，二曰支德，三曰支干合德。

干德者〔一〕，甲德自在，乙德在庚，丙德自在，丁德在壬，戊德自在，己德在甲，庚德自在，辛德在丙，壬德自在，癸德在戊。此十干者，甲丙戊庚壬爲陽，尊，故德自處；乙丁己辛癸爲陰，卑，故配德於陽，有從夫之義，所以不自爲德。揚子云：「配日之道，正有五日。甲己爲木，丙辛爲火，戊癸爲土，乙庚爲金，丁壬爲水〔二〕。」陰陽之理，必相配偶，以則君臣夫婦之義。甲爲君、爲夫，己爲臣、爲妻。君位自在，臣位由君，故己德在甲，乙德在庚也。餘四皆然，陰從陽之道。

校　記

〔一〕瞿曇悉達開元占經卷九一風占：「干德，甲丙戊庚壬爲陽，陽德自處，甲德在甲，丙德在丙，戊德在戊，壬德在壬，此謂自處。乙丁己辛癸爲陰，陰德在陽，乙德在庚，丁德在壬，己德在甲，辛德在丙，癸德在戊，此謂在陽，取合爲德也。」

〔二〕「揚子」，或漢揚雄，或三國揚（楊）泉，所指不明。「甲己爲木……丁壬爲水」，據中村等全釋本猜測，或爲揚（楊）泉著物理論佚文。宋張行成翼玄卷七元數引荀氏：「又謂甲己爲木，乙庚爲金，丙辛爲火，丁壬爲水，戊癸爲土，則以克爲主者也。」文字略同。

支德者〔二〕，子德在巳，丑德在午，寅德在未，卯德在申，辰德在酉，巳德在戌，午德在亥，未德在子，申德在丑，酉德在寅，戌德在卯，亥德在辰。此皆以其夫生助之所也。子以巳爲德者，子，水也，以土爲夫，巳中有生土。丑以午爲德者，丑，土也，以木爲夫，午中有死木。寅以未爲德者，寅，木也，以金爲夫，未中有冠帶金。卯以申爲德者，卯，木也，以金爲夫，申中有相金。辰以酉爲德者，辰，土也，以木爲夫，酉中有胎木。巳以戌爲德者，巳，火也，以水爲夫，戌中有冠帶水。午以亥爲德者，午，火也，以水爲夫，亥中有相水。未以子爲德者，未，土也，以木爲夫，子中有沐浴木。申以丑爲德者，申，金也，以火爲夫，丑中有養火。酉以寅爲德者，酉，金也，以火爲夫，寅中有生火。戌以卯爲德者，戌，土也，以木爲夫，卯中有王木。亥以辰爲德者，亥，水也，以土爲夫，辰中有死土。或問云：「從夫之義，生者有德，能相和養，故從。死者離背，不能和從，何以死猶爲德？」答曰：「婦無再醮，一降適人，便稱夫氏，雖死猶從其族，豈得生而稱之，死便捨棄？故陰之從陽，生死常存。」

### 校記

〔一〕瞿曇悉達開元占經卷九一風占：「支德，歲月日時在子德在巳，在丑德在午，在寅德在未，在卯德在申，在辰德在酉，在巳德在戌，在午德在亥，在未德在子，在申德在丑，在酉德在寅，在戌德在卯，在亥德在辰，以次順行前五辰是也。」

支干合德者，子德在甲，丑德在辛，寅德在丙，卯德在丁，辰德在庚，巳德在己〔一〕，午德在戊，未德在辛，申德在壬，酉德在癸，戌德在庚，亥德在乙，此皆從子爲德也。謂子能扶助其母，有孝養之性，以爲德也。凡干爲陽，支爲陰，陽體剛强自在，陰體柔順從陽。婦人有三從之禮，每無自專之義，夫死從子，故以子爲德。若有支干各自爲德，皆從其夫，既今〔二〕支干共爲德，故離其夫位，故〔三〕便從子也。子德在甲者，水爲木母故也。例皆如之。

**校記**

〔一〕「己」，底本、元弘本、元禄本、宛委本作「辛」，據天文本、嘉慶本、知不足本、常州本、集成本改。

〔二〕「既今」，天文本作「今既」。

〔三〕「故」，天文本無。

一從月氣爲德者，德不孤立，對之以形〔一〕。德爲陽，以從乾；刑爲陰，以從坤。亦如人之治政，刑德兩施。德有慶賜爵賞，所以配陽；刑有殺罰削奪，所以配陰。故王者日蝕則脩德，月蝕則脩刑。董仲舒春秋繁露云：「天道之常，一陽一陰。陽者天之德，陰者天之刑。陰陽以終歲之行，以觀天之所親任，可以見德刑之用矣。然天之任陽不任陰，好德不好刑。故陽出而積於夏，任德以歲〔二〕事；陰出而積於冬，錯刑以空處也〔三〕。」太公云：「人主舉事，善則天應之以德，惡則天應之以刑〔四〕。」此竝陰陽相對，德不獨治，須偶之以刑也。

**校記**

〔一〕「形」，抄本、嘉慶本、知不足本、常州本、集成本作「刑」。

〔二〕「歲」，天文本作「成」。

〔三〕春秋繁露卷一二陰陽義：「天地之常，一陰一陽。陽者天之德也，陰者天之刑也。迹陰陽終歲之行，以觀天之所親而任。成天之功，猶謂之空，空者之實也。」又見春秋繁露卷一二天道無二：「天之任陽不任陰，好德不好刑如是。故陽出而前，陰出而後，尊德而卑刑之心見矣。陽出而積於夏，任德以歲事也；陰出而積於冬，錯刑於空處也。」

〔四〕「太公」，即呂望，所著或稱太公六韜。漢書卷三〇藝文志：「太公二百三十七篇。呂望爲周師尚父，本有道者。或有近世又以爲太公術者所增加也。謀八十一篇，言七十一篇，兵八十五篇。」隋書卷三四經籍志三：「太公六韜五卷，梁六卷。周文王師姜望撰。」魏徵群書治要卷第三一六韜：「文王問太公曰：『人主動作舉事，善惡有福殃之應，鬼神之福無？』太公曰：『有之。主動作舉事，惡則天應之以刑，善則地應之以德，逆則人備之以力，順則神授之以職。』」

從乾巛二卦之氣者，十月坤卦用事，自十一月而陽氣動，陰爻變；四月乾卦用事，自五月而陰氣動，陽爻變。故黃鍾蕤賓，陰陽之氣始也，德刑在焉。建子之月，坤初六爻變爲陽，復卦用事，陽氣動於黃泉之下，陰氣布在蒼天之上，爲德在室而刑在野〔一〕。建丑之月，坤六二爻變爲陽，臨卦用事，陽氣稍出，萬物萌牙，陰氣將降，威怒已衰，爲德在堂而刑在街。建寅之月，坤六三爻變爲陽，泰卦用事，陽氣已達，陰氣降入，陰陽交泰，萬物抽其牙葉，爲德在庭而刑在巷。建卯之月，坤六四爻變爲陽，大壯卦用事，陽氣上騰乎天，陰氣下入乎地，陰陽氣交，萬物成出，德刑俱會於門。建辰之月，坤六五爻變爲陽，夬卦用事，陽氣上達，陰氣衰微，爲德在巷而刑在庭。建巳之月，坤上六爻變爲陽，純陽用事，陽氣大盛，陰氣消除，萬物悦壯，無復刑殺，爲德在街而刑在堂。建午之月，乾初九爻變爲陰，遘卦〔二〕用事，陰氣動於黄泉之下，陽氣布于蒼天之上，爲德在野而刑在室。建未之月，乾九二爻變爲陰，遁卦用事，陰氣稍昇，陽氣將損，萬物壯極，皆以衰老，爲德在街而刑在堂。建申之月，乾九三爻變爲陰，否卦用事，陽氣沈退，陰氣進昇，陰陽否隔，殺威方盛，爲德在巷而刑在庭。建酉之月，乾九四爻變爲陰，觀卦用事，陽氣内入，陰氣外施，陰陽合争，萬物變衰，爲德在門，刑復會於門。建戌之月，乾九五爻變爲陰，剥卦用事，陽氣將盡，陰氣上達，萬物枯悴，殺害盛行，爲德在庭而刑在巷。建亥之月，乾上九爻變爲陰，純坤復位，陽氣消除，陰氣大盛，萬物收藏，未見刑犯，爲德在堂而刑在街。此刑德二事，出入向趣，皆以用之，彌忘拙鑿，遇德則吉，逢刑則凶，故於此釋〔三〕。

## 校　記

〔一〕淮南鴻烈卷三天文訓：「陰陽刑德有七舍。何謂七舍？室、堂、庭、門、巷、術、野。」

〔二〕「遘卦」，底本、宛委本作「卦遘」，據元弘本、天文本、元祿本、嘉慶本、知不足本、集成本改。

〔三〕「釋」，底本作「擇」，據諸本改。

## 第八　論合

孔子曰：「乾，陽也，坤，陰也，陰陽合德〔一〕。」五行之本，受生於天則受成於地，稟氣於陽，定形於陰，體無偏立，故各有合。總而言之，干爲陽屬天，支爲陰屬地。別而言之，干自有陰陽，甲陽乙陰，丙陽丁陰，戊陽己陰，庚陽辛陰，壬陽癸陰。支亦自有陰陽，子陽丑陰，寅陽卯陰，辰陽巳陰，午陽未陰，申陽酉陰，戌陽亥陰。各象天地而自相配合，有夫婦之道。

### 校記

〔一〕周易卷八繫辭下：「子曰：『乾坤，其易之門邪？』乾，陽物也。坤，陰物也。陰陽合德而剛柔有體，以體天地之撰，以通神明之德。其稱名者，雜而不越。」

干合者〔二〕，己爲甲妻，故甲與己合；辛爲丙妻，故丙與辛合；癸爲戊妻，故癸與戊合；乙爲庚妻，故乙與庚合；丁爲壬妻，故壬與丁合。季氏陰陽説曰：「木八畏庚九，故以妹乙妻庚，庚[二]氣在秋，和以木氣，是以薺麥當秋而生，所謂妻來之義。火七畏壬六，故以妹丁妻壬，壬得火熱氣，故款冬當冬而華。金九畏丙七，故以妹辛妻丙，丙得金氣，故首夏靡草薺麥死，故夏至之後，三庚爲伏，以畏火也[三]。土五畏甲八，故以妹己妻甲。土帶陰陽，合以雌嫁木，故能生物也。水六畏土五，故以妹癸妻戊[四]。」五行相和，是其合也。

## 校記

〔一〕瞿曇悉達開元占經卷九一風占：「德干合，甲己，乙庚，丙辛，丁壬，戊癸。」

〔二〕天文本「庚」上有「金」字。

〔三〕太平御覽卷三一時序部引曆忌釋：「伏者何也？金氣伏藏之日也。四時代謝，皆以相生。立春，木代水，水生木；立夏，火代木，木生火；立冬，水代金，金生水。至於立秋，以金代火，金畏火，故至庚日必伏。庚者，金也。」（陰陽書曰：「候夏至後第三庚爲初伏，第四庚爲中伏，立秋後初庚爲後伏，謂之三伏。」）

〔四〕「季氏陰陽説」，未見著録，所引當爲佚文。

支合者，日月行次之所合也。正月，日月會於諏訾之次，諏訾，亥也，一名豕韋，斗建在寅，故寅與亥合。二月，日月會於降婁之次，降婁，戌也，斗建在卯，故卯與戌合。三月，日月會於大梁之次，大梁，酉也，斗建在辰，故辰與酉合。四月，日月會於實沈之次，實沈，申也，斗建在巳，故巳與申合。五月，日月會於鶉首之次，鶉首，未也，斗建在午，故午與未合。六月，日月會於鶉火之次，鶉火，午也，斗建在未，故未與午合。七月，日月會於鶉尾之次，鶉尾，巳也，斗建在申，故申與巳合。八月，日月會於壽星之次，壽星，辰也，斗建在酉，故酉與辰合。九月，日月會於大火之次，大火，卯也，斗建在戌，故戌與卯合。十月，日月會於析木〔一〕之次，析木，寅也，斗建在亥，故亥與寅合。十一月，日月會於星紀之次，星紀，丑也，斗建在子，故子與丑合。十二月，日月會於玄枵之次，玄枵，子也，一名天黿，斗建在丑，故丑與子合。玄枵者，玄，黑也，枵，秏也，陰氣盛，故〔二〕萬物始動，猶未出生，天下空虛，謂之曰秏。星紀者，紀，統也，領萬物所終始也。析木者，萬物始萌，分別水木也。大火者，東方，木也，心宿在卯，火出木心也。壽星者，萬物始達，各任其命也。鶉尾者，南方朱雀之宿以軫尾也。鶉火者，陽氣盛大，火星昏中，在七星朱鳥之處也。鶉首者，南方之宿，形其〔三〕象鳥，以井爲冠，以柳爲口也。實沈者，陰氣沈重，降實於物也。大梁者，强也，白露已降，萬物堅强也。降婁者，降，下也，婁，曲也，陰氣上侵，萬物萎曲也。諏訾者，陰盛〔四〕陽伏，萬物愁哀也。

## 校記

〔一〕「析木」，十二星次之一。与十二辰相配为寅，与二十八宿相配为尾、箕两宿。國語卷三周語下：「昔武王伐殷，歲在鶉火，月在天駟，日在析木之津，辰在斗柄，星在天黿。」韋昭注：「時殷十一月二十八日戊子，於夏爲十月……析木，次名，從尾十度至南斗十一度爲析木，其間爲漢津。謂戊子日，宿箕七度也。」

〔二〕「故」，天文本無。

〔三〕「形其」，嘉慶本、知不足本、常州本、集成本作「其形」。

〔四〕「盛」，天文本作「壯」。

凡陰陽相配，善惡理均，凶不全凶，吉不獨吉，吉终則凶，凶终則吉，故合不專合，復有離義。就支干配日辰，乃有五合、五離。五合者，河圖云：「甲寅乙卯天地合，丙寅丁卯日月合，戊寅己卯人民合，庚寅辛卯金石合，壬寅癸卯江河合。五離者，甲申乙酉天地離，丙申丁酉日月離，戊申己酉人民離，庚申辛酉金石離，壬申癸酉江河離。」寅卯，陽之所昇，能生萬物，日常出之〔一〕，月滿又〔二〕出，東方少陽生長之處，物所欣會，故以爲合。申酉，陰之所湊，肅殺之方，日月皆没於其所，西方少陰衰老之處，物之所惡，故以爲離。甲乙曰干之首，卦屬乾坤，故比天地。丙丁陽〔三〕光之盛，故方日月。戊己居中，能成萬物，故類人民。庚辛體自金石，壬癸居然江河。凡爲萬事，吉則從合，凶則從離。遇合則休，值離則否。選日定時，卜筮之用，彌所用也。

### 校記

〔一〕天文本無「之」字。

〔二〕「又」，天文本作「夕」。

〔三〕「陽」，天文本作「揚」。

## 第九　論扶抑

扶者，以輔助爲義；抑者，以止退立名。五行既成，盛衰有時，尊卑代易，故有相扶抑者〔一〕義。其相遇也，母得子爲扶，子遇母爲抑。子有孝養順助之理，所以爲扶；母有尊嚴訓制之道，所以爲抑。相扶者，木扶水，水扶金，金扶土，土扶火，火扶木，此皆母得子。相抑者，木抑火，火抑土，土抑金，金抑水，水抑木，此皆子遇母也。柳世隆龜經云：「扶者壽，抑者否。扶者起，抑者止。扶者仰，抑者俛。扶者進，抑者退。扶者行，抑者停。扶者吉，抑者凶。」就此又須消息。凡父母有氣爲真父母，無氣爲宗廟鬼神。有〔二〕氣爲兒子福助，無氣爲財帛功德。所以扶者爲〔三〕善，抑者爲惡。生王之時則爲有氣，死没之時則是無氣。有氣無氣，復有二種。若遇合德，雖抑非害；若逢刑剋，爲凶更重之〔四〕。

## 校記

〔一〕「者」，嘉慶本、知不足本、常州本、集成本作「之」。

〔二〕天文本「有」上有「子」字。

〔三〕「爲」，底本、元禄本、宛委本作「必」，據嘉慶本、知不足本、常州本、集成本改。

〔四〕「之」，天文本無，常州本「之」作「或」，屬下讀。

問曰：「母之於子，訓制之道謂之爲凶，此未可解。尊嚴訓制，教以義方，欲其成人，何爲反惡？」答曰：「前解已有二種。若遇一德合，雖抑非害。有氣爲真父母，此是欲其成人。雖然當訓之時，於子交不遂心〔一〕，亦是留礙，況逢刑剋。舜之至孝，尚大杖則迯〔二〕，王祥扣冰〔三〕，孟宗泣笋〔四〕，此豈是義方之教？無氣爲鬼神者，鬼神之來，多欲爲祟，禱請祈求，乃可致福。此否抑者何〔五〕？」問曰：「解云『有氣爲父母，無氣爲鬼神』者，此亦有疑。夫鬼神，雖居幽微，猶是有物，精靈感通，禍福斯應。若云無者，宗廟饗祀何所依憑？」」答曰：「所言有無者，正論生死。生則形存〔六〕爲有，死則氣散爲無。不語幽微，何足疑也。」問曰：「若如此解，死則爲無，無何所慮，而能爲抑？」」答曰：「鬼神雖無形質可見，而有善惡可求，故能爲抑。」問曰：「若能爲抑，便是有義。」答曰：「就抑則有，語形則無。今解無也。就氣而論，非是全無，但無王相之氣，而有死没之氣。王相氣來則吉，死没氣來則凶。所言無氣者，無王相氣耳。」

## 校記

〔一〕「交」，天文本作「亦」。「遂」，天文本作「從」。

〔二〕史記卷一五帝本紀：「舜父瞽叟盲，而舜母死，瞽叟更娶妻而生象，象傲。瞽叟愛後妻子，常欲殺舜，舜避逃；及有小過，則受罪。順事父及後母與弟，日以篤謹，匪有懈。」

〔三〕晉書卷三三王祥列傳：「王祥字休徵，琅邪臨沂人，漢諫議大夫吉之後也。祖仁，青州刺史。父融，公府辟不就。祥性至孝。早喪親，繼母朱氏不慈，數譖之，由是失愛於父。每使掃除牛下，祥愈恭謹。父母有疾，衣不解帶，湯藥必親嘗。母常欲生魚，時天寒冰凍，祥解衣將剖冰求之，冰忽自解，雙鯉躍出，持之而歸。母又思黄雀炙，復有黄雀數十飛入其幕，復以供母。鄉里驚歎，以爲孝感所致焉。」

〔四〕「宗」，天文本、元禄本作「仁」。元禄本校語：「『仁』，一作『宗』。」三國志卷四八吴書三孫皓傳「司空孟仁卒」，裴注引吴録：「仁字恭武，江夏人也，本名宗，避皓字，易焉。」又引楚國先賢傳曰：「宗母嗜筍，冬節將至，時筍尚未生，宗入竹林哀嘆，而筍爲之出，得以供母，皆以爲至孝之所致感。累遷光禄勳，遂至公矣。」

〔五〕「此否抑者何」，底本、元禄本、宛委本如此。元禄本校語：「按『此否』以下五字上下間疑有闕文。」嘉慶本、知不足本、常州本、集成本作「非否抑而何」。

〔六〕「存」，天文本作「在」。

# 第十　論相剋

五行雖爲君臣父子，生王不同，逐忌相剋。剋者，制罰爲義，以其力强能制弱，故木剋土，土剋水，水剋火，火剋金，金剋木。

白虎通云：「木剋土者，專勝散。土剋水者，實勝虚。水剋火者，衆勝寡。火剋金者，精勝堅。金剋木者，剛勝柔〔一〕。」春秋繁露云：「木者農也，農人不順如叛，司徒誅其率正矣，故金勝木。火者，本朝有讒邪，熒惑其君，法則誅之，故水勝火。土者，君大奢侈，過度失禮，民叛之窮，故木勝土。金者司徒，弱不能使衆，則司馬誅之，故火勝金。水者執法，阿黨不平，則司寇誅之，故土勝水〔二〕。」勝者爲君，爲夫，爲官，爲吏，爲鬼。負者爲臣，爲妻，爲財。君以威嚴尊高，夫以德義隆重，官以能有賞伐，吏以刑法裁斷，鬼以剋殺病喪，竝爲勝者也。臣以畏伏其上，妻以敬從其夫，財以休彼制用，竝爲負者。

## 校記

〔一〕白虎通卷四五行：「五行所以相害者，天地之性，衆勝寡，故水勝火也。精勝堅，故火勝金。剛勝柔，故金勝木。專勝散，故木勝土。實勝虛，故土勝水也。」

〔二〕春秋繁露卷一三五行相勝：「夫木者農也，農者民也，不順如叛，則命司徒誅其率正矣，故曰金勝木。……夫火者，大朝，有讒邪熒惑其君，執法誅之。執法者水也，故曰水勝火。……夫土者，君之官也，君大奢侈，過度失禮，民叛矣。其民叛，其君窮矣，故曰木勝土。……金者，司徒，司徒弱，不能使士衆，則司馬誅之，故曰火勝金。……夫水者，執法司寇也。執法附黨不平，依法刑人，則司營誅之，故曰土勝水。」

凡上剋下爲順，下剋上爲剥。喻如君有刑臣之法，臣無犯君之義；父有訓子之道，子〔一〕無教父之方。所以上之剋下，順理而行；下之剋上，乖理而剋。故白虎通云：「陽爲君，陰爲臣。水以太陰之氣，制太陽之火；金以少陰之氣，制少陽之木。喻如失道之君〔二〕，若殷湯放桀，周武伐紂。此皆誅有罪也〔三〕。」凡卜筮，得其所剋者凶，得所受制者吉。

## 校記

〔一〕底本、元弘本、元禄本、宛委本「子」下有「之」字，據天文本、嘉慶本、知不足本、常州本、集成本刪。

〔二〕「失道之君」，常州本作「失君之道」。

〔三〕白虎通卷四五行：「火陽，君之象也。水陰，臣之義也。臣所以勝其君何？此謂無道之君，故爲衆陰所害，猶紂王也。」陳立注引此本，以爲「較爲詳備」。

五行之道，子能拯〔一〕父之難，故金往剋木，火復〔二〕其讎。火既消金，水雪其恥〔三〕。然當衰氣者，反爲王者所制，如鼎鑊中水为火所煎。

## 校記

〔一〕「拯」，天文本作「救」。

〔二〕「復」，天文本作「復報」。

〔三〕陳立白虎通疏證卷四五行「火生土，土則害水」，注：「五行大義二云：『火既消金，水雪其恥。』此亦論水王火死之義。」

白虎通云：「火熱水冷，有温水，無寒火何？明臣可爲君，君不可爲臣。火煎水爲湯者，不改其形，但變其名也。水滅火爲炭〔一〕者，形名俱盡也。亦如君被廢而不存，臣有罪而退職也〔二〕。」五行相剋，木穿土不毁，火燒金不毁者，皆陽氣仁，好生故也。金伐木犯、水滅〔三〕火犯者，陰氣貪，好殺故也。至如山崩川竭，木石爲災〔四〕，天火下流，人火上燎，水旱鬲并，風霜爲害，此竝失政於人，天地作譴，爲五行相沴者。乖沴不和之義，以其氣衝相沴，不名剋也。沴亦廢也，於木則南宫極震，於水則三川竭〔五〕，於火則宫室災，於金則九鼎震，於土則齊楚山崩。木金水火俱沴土者，地動分拆是也。故五行氣衝而有六沴，大概〔六〕如斯。

## 校記

〔一〕「炭」，天文本作「灰」。

〔二〕不見今本白虎通。

〔三〕「滅」，底本、元弘本、元禄本、宛委本作「減」，據天文本、嘉慶本、知不足本、常州本、集成本改。

〔四〕「災」，天文本引一本作「炭」。

〔五〕國語卷一周語上：「幽王二年，西周三川皆震。」韋昭注：「三川，涇、渭、洛，出於岐山。」

〔六〕「概」，天文本作「例」。

## 第十一　論刑

夫刑者，殺罰爲名。自是刑於不義，非故相刑也。五行各在一方，寒暑推移，應時而動，不失其節，各不犯，各無〔一〕應獨受刑者。但須用之不嚴而治，不可棄而不用，故皆還相刑，如以金治金則成其器，以人治人則成國政。呂氏春秋云：「刑罰不可偃於國，笞怒不可廢於家〔二〕。」故五刑之屬三千，莫不本乎五行〔三〕。周書曰：「因五行相剋而作五刑，墨、劓、刵〔四〕、宮、大辟是也。火能變金色，故墨以變其穴；金能剋木，故刵以去其骨節；木能剋土，故劓以去其鼻；土能塞水，故宮以斷其淫泆；水能滅火，故大辟以絶其生命〔五〕。」至于漢文，去其肉刑，代之以鞭笞，其後梟斬流絞之徒〔六〕，竝不越其五數。尚書云：「流宥五刑〔七〕。」又，五流相去各五百里，鞭笞之數起自於十，積而至百，亦依十干之數。尚書刑德攷云：「大辟象天刑。罰贖之數三千，應天地人〔八〕。」

### 校記

〔一〕「各無」，天文本作「咎」。

〔二〕呂氏春秋卷七孟秋紀蕩兵：「怒笞不可偃於家，刑罰不可偃於國，誅伐不可偃於天下，有巧有拙而已矣。」

〔三〕孝經卷六五刑章：「子曰：『五刑之屬三千，而罪莫大於不孝。要君者無上，非聖人者無法，非孝者無親，此大亂之道也。』」又漢書卷二三刑法志：「周道既衰，穆王眊荒，命甫侯度時作刑，以詰四方。墨罰之屬千，劓罰之屬千，髕罰之屬五百，宮罰之屬三百，大辟之罰其屬二百。五刑之屬三千，蓋多於平邦中典五百章，所謂刑亂邦用重典者也。」

〔四〕「㓝」，天文本作「刖」，下同。

〔五〕「周書」，即逸周書，隋書卷三三經籍志二：「周書十卷，汲冢書，似仲尼删書之餘。」引文不見今本，當爲佚文。陳立白虎通疏證引此及太平御覽等文，以爲「此處闕文甚多」。

〔六〕據中村等全釋本，「梟斬流絞之徒」一語，或改自隋代「梟斬流絞徒」五刑，或衍「之」字。

〔七〕尚書卷三舜典：「象以典刑，流宥五刑，鞭作官刑，扑作教刑，金作贖刑。眚災肆赦，怙終賊刑。」

〔八〕「尚書刑德攷」，尚書緯之三，又作尚書刑德放。陳立白虎通疏證卷九五刑「科條三千者」云云，注：「大義引刑德放云：『大辟刑罰之屬五百，宮罰之屬三百，大辟之罰，其屬二百，五刑之屬三千。』是此用尚書家説也，若周禮説則不然。」

日辰支干之刑亦有三種，故天地人之刑，其揆一也。三種者，一支自相〔一〕刑，二支刑在干，三干刑在支。支自相刑者，子刑在卯，卯刑在子，丑刑在戌，戌刑在未，未刑在丑，寅刑在巳，巳刑在申，申刑在寅，辰午酉亥各自刑。漢書翼奉奏事云「木落歸本」，故亥卯未木之位，刑在北方。亥自刑，卯刑在子，未刑在丑。「水流向末〔二〕」，故申子辰水之位，刑在東方。申刑在寅，子刑在卯，辰自刑。金剛火强，各還其鄉，故巳酉丑金之位，刑在西方。巳刑在申，酉自刑，丑刑在戌。寅午戌火之位，刑在南方。寅刑在巳，午自刑，戌刑在未。干刑支〔三〕者，寅刑在庚，卯刑在辛，辰刑在甲，巳刑在癸，午刑在壬，未刑在乙，申刑在丙，酉刑在丁，戌刑在甲，亥刑在己，子刑在戊，丑刑在乙。支刑干者，甲刑在申，乙刑在酉，丙刑在子，丁刑在亥，戊刑在寅，己刑在卯，庚刑在午，辛刑在巳，壬刑在辰戌，癸刑在丑未。此竝以所勝爲刑也〔四〕。

## 校記

〔一〕「自相」，底本、宛委本作「相自」，據抄本、嘉慶本、知不足本、常州本、集成本改。

〔二〕「向末」，底本、抄本、元禄本、宛委本作「向未」，據嘉慶本、知不足本、常州本、集成本改。引文爲翼奉語。漢書卷七五翼奉傳：「翼奉字少君，東海下邳人也。治齊詩……好律曆陰陽之占。元帝初即位……而上封事。」稱：「上方之情，樂也，樂行姦邪，辰未主之。」顏師古注引孟康曰：「上方謂北與東也。陽氣所萌生，故爲上。辰，窮水也。未，窮木也。

翼氏風角曰『木落歸本，水流歸末』，故木利在亥，水利在辰，盛衰各得其所，故樂也。水窮則無隙不入，木上出，窮則旁行，故爲姦邪。」姚振宗漢書藝文志拾補卷五五行「翼奉風角要候十一卷」按：「文選鮑明遠雜詩注、初學記人部、藝文類聚政治部、御覽刑法部並引翼奉風角書。蕭吉五行大義數引翼奉説，似即此書。大抵風角要候，隋志題翼奉撰者，是其本書。」姚氏隋書經籍志考證卷三六子部云「風角要候十一卷，翼奉撰」，另補「又前兵家翼氏占風一卷，亦即此書之析出書」。

〔三〕天文本「支」上有「在」字。

〔四〕瞿曇悉達開元占經卷九一風占：「歲月日時刑。子刑卯，卯爲刑下，子爲刑上。丑刑戌，戌爲刑下，未爲刑上。寅刑巳，巳爲刑下，申爲刑上。卯刑子，子爲刑下，卯爲刑上。辰刑辰。巳刑申，申爲刑下，寅爲刑上。午刑午。未刑丑，丑爲刑下，戌爲刑上。申刑寅，寅爲刑下，巳爲刑上。酉刑酉。戌刑未，未爲刑下，丑爲刑上。亥刑亥。凡刑下來者禍淺，刑上來者災深。自刑者，兼刑上刑下，其災尤深。謂之三刑者，刑上、刑下、自刑也。」

凡卜筮所用，遇刑非善，然所求之事，非刑不獲。史蘇龜經云：「當成不成，視兆〔一〕相刑。」又問云：「六合是吉，而巳申相剋者何？」答曰：「金帶水生火中，火爲金鬼，水爲火鬼。金共水生火中，則是鬼母子身。申是金位，兼復懷水，巳是火位，復有生金，還相讎，故以爲刑也。」然刑有上下，寅刑在巳者，巳爲刑上，寅爲刑下，餘例悉爾。故兵書云：「刑上風來，坐者急起，行者急住。」即此謂也。云三刑者，如寅刑在巳，巳刑在申，寅日申時，巳上起風，或巳上見妖，謂之三刑也。他亦効此。別有從氣爲刑，與德相對者，已從前解，故不重釋。

校記

〔一〕「兆」，天文本作「地」。

# 第十二 論害〔一〕

相害者，逆行相逢於十二辰，兩兩相害，名爲六害〔二〕。戌與酉，亥與申，子與未，丑與午，寅與巳，卯與辰，是六害也，是殺傷之義。今此六害，或是君臣父子，或是夫妻，理不應害。孝經云：「不愛其親而愛他人者，謂之悖德。」既〔三〕違其慈愛之性，故有忿戮之理。五行所惡，其在破衝。今之相害，以與破衝合，故父失其慈，子違其孝，妻不敬順，夫棄和同，竝合〔四〕讎忿，理成相害。至如命待熊蹯〔五〕，飢探雀鷇〔六〕，重耳外奔，申生賜盡〔七〕，河内則夫婦相殘，塞外則君臣殺奪，此豈非害乎？辰卯爲害者，卯與戌合，戌破於辰，辰土爲卯木妻，戌辰同讎〔八〕，卯與戌合，便是棄辰。與酉合，酉衝破卯，辰爲卯妻，酉爲卯讎，辰與酉合，酉能剋卯，婦奸外夫，殺本夫之象也。巳與申合，申衝於寅，巳爲寅子，申能剋寅，巳與申合，子有逆行。丑午相害者，丑與子合，子衝破午，午與未合，未破於丑，亦是父子相害義也。未子相害者，未與午合，午衝破子，未土爲君，子水爲臣，午火爲子水之財，君以財害臣之象也。子與丑合，丑破於未，丑又是土，子與丑合，欲引外君，共害其主，此則臣有逃亡之象也。申亥相害者，亥與寅合，寅衝於申，申與巳合，巳衝於亥，亦是父子相害義也。

## 校記

〔一〕「害」，底本、元弘本、元禄本、宛委本作「字」，據天文本、嘉慶本、知不足本、常州本、集成本及本書卷目改。

〔二〕「六害」，風水學關於十二地支間不吉利關係的術語，隋唐時流行甚廣。中村校注本引新唐書卷一〇七呂才傳證之。

〔三〕天文本「既」上有「即」字。

〔四〕「竝合」，天文本作「並含」。

〔五〕楚成王故事。春秋左傳卷一八文公元年：「冬十月，以宫甲圍成王，王請食熊蹯而死。」杜注：「熊掌難熟，冀久將有外救。」

〔六〕趙武靈王故事。史記卷四三趙世家：「主父欲出不得，又不得食，探爵鷇而食之，三月餘而餓死沙丘宮。」裴駰集解引綦毋邃曰：「鷇，爵子也。」司馬貞索隱引曹大家云「鷇，雀子也。生受哺者謂之鷇。」

〔七〕「盡」，底本、元祿本、宛委本作「書」，據元弘本、嘉慶本、知不足本、常州本、集成本改。申生，晉獻公太子，因驪姬生奚齊欲廢立而遭難。重耳，春秋時晉獻公庶子，因驪姬之亂在外流亡十九年。事詳國語卷七晉語一至卷一〇晉語四、史記卷三九晉世家。

〔八〕「同」，嘉慶本、知不足本、常州本、集成本作「爲」；「讎」，底本、元祿本、宛委本作「雖」，據元弘本、嘉慶本、知不足本、常州本、集成本改。

夫相生不必相生，相害不必相害。猶如火能燒物，遂有炎洲之火，而不能燒物。水能潤長，洪潦暴至，亦使草樹芸黃。此是相生反相害、相害反相生者。鑽木得火，而雲雨掣電，相因而有，此是相害反相生也。水本害火，膏油漬炷〔一〕，燈火益明，亦是相害反相生也。陰陽五行，萬物所存，吉凶之應，各以其類言之。或吉中有凶，凶中有吉，凶則視其所救，吉則觀其所害。凶而有救，不至於禍；吉而有害，不及於慶。純凶則禍大，純吉則福深。如丑午相害，以子衝破午，子有王水，此爲純凶。未破於丑，丑有欲相之木，能制未土，爲有救也。未子相害，午衝破於子，子是王水，水〔二〕制午火，爲凶中有吉。子與丑合，丑土反制子水，即是吉中有凶。生害之義，例皆如斯。

### 校記

〔一〕「炷」，嘉慶本、知不足本、常州本、集成本作「注」。

〔二〕「水」，天文本作「能」。

## 第十三　論衝破

衝破者，以其氣相格對也。衝氣爲輕，破氣爲重。支干各自相〔一〕對，故各有衝破也。

### 校記

〔一〕「相」，天文本無。

干衝破者，甲庚衝破，乙辛衝破，丙壬衝破，丁癸衝破，戊壬、甲戊、乙己，亦衝破。此皆對衝破，亦本體相剋，彌〔一〕爲重也。支衝破者，子午衝破，丑未衝破，寅申衝破，卯酉衝破，辰戌衝破，巳亥衝破。此亦取相對。

### 校記

〔一〕「彌」，天文本無。

其輕重，皆以死生言之。四孟有生而無死，直衝而不破；四季有死而無生，直破而無衝；四仲死生俱興，故竝有衝破。四孟有生無死，直有衝無破者，寅有生火，巳有生金，申有生水，亥有生木也。四仲死生俱有者，卯有王木死水，午有王火死木，酉有王金死火，子有王水死金。四季有死而無生者，辰有死水，未有死木，戌有死火，丑有死金。死氣則重，故能破；生氣則輕，故相衝。又復甲往向庚爲衝，庚往向甲爲破，以强者制弱也。其衝破皆以對位抗衝，最爲不善。又互向〔一〕對衝之地，我當在庚，令〔二〕敵居甲，以强制弱故也。

**校記**

〔一〕「互向」，天文本作「多」。

〔二〕「令」，天文本作「合」。

問曰：「沴氣是相衝而爲，今解衝破，而不唤爲沴，此未可解。」答曰：「五行相沴，因事變重，非是常然。有伐〔一〕則見，無災則止。今之所解，直是支干之位，常自格對，剛柔相衝，非問變異，寧得稱爾矣。」

**校記**

〔一〕「伐」，嘉慶本、知不足本、常州本、集成本作「罰」。

# 五行大義卷三

## 第十四　論雜配

就此分爲六段：一者論配五色，二者論配聲音，三者論配氣味，四者論配藏府，五者論配五常〔一〕，六者論配五事。

### 校　記

〔一〕「常」，底本、元弘本、元禄本、宛委本作「帝」，據天文本、嘉慶本、知不足本、常州本、集成本及總目改。

### 第一　論配五色

左氏傳子産曰：「發爲五色〔一〕。」蔡伯喈云：「通眼者爲五色〔二〕。」黄帝素問曰：「草性有五〔三〕。」章爲五色者：東方木爲蒼色，萬物發生，夷柔〔四〕之色也；南方火爲赤色，以象盛陽炎𤈦之狀也；中央土黄色，黄者地之色也，故曰天玄而地黄；西方金色白，秋爲殺氣，白露爲霜，白者喪之象也；北方水色黑，遠望黯然，陰闇之象也，溟海淼邈，玄闇無窮，水爲太陰之物，故陰闇也。孝經援神契言：「土之精黄，木之精青，火之精赤，金之精白，水之精黑。」春秋考異郵云：「北狄之氣生幽都，色黑，如群畜穹閭。南夷之氣生交趾，色赤，聚隅如播旗鳥類〔五〕。東夷之氣生萊柞〔六〕，色蒼，搔撽布散如林木。西夷之氣生沙丘，色白，鋒積如刀刃之浮。中央土會，色黄，如城埻之形，黄氣四塞，土精舒。」此五者爲正色，其變色亦五。潁子嚴春秋釋例曰：「經有赤狄、白狄〔七〕。然則東青、北黑、中黄，皆正色也。土戊畏於木，故以妹己妻甲，以黄入於青，故東方間色緑也〔八〕。詩云『緑兮衣兮〔九〕』，刺間色亂正色也。金庚畏於火，故以妹辛妻於丙，以白入於赤，故南方間色紅。論語鄉黨曰：『紅紫不以爲褻服〔一〇〕。』木甲畏於金，故以妹乙妻庚，以青入於白，故西方間色縹也。火丙畏於水，故以妹丁妻壬，以赤入於黑，故北方間色紫也。孔子曰：『惡紫之奪朱也〔一一〕。』水壬畏於土，故以妹癸妻戊，以黑入於黄，故中央間色騮黄。」五行書云：「甲爲青，己爲緑，丙爲赤，辛爲紅，庚爲白，乙爲縹，壬爲黑，丁爲紫，戊爲黄，癸爲騮黄。」此皆夫爲本色，妻爲雜色也。

## 校　記

〔一〕春秋左傳卷五一昭公二十五年：「聞諸先大夫子産曰：『夫禮，天之經也，地之義也，民之行也。』天地之經，而民實則之。則天之明，因地之性，生其六氣，用其五行。氣爲五味，發爲五色，章爲五聲。」

〔二〕「蔡伯喈」，蔡邕，東漢文學家，蔡文姬父，又稱蔡中郎。傳見後漢書卷六〇下蔡邕列傳。隋書卷三二經籍志一：「月令章句十二卷，漢左中郎將蔡邕撰。」所引當爲佚文。

〔三〕黄帝内經素問卷三六節藏象論篇：「草生五色，五色之變，不可勝視。草生五味，五味之美，不可勝極。」

〔四〕「夷柔」，天文本作「茅葉」。

〔五〕「類」，抄本作「頭」。

〔六〕「萊柞」，底本、抄本、元禄本、宛委本、常州本作「菜柱」，據嘉慶本、知不足本、集成本改。萊柞，春秋左傳卷四四昭公七年：「辭以無山，與之萊柞。」杜注：「萊、柞，二山。」其與幽都、交趾、沙丘對言，爲地名。酈道元水經注卷二六淄水「淄水出泰山萊蕪縣原山」下云：「余按：泰無、萊柞，並山名也，郡縣取目焉。漢高祖置。左傳曰『與之無山及萊柞』是也。……應劭十三州記曰：『太山萊蕪縣，魯之萊柞邑。』」

〔七〕春秋左傳卷一一閔公二年「晉侯使大子申生伐東山皋落氏」，杜注：「赤狄別種也。皋落，其氏族。」孔疏：「狄有赤狄、白狄。成十三年傳，晉侯使吕相絶秦云：『白狄及君同州。』則白狄與秦相近，當在晉西。此云東山，當在晉東。宣十五年晉師滅赤狄潞氏，潞則上黨潞縣，在晉之東。此云伐東山皋落氏，知此亦在晉東，是赤狄别種也。」

〔八〕「間色」，禮記卷一三王制作「姦色」。孫詒讓周禮正義卷二七地官司市：「五行大義引穎子嚴春秋釋例云：『東方間色緑，南方間色紅，西方間色縹，北方間色紫，中央間色驪黄。』」

〔九〕毛詩卷二邶風緑衣：「緑兮衣兮，緑衣黄裏。心之憂矣，曷維其已。」

〔一〇〕論語卷一〇鄉黨：「君子不以紺緅飾，紅紫不以爲褻服。當暑，袗絺綌，必表而出之。」

〔一一〕論語卷一七陽貨：「子曰：惡紫之奪朱也，惡鄭聲之亂雅樂，惡利口之覆邦家者。」

柳世隆云：「八卦各有其色，震爲青，離爲赤，兑爲白，坎爲黑，此皆當方正色。乾爲紫，艮爲紅，巽爲緑，坤爲黄，此竝間色也。坤取未土之正色〔一〕。」甲乙經云：「青如翠羽，黑如烏羽，赤如雞冠，黄如蟹腹，白如豕膏，此五色爲生氣見。青如草滋，黑如水苔，黄如枳實，赤如衃血，白如枯骨，此五色爲死氣見〔二〕。」相經〔三〕曰：「青氣初來如麥生，盛王之時如樹葉青，欲去之時如水上苔。赤氣初來如赭柱，盛王之時如朱丹，欲去之時如乾血。黄氣初來如蠶吐絲，盛王之時如博棊，欲去之時如枯葉。白氣初來之時如璽璧，盛王之時如粉上光，欲去之時如鮮錢。黑〔四〕氣初來之時如死馬肝，盛王之時如漆光，欲去之時如苔垢。」

## 校記

〔一〕所引當爲柳世隆龜經佚文。

〔二〕「甲乙經」，又稱黄帝甲乙經、黄帝鍼灸甲乙經，晉皇甫謐撰。隋書卷三四經籍志三：「黄帝甲乙經十卷，音一卷，梁十二卷。」引文見皇甫謐甲乙經卷一五色：「青如草滋，黑如炱煤，黄如枳實，赤如衃血，白如枯骨，此五色見而死也。青如翠羽，黑如烏羽，赤如雞冠，黄如蟹腹，白如豕膏，此五色見而生也。」

〔三〕「相經」，五行相術類圖書，隋書卷三四經籍志三：「相書四十六卷。相經要録二卷，蕭吉撰。相經三十卷，鍾武隸撰。相書十一卷，樊、許、唐氏武王相書一卷，雜相書九卷，相書圖七卷。亡。」

〔四〕「黑」，底本、宛委本、常州本作「墨」，據抄本、嘉慶本、知不足本、集成本改。

禮記曰：「君子縗絰則有哀色，端冕則有敬色，甲胄則有不可犯之色〔一〕。」大戴禮云：「孔子曰：『君子有三色焉：顯然怡樂，鐘鼓之色；意氣沈静，憂喪之色；忿然競動，兵革之色〔二〕。』」大戴禮觀人篇云：「人有五性，喜怒欲懼憂。喜氣内畜，雖欲隱〔三〕，陽喜必見。四氣皆然。五氣誠在乎中〔四〕，發形於外，人情不可隱也〔五〕。喜色猶然以出，怒色佛然以悔，欲色憮然以愉，懼色薄然以下，憂悲之色瞿然以靜。誠〔六〕智必有難盡之色，誠仁必有可尊之色，誠勇必有難攝之色，誠忠必有可親之色，誠潔必有難汙之色，誠真〔七〕必有可信之色。其質色皓然，固〔八〕以安；僞色蔓然，亂以煩〔九〕。」夫喜色則黃，怒色則赤，憂色則青，喪色則白，哀色則黑。此皆五常之色，動于五藏而見于外，隨其善惡盛衰之應也。君子所〔一〇〕觀，故〔一一〕於此釋。

## 校記

〔一〕禮記卷三曲禮上：「臨喪則必有哀色，執紼不笑，臨樂不歎，介胄則有不可犯之色。故君子戒慎，不失色於人。」又見卷五四表記：「是故君子衰絰則有哀色，端冕則有敬色，甲胄則有不可辱之色。」

〔二〕「大戴禮云孔子曰」，底本、元弘本、元祿本、宛委本作「孔子曰大戴禮云」，據天文本、嘉慶本、知不足本、常州本、集成本改。引文不見大戴禮，見韓詩外傳卷四第五章：「管仲曰：『何謂三色？』（東郭牙）曰：『歡忻愛說，鐘鼓之色也。愁悴哀憂，衰絰之色也。猛厲充實，兵革之色也。』」

〔三〕天文本「隱」下有「然競動兵革之色云」八字。

〔四〕「诚在乎中」，底本、抄本、元祿本、宛委本、常州本作「在誠乎中」，據嘉慶本、知不足本、集成本改。

〔五〕王引之經義述聞卷一三大戴禮記下「不隱」條：「五氣誠於中，發形於外，民情不隱也。家大人曰：『不隱』，本作『不可隱』，上文『雖欲隱之，陽喜必見』云云，正謂民情之不可隱，今本脱『可』字，則語意不完。五行大義引有『可』字。逸周書同。」

〔六〕「誠」，底本、中國刊本作「盛」，據抄本、元禄本改。下同。

〔七〕「誠」，底本、宛委本、常州本作「聲」，嘉慶本、知不足本、集成本作「慤」，據抄本、元禄本改。「真」，元弘本、天文本引一本作「貞」。

〔八〕「固」，底本、元禄本、宛委本、常州本作「因」，據嘉慶本、知不足本、集成本改。

〔九〕「觀人篇」，底本、元禄本、宛委本、常州本作「觀久篇」，據抄本、嘉慶本、知不足本、集成本改。觀人篇，即今本大戴禮記文王官人篇。引文見大戴禮記卷一〇文王官人：「四曰：民有五性，喜怒欲懼憂也。喜氣内畜，雖欲隱之，陽喜必見。怒氣内畜，雖欲隱之，陽怒必見。欲氣内畜，雖欲隱之，陽欲必見。懼氣内畜，雖欲隱之，陽懼必見。憂悲之氣内畜，雖欲隱之，陽憂必見。五氣誠於中，發形於外，民情不隱也。喜色由然以生，怒色拂然以侮，欲色嘔然以偷，懼色薄然以下，憂悲之色纍然而静。誠智必有難盡之色，誠仁必有可尊之色，誠勇必有難懾之色，誠忠必有可親之色，誠絜必有難汙之色，誠静必有可信之色。質色晧然固以安，僞色縵然亂以煩，雖欲故之，中色不聽也。雖變可知，此之謂觀色也。」

〔一〇〕「所」，天文本作「可」。

〔一一〕天文本「故」下有「以」字。

## 第二論配聲音

子産曰：「章爲五聲。」蔡伯喈云：「通於耳者爲聲，青作角聲，白作商聲，黑作羽聲，赤作徵聲，黄作宫聲〔一〕。」律曆志云：「角者觸也，陽氣蠢動，萬物觸地而生也。徵者祉也，萬物大盛蕃祉也。宫者中也，居中央，暢四方，唱始施生，爲四聲之經。商者章也，物成章明也。羽者宇也，物藏聚萃宇覆之也〔二〕。」樂緯云：「春氣和則角聲調，夏氣和則徵聲調，季夏氣和則宫聲調，秋氣和則商聲調，冬氣和則羽聲調〔三〕。」樂記曰：「宫爲君，故宫亂則荒，其君驕；商爲臣，商亂則陂，其臣壞；徵爲事，徵亂則哀〔四〕，其事勤；羽爲物，羽亂則危，其賤遺〔五〕；角爲民，角亂則憂〔六〕，其民怨〔七〕。」五者不亂，則天下和平，無弊敗之音。素問云：「木音角，在聲爲呼；火音徵，在聲爲咲；土音宫，在聲爲歌；金音商，在聲爲哭；水音羽，在聲爲呻〔八〕。」樂記曰：「樂者，音之所由生，其本在人心之感於物。是故哀心感者，其聲噍以殺；樂心感者，其聲嘽以緩；喜心感者，其聲發以散；怒心感者，其聲粗以勵；貞心感者，其聲直以廉；愛心感者，其聲和以婉。六者非性也，感於物而後動。審聲以知〔九〕音，審音以知樂，審樂以知政，而治道備矣〔一〇〕。」故詩序曰：「聲成文謂之音。治世之音安以樂，其政和；亂世之音怨以怒，其政乖；亡國之音哀以思，其民困〔一一〕。」大戴禮觀人篇云：「誠在其中，必見諸外，以其見占其隱，以其細占其大。聲象其實，氣初生物〔一二〕，物生有聲，聲有剛柔、清濁、好惡，咸發于聲。故〔一三〕心氣嘩誕者，其聲流散；心氣順信者，其聲順節；心氣鄙戾者，其聲腥醜；心氣寬柔者，其聲温和〔一四〕。」故聖人聽其聲，觀其色，知其善惡。

## 校記

〔一〕引文或爲月令章句佚文。

〔二〕漢書卷二一律曆志上：「五聲和，八音諧，而樂成。商之爲言章也，物成孰可章度也。角，觸也，物觸地而出，戴芒角也。宫，中也，居中央，暢四方，唱始施生，爲四聲綱也。徵，祉也，物盛大而緐祉也。羽，宇也，物聚臧宇覆之也。」

〔三〕「樂緯」，共三篇，樂動聲儀、樂稽耀嘉、樂叶圖徵。引文當爲樂緯某篇佚文。陳喬樅齊詩翼氏學疏證卷上：「五行大義引樂緯云：『春氣和則角聲調……冬氣和則羽聲調』，是五行之氣動爲五聲也。月令正義引樂動聲儀云：『宫爲君，君者當寬大容衆，故其聲宏以舒，其和博以柔。』案正義引作『其和清以柔』，今據五行大義訂正。蕭雖不言樂緯，然與孔疏所引同，蓋亦據動聲儀之文。博與宏應，柔與舒應，作『清』者，字譌耳。下『角聲』云『其和静以清』，則宮不當言『清』也。」王仁俊玉函山房輯佚書續編經編緯書類據此（卷三誤爲卷四）輯入樂緯動聲儀：「俊按：此未明指何緯，以類求之，當入動聲儀。」

〔四〕「哀」，天文本作「憂」。

〔五〕「賤遺」，抄本、嘉慶本、知不足本、集成本作「財匱」。

〔六〕「憂」，天文本作「哀」。

〔七〕禮記卷三七樂記：「宮爲君，商爲臣，角爲民，徵爲事，羽爲物。五者不亂，則無怗懘之音矣。宮亂則荒，其君驕。商亂則陂，其官壞。角亂則憂，其民怨。徵亂則哀，其事勤。羽亂則危，其財匱。五者皆亂，迭相陵，謂之慢。如此，則國之滅亡無日矣。」

〔八〕黄帝内經素問卷一九五运行大論篇：「東方生風……其在天爲玄，在人爲道，在地爲化。……神在天爲風，在地爲木，在體爲筋，在藏爲肝，在色爲蒼，在音爲角，在聲爲呼，在變動爲握，在竅爲目，在味爲酸，在志爲怒。……南方生熱……其在天爲熱，在地爲火，在體爲脉，在藏爲心，在色爲赤，在音爲徵，在聲爲笑，在變動爲憂，在竅爲舌，在味爲苦，在志爲喜。……中央生濕……其在天爲濕，在地爲土，在體爲肉，在藏爲脾，在色爲黄，在音爲宮，在聲爲歌，在變動爲噦，在竅爲口，在味爲甘，在志爲思。……西方生燥……其在天爲燥，在地爲金，在體爲皮毛，在藏爲肺，在色爲白，在音爲商，在聲爲哭，在變動爲欬，在竅爲鼻，在味爲辛，在志爲憂。……北方生寒……其在天爲寒，在地爲水，在體爲骨，在藏爲腎，在色爲黑，在音爲羽，在聲爲呻，在變動爲慄，在竅爲耳，在味爲鹹，在志爲恐。」

〔九〕「知」，底本、元禄本、宛委本、常州本作「和」，據抄本、嘉慶本、知不足本、集成本改。

〔一〇〕禮記卷三七樂記：「樂者，音之所由生也，其本在人心之感於物也。是故其哀心感者，其聲噍以殺；其樂心感者，其聲嘽以緩；其喜心感者，其聲發以散；其怒心感者，其聲粗以厲；其敬心感者，其聲直以廉；其愛心感者，其聲和以柔。六者非性也，感於物而後動，是故先王慎所以感之者。故禮以道其志，樂以和其聲，政以一其行，刑以防其姦。禮、樂、刑、政，其極一也，所以同民心而出治道也。」

〔一一〕毛詩卷一之一關雎序：「情發於聲，聲成文謂之音。治世之音安以樂，其政和；亂世之音怨以怒，其政乖；亡國之音哀以思，其民困。」

〔一二〕王引之經義述聞卷一三大戴禮記下「初氣主物」條：「家大人曰：當作『氣初生物』。『氣初生物，物生有聲，聲有剛有柔』云云，三者文義相承。今本『氣初』譌作『初氣』，『生』譌作『主』，則文不成義。五行大義所引正作『氣初生物』。逸周書同。」

〔一三〕「故」，天文本無。

〔一四〕大戴禮記卷一〇文王官人："「三曰：誠在其中，此見於外，以其見占其隱，以其細占其大，以其聲處其氣。初氣主物，物生有聲，聲有剛有柔，有濁有清，有好有惡，咸發於聲也。心氣華誕者，其聲流散；心氣順信者，其聲順節；心氣鄙戾者，其聲斯醜；心氣寬柔者，其聲温好。信氣中易，義氣時舒，智氣簡備，勇氣壯直。聽其聲，處其氣，考其所爲，觀其所由，察其所安，以其前占其後，以其見占其隱，以其小占其大，此之謂視中也。」王引之經義述聞卷一三大戴禮記下「此見於外」條："「誠在其中，此見於外。家大人曰：『此見於外』，本作「必見於外」』。下文言『必見』者五，文義並與此同。今本『必』作『此』者，涉上文『此之謂』而誤。盧曲爲之説非也。隋蕭吉五行大義第十四引大戴作『必見諸外』，蓋所見本與盧異。逸周書同。」

夫獨發者謂之聲，合和者謂之音。毛詩序云："「聲成文謂之音。」故因五聲而有八音。樂緯云："「物以三成，以五立，三與五如八，故音以八。八音，金石絲竹土木匏革，以發宮商角徵羽也。金爲鍾，石爲磬，絲爲絃，竹爲管，土爲塤，木爲柷圉〔一〕，匏爲笙，革爲鼓。鼓主震，笙主巽，柷圉主乾，塤主艮，管主坎，絃主離，磬主坤，鍾主兑〔二〕。」樂緯汁圖徵篇云："「坎主冬至，宮者君之象，人有君然後萬物成，氣有黄鍾之宮然後萬物調，所以始正〔三〕天下也。能與天地同儀、神明合德者，則七始八終各得其宜，而天子穆穆，四方取始，故樂用管。艮主立春，陽氣始出，言雷動百里。聖人〔四〕授民田，亦不過百畝。此天地之分，黄鍾之度九，而調八音。故聖人以九頃成八家，上農夫食九口，中者七口，下者五口，是爲富者不足以奢，貧者無飢餒之憂。三年餘一年之蓄，九年餘三年之蓄。此黄鍾之所成，以消息之和，故樂用塤。震主春分，天地陰陽分均，故聖王法承天，以立五均。五均〔五〕者，六律調五聲之均也〔六〕。音至衆也，聲不過五。物至蕃也，均不過五。爲富者慮貧，强者不侵弱，智者不詐愚，市無二價，萬物同均，四時當〔七〕得，公家有餘，恩及天下，與天地同德，故樂用鼓。巽主立夏，言〔八〕萬物長短各有差，故聖王法〔九〕承天，以法授事焉。尊卑各有等，於士則義讓有禮，君臣有差，上下皆次，治〔一〇〕道行，故樂用笙。離主夏至，陽始下，陰又成物，故聖王法承天，以法授衣服制度，所以明禮義，顯貴賤，明燭其德，率〔一一〕之以度，則女功有差，男行有禮，故樂用絃。坤主立秋，陽氣方入，陰氣用事，昆蟲首〔一二〕穴欲蟄，故聖王法之，授宫室度量。又章制有宜，大小有法，貴賤有差〔一三〕，上下有順，故樂用磬。兑主秋分，天地萬物人功皆以定，故聖王法承天，以定爵禄。爵禄者，不過其能。宫爲君，商爲臣。商，章也，言臣章明君之功德，尊卑有位，位有物，物有宜，功成者爵賞，功敗者刑罰，故樂用鍾。乾主立冬，陰陽終而復始，萬物死而復蘇，故聖王法承天，以制刑法，誅一動千，殺一感萬，使死者不恨，生者不怨，故樂用柷圉〔一四〕。」

## 校記

〔一〕「圕」，天文本作「梧」，下同。

〔二〕樂緯佚文。「物以三成」云云，又見淮南鴻烈卷三天文訓：「物以三成，音以五立，三與五如八，故卵生者八竅。律之初生也，寫鳳之音，故音以八生。」「八音」云云，見周禮卷二三春官宗伯大師：「大師掌六律六同，以合陰陽之聲。陽聲：黄鍾、大蔟、姑洗、蕤賓、夷則、無射。陰聲：大吕、應鍾、南吕、函鍾、小吕、夾鍾。皆文之以五聲，宫商角徵羽；皆播之以八音，金石土革絲木匏竹。」

〔三〕「正」，天文本無。

〔四〕「人」，天文本作「王」。

〔五〕「五均五均」，底本、元禄本、宛委本、常州本作「五五均均」，據抄本、嘉慶本、知不足本、集成本改。

〔六〕「六」，底本、抄本、元禄本、宛委本、常州本作「亦」，據嘉慶本、知不足本、集成本改。孫詒讓周禮正義卷四二春官宗伯下「以六律」，鄭注「言以中聲定律，以律立鍾之均」，孫詒讓案：「鄭所謂均者，即後世之調。五行大義引樂緯叶圖徵云：『五均者，六律調五聲之均也。』」

〔七〕「當」，抄本作「常」。

〔八〕「言」，集成本作「自」。

〔九〕「法」，天文本無。

〔一〇〕天文本「治」上有「順」字。

〔一一〕「卒」，底本、元弘本、元禄本、宛委本、常州本作「卒」，據天文本、嘉慶本、知不足本、集成本改。

〔一二〕「首」，天文本作「向」，又引一本作「自」。陳立白虎通疏證卷三禮樂引樂葉圖徵文作「首」，吴則虞校記：「『蟲』下『首』原作『有』，據樂緯改。」

〔一三〕「差」，底本、元禄本、宛委本、常州本作「老」，據抄本、嘉慶本、知不足本、集成本改。

〔一四〕引文當爲樂緯佚文。趙在翰七緯卷二二樂緯之三據此輯入樂叶圖徵：「（左傳）正義引此但云樂緯，今據大義附注。」王仁俊玉函山房輯佚書續編經編緯書類據此（卷三誤爲卷四）輯入樂緯叶圖徵：「俊按：五行大義三引樂緯云『商者章也，臣章明君德』，雖未明指何緯，按其文義，似當係叶圖徵之文。」

國語曰：「瓦絲琴瑟尚宫，鍾金尚羽，石尚角，匏竹尚徵，革木尚商。吕以和樂，律以平聲。金石以動之，絲竹以行之，歌以詠之，匏以宣之，瓦以贊之，革木以節之。物得其常曰樂，所奪曰擊，相保曰和，细大不踰曰平〔一〕。」瓦絲皆大〔二〕也，故尚宫，子母相應之道。

鍾金尚羽亦然。石尚角者，石，金也，與角爲牝牡相和之義。匏，土也，竹，木也，尚徵亦子母相應也。革、木俱角，尚商亦以牝牡相和也。宮聲和以舒，其和博以柔，動脾；商聲散以明，其和温以虚，動肺；角聲防以約，其和静以清，動肝；徵聲敗以疾，其和平以均，動心；羽聲疾以虚，其和短以散，動腎。

## 校記

〔一〕國語卷三周語下：「琴瑟尚宮，鍾尚羽，石尚角，匏竹利制，大不踰宮，細不過羽。夫宮，音之主也，第以及羽。聖人保樂而愛財，財以備器，樂以殖財，故樂器重者從細，輕者從大。是以金尚羽，石尚角，瓦絲尚宮，匏竹尚議，革木一聲。夫政象樂，樂從和，和從平。聲以和樂，律以平聲。金石以動之，絲竹以行之，詩以道之，歌以詠之，匏以宣之，瓦以贊之，革木以節之。物得其常曰樂極，極之所集曰聲，聲應相保曰和，細大不踰曰平。」

〔二〕「大」，天文本作「火」。

黄帝兵決云：「两敵相當，使人去敵營一百二十步，以管注耳聽之，聞隆隆如車、如雷、如鼓聲者，宮也，其將寬和有信；聞金石相和，轟轟擊攻，如鍾磬霹靂聲者，商也，其將威怒好殺，宜數忿之；聞如奔馬炎炮掣裂聲者〔一〕，徵也，其將猛烈勇敢，難與争鋒；聞肅肅習習，如動樹木、如人呼愁愁聲者，角也，其將仁庶〔二〕不可欺；聞滔滔如流水揚波，激氣相笑聲者，羽也，其將貪冒多姦謀〔三〕。」審此五音以知敵性，候風之聲亦皆如之。此竝論音聲之狀，故以備説〔四〕。

### 校記

〔一〕天文本「聞」下有「之」字；「裂」，天文本作「烈」。

〔二〕「庶」，元禄本校語：「按：『庶』當作『廉』。」中國刊本作「恕」。

〔三〕所引當爲黄帝兵決佚文。孫詒讓周禮正義卷四五春官大師「執同律以聽軍聲而詔吉凶」：「五行大義引黄帝兵決，亦有審五音以知敵性及候風聲之術。此並古兵家聽軍聲遺法。」

〔四〕「説」，嘉慶本、知不足本、集成本作「釋」。

## 第三論配氣味

子産云：「氣爲五味。」鄭玄云：「通口者爲五味，通鼻者爲五臭〔一〕。」禮記月令云「春之日，其味酸，其臭羶〔二〕」，木之臭味也。説文云「羶者，羊臭〔三〕」，春物氣與羊相類。木所以酸者，象東方萬物之生。酸者，鑽也，言萬物鑽地而出生，五味得酸乃達也。元命苞云：「酸之言端也。氣始生，專心自端也〔四〕。」

校記

〔一〕或爲鄭氏佚文。

〔二〕禮記卷一四月令：「孟春之月，日在營室，昏參中，旦尾中。其日甲乙。其帝大皞，其神句芒。其蟲鱗。其音角，律中大蔟。其數八。其味酸，其臭羶。其祀户，祭先脾。」

〔三〕説文解字羊部：「羴，羊臭也。从三羊。凡羴之屬皆从羴。羶，羴或从亶。」

〔四〕元命苞佚文。陳立白虎通疏證卷四五行注引五行大義「五味得酸而達也」及元命苞「酸之言端也」曰：「酸與鑽、端，亦疊韻爲訓也。」

禮記云：「夏之日，其味苦，其臭焦〔一〕。」火所以苦者，南方主長養也。苦者，所以長養之。五味須苦，乃以養之。元命苞云：「苦者勤苦，乃能養也〔二〕。」方言：「苦，快也〔三〕。」臭焦者，陽氣蒸動，燎火之氣也。許慎云：「焦者，火燒物有焦燃之氣，夏氣同也〔四〕。」

校記

〔一〕禮記卷一五月令：「孟夏之月，日在畢，昏翼中，旦婺女中。其日丙丁。其帝炎帝，其神祝融。其蟲羽。其音徵，律中中吕。其數七。其味苦，其臭焦。其祀竈，祭先肺。」

〔二〕元命苞佚文。陳立白虎通疏證卷四五行注引五行大義及元命苞，以證白虎通「五味須苦可以養也」之意。吳汝綸尚書故：「白虎通：『水味所以鹹何？是其性也。鹹者所以堅之也，五味得鹹乃堅也。木味所以酸何？酸者以達生也，五味得酸乃達也。火味所以苦何？苦者所以長養也，五味須苦可（五行大義「可」字作「乃」）以養也（大義「也」字作「之」）。金味所以辛何？辛所以煞傷之也，五味得辛乃委煞也。土味所以甘何？中央者，中和也，故甘，五味以甘爲主也。』」

〔三〕方言卷二：「逞、苦、了，快也。自山而東或曰逞，楚曰苦，秦曰了。」

〔四〕陳立白虎通疏證卷四五行「南方者火也。盛陽承動，故其臭焦」注引五行大義云：「臭焦者，陽氣蒸動，烟火之氣也。許愼云：『焦者，火燒物有嶕殺之氣，夏氣同也。』」所引或爲許氏佚文。

禮記云：「季夏之日，其味甘，其臭香〔一〕。」土味所以甘者也，中央，中和也，甘美也。元命苞云：「甘者，食常言安其味也。甘味爲五味之主，猶土之和成於四行也〔二〕。」臭香者，土之鄉〔三〕氣，香爲主也。許愼云：「土得其中和之氣，故香〔四〕。」

## 校記

〔一〕禮記卷一六月令：「中央土，其日戊己。其帝黄帝，其神后土。其蟲倮。其音宫，律中黄鍾之宫。其數五。其味甘，其臭香。其祀中霤，祭先心。」

〔二〕元命苞佚文。陳立白虎通疏證卷四五行注引五行大義及元命苞，以證白虎通「五味以甘爲主也」之意。王仁俊玉函山房輯佚書續編經編緯書類輯入春秋元命苞，輯文止於「安其味也」。

〔三〕「鄉」，嘉慶本、知不足本、集成本無。

〔四〕许氏佚文。陳立白虎通疏證卷四五行「中央者，土也。土養，故其臭香也」，注引五行大義及許慎所云證之。

禮記云：「秋之日，其臭腥，其味辛〔一〕。」西方殺氣，腥〔二〕也。許慎云：「未熟之氣腥也，西方金之氣象。」此味辛者，物得辛乃萎殺也。亦云故新之辛也，故物皆盡，新物已成，故云新〔三〕。元命苞云：「陰害故辛，殺義，故辛刺陰氣使其然也〔四〕。」

校記

〔一〕禮記卷一六月令：「孟秋之月，日在翼，昏建星中，旦畢中。其日庚辛。其帝少皞，其神蓐收。其蟲毛。其音商，律中夷則。其數九。其味辛，其臭腥。其祀門，祭先肝。」

〔二〕天文本「腥」上有「氣」字；「腥」，作「醒」。

〔三〕釋名卷一釋天：「辛，新也，物初新者，皆收成也。」

〔四〕元命苞佚文。

禮記云：「冬之日，其味鹹，其臭朽〔一〕。」朽者，水之氣也，若有若無，言氣微也。亦云「水者受垢濁，故其臭腐朽也〔二〕。」許慎云：「朽爛之氣，北方氣同。」此味〔三〕鹹者，北方物鹹，所以堅之也，猶五味得鹹乃堅也。許慎云：「鹹者，銜也〔四〕。」元命苞云：「鹹者，鎌。鎌，清也。至寒之氣，故使其清而鹹〔五〕。」

**校記**

〔一〕禮記卷一七月令：「孟冬之月，日在尾，昏危中，旦七星中。其日壬癸。其帝顓頊，其神玄冥。其蟲介。其音羽，律中應鍾。其數六。其味鹹，其臭朽。其祀行，祭先腎。」

〔二〕白虎通卷四五行：「北方其臭朽者，北方水，萬物所幽藏也。又水者受垢濁，故臭腐朽也。」

〔三〕嘉慶本、知不足本、集成本「味」上有「其」字。

〔四〕説文解字鹵部：「鹼，銜也，北方味也。」

〔五〕元命苞佚文。陳立白虎通疏證卷四五行注引五行大義「猶五味得鹹乃堅也」及元命苞「鹹者，鎌。鎌，清也」曰：「鹹與堅、鎌，又疊韻爲義也。」

鄭玄云：「五味，醯酸，酒苦，蜜甘，薑辛，鹽鹹〔一〕。」黄帝甲乙經言：「穀則米甘，麻酸，大豆鹹，麥苦，黍辛。一云稻米辛。菓則棗甘，李酸，栗鹹，杏苦，桃辛。菜則葵甘，韭酸，藿鹹，薤苦，葱辛。畜則牛甘，犬酸，彘鹹，羊苦，雞辛〔二〕。」本草〔三〕云石則玉甘，金辛，雄黄苦，曾青酸，赤石脂鹹。草則茯苓甘，桂心辛，天門冬苦，五味子酸，玄参鹹。蟲則蜚零甘，蚿蜖辛，蛇蚺〔四〕苦，伊威酸，蜥蜴鹹。藥食之物例多，且舉大略。配五味如此，皆是五行氣所生，氣有偏，故其味則别。

## 校記

〔一〕或爲鄭氏佚文。周禮卷五天官冢宰下疾醫：「以五味、五穀、五藥養其病。」鄭注：「養猶治也。病由氣勝負而生，攻其贏，養其不足者。五味，醯、酒、飴蜜、薑、鹽之屬。」瘍醫：「以五氣養之，以五藥療之，以五味節之。」

〔二〕鍼灸甲乙經卷六五味所宜五藏生病大論：「問曰：穀之五味可得聞乎？曰：五穀：粳米甘，麻酸，大豆鹹，小麥苦，黄黍辛。五果：棗甘，李酸，栗鹹，杏苦，桃辛。五畜：牛肉甘，犬肉酸，豕肉鹹，羊肉苦，鷄肉辛。五菜：葵甘，韭酸，藿鹹，薤苦，葱辛。五色：黄宜甘，青宜酸，黑宜鹹，赤宜苦，白宜辛。」

〔三〕「本草」，中國古代中藥類典籍，始見於漢書卷一二平帝紀：「（元始五年）徵天下通知逸經、古記、天文、曆算、鍾律、小學、史篇、方術、本草及以五經、論語、孝經、爾雅教授者。」隋書卷三四經籍志三著録多種：「神農本草八卷。梁有神農本草五卷，神農本草屬物二卷，神農明堂圖一卷，蔡邕本草七卷，華佗弟子吳普本草六卷，陶隱居本草十卷，隨費本草九卷，秦承祖本草六卷，王季璞本草經三卷……。」此引本草，爲「藥食之物」性質之大略。

〔四〕「蛇蚺」，抄本作「蚦蛇」，元禄本作「蚺蛇」。

總而言之，五穀則芒以配木，散以配火，房以配金，莢以配水，萃以配土。芒，大小麥之屬。散，糜黍之屬。房，胡麻之屬。莢，大小豆之屬。萃，稷粟之屬。芒者，取其鋒芒纖長，象木生出地，如鋒芒也。散，舒也，象火氣温煖，物舒散也。房，方也，象金裁割，體方正也。莢，狹也，象水流長而狹也。萃，聚也，象萬物皆聚於土〔一〕，乃爲用也。五菓則子以配木，核以配火，皮以配金，殼以配水，房以配土。子，梨榛之屬。核，桃李之屬。皮，柑橘之屬。殼，胡桃栗之屬。房，蒲陶〔二〕之屬。子取其含潤，如木生光潤，子實茂盛。核取其在肉〔三〕內不堪食，如火陰在內，無所堪容。皮取其厚急，如金氣衰老，物至西方而急縮也。殼取其肉在内堪食，如水陽在内，堪能容納也。房取其結聚如土，物皆聚此〔四〕。此則總論。穀菓以配五味，則略如前釋。

## 校記

〔一〕天文本「土」下有「土亦聚」三字，又引一本無。

〔二〕「陶」，天文本、嘉慶本、知不足本作「桃」，常州本作「萄」。

〔三〕「肉」，天文本無。

〔四〕「此」，嘉慶本、知不足本、常州本、集成本作「也」。

月令云：「春，食麥與羊〔一〕。」麥有孚甲，故屬木。羊，火畜，春氣猶寒，以此安性。「夏，食菽與雞〔二〕。」菽有孚甲而堅，合於水。雞屬木畜，故爲熱時所食。「中央，食稷與牛〔三〕。」稷是穀之長，牛是土畜，以其甘和，故象於時。「秋，食麻與犬〔四〕。」麻屬金，犬亦金畜，故從秋也。「冬，食黍與豕〔五〕。」黍舒散屬火，豕水畜，兼其水火，以爲冬食。此之〔六〕五食，義有不同。春猶寒食温，夏方熱食寒，此意可解者〔七〕。甘味和，故隨時適用，此亦可解。秋冬兩食，此應宜熱，所以不熱，其故何也？若依蔡邕解，直云「食味相宜」，則無復疑。若依鄭解，則誠未盡。今廣鄭言。少陽大陽其氣舒散，少陰大陰其氣斂閇。故河上公解老子言：「躁氣在上，陽氣伏於下，所以故寒。静氣在上，陰氣伏於下，所以故熱〔八〕。」人體陰陽，義亦如是。春夏舒散，陽氣開發，宜以温食，用和陰氣。秋冬閇斂，陽氣在內，宜用寒食，以調陽氣〔九〕。冬兼水火，又異於秋，正以藏閇之時，事甚於秋，故均以水火也。今又取甲乙，以竝鄭義，微有乖張。甲乙以羊麥俱苦，皆是火味，鄭玄云「羊火畜〔一〇〕」同，以麥屬木，此是取其孚甲之形，用温還同。甲乙以菽〔一一〕醎鷄辛，鄭玄云「菽合水〔一二〕」同，雞屬木異，此取其將旦而鳴，近寅木故。又振羽翼，有陽性也，則是酉鳥，屬金爲實。甲乙以麻犬俱酸，鄭以麻犬俱金，酸是木味，用調金氣，以少陽之氣味調少陰之氣，理則可通，金還調金，恐乖和適。甲乙以黍辛彘醎，鄭玄云「彘合水〔一三〕」同，黍屬火異，此言黍色赤，性熱，故以爲火。若依鄭意，以如前解。若以甲乙、明堂、月令之意，夏食合冷者，欲令調炎暑鬱毒之氣。冬食亦寒者，去藏中伏熱。春寒用温，二意不殊。秋以少陽和於少陰，爲有殺氣，故以生味相補，鄭全乖越。

## 校記

〔一〕禮記卷一五月令：「季春之月……天子居青陽右個，乘鸞路，駕倉龍，載青旂，衣青衣，服倉玉，食麥與羊，其器疏以達。」

〔二〕禮記卷一五月令：「孟夏之月……天子居明堂左個，乘朱路，駕赤騮，載赤旂，衣朱衣，服赤玉，食菽與雞，其器高以粗。」

〔三〕禮記卷一六月令：「中央土……天子居大廟大室，乘大路，駕黃騮，載黃旂，衣黃衣，服黃玉，食稷與牛，其器圜以閎。」

〔四〕禮記卷一六月令：「孟秋之月……天子居總章左個，乘戎路，駕白駱，載白旂，衣白衣，服白玉，食麻與犬，其器廉以深。」

〔五〕禮記卷一七月令：「孟冬之月……天子居玄堂左個，乘玄路，駕鐵驪，載玄旂，衣黑衣，服玄玉，食黍與彘，其器閎以奄。」

〔六〕「之」，天文本作「中」。

〔七〕「者」，底本、元弘本、元禄本、宛委本作「吉」，天文本作「苦」，常州本作「食」，據嘉慶本、知不足本、集成本改。

〔八〕「河上公」，太平御覽卷五一〇逸民部十引嵇康高士傳：「河上公，不知何許人也。謂之丈人。隱德無言，無德而稱焉。安丘先生等從之，修其黄老業。」參見老子四十五章：「躁勝寒，靜勝熱，清靜以爲天下正。」老子道德經河上公章句卷三洪德第四十五：「勝，極也。春夏陽氣躁疾於上，萬物盛大，極則寒，寒則零落死亡也，言人不當剛躁也。秋冬萬物靜於黄泉之下，極則熱，熱者生之源。能清能靜則爲天下之長，持身正則無終已時也。」

〔九〕禮記卷一三王制：「凡養老，有虞氏以燕禮，夏后氏以饗禮，殷人以食禮，周人脩而兼用之。」鄭注：「兼用之，備陰陽也。凡飲養陽氣，凡食養陰氣。陽用春夏，陰用秋冬。」

〔一〇〕禮記卷一四月令「食麥與羊」，鄭注：「麥實有孚甲，屬木。羊，火畜也，時尚寒，食之以安性也。」

〔一一〕「菽」，天文本作「豆」。下同。

〔一二〕禮記卷一五月令「食菽與雞」，鄭注：「菽實孚甲堅合，屬水。雞，木畜，時熱食之，亦以安性也。」

〔一三〕禮記卷一七月令「食黍與彘」，鄭注：「黍秀舒散，屬火，寒時食之，亦以安性也。彘，水畜也。」

周禮天官云：「凡和，春多酸，夏多苦，秋多辛，冬多醎，調以滑甘〔一〕。」解有兩家：一云宜從時氣，春食須多酸，夏食須多苦；一云多者過也，春食過酸，宜減其醎味，夏食過苦，宜減其酸〔二〕味，是以後句云「調以滑甘」。今依前解，四時之味，各隨時所當，故逐時醎〔三〕苦，養體之宜。土既居中，總戴〔四〕四財，是以四時味兼，須甘味以調之。又云：「會膳食之所宜，牛宜稌，稌，稻也。羊宜黍，豕宜稷，犬宜粱，鳥宜麥，魚宜苽，苽，彫胡也。凡君子之食恒放焉〔五〕。」

## 校記

〔一〕周禮卷五天官冢宰下食醫：「凡和，春多酸，夏多苦，秋多辛，冬多鹹，調以滑甘。」鄭注：

「各尚其時味，而甘以成之，猶水火金木之載於土。」孫詒讓周禮正義卷九天官食醫引「解有兩家」云云：「蕭吉亦從鄭説，其所述第二説，義殊迂曲，蕭氏亦不從也。」

〔二〕「酸」，底本作「鹹」，據天文本、中國刊本改。

〔三〕「鹹」，天文本作「酸」。

〔四〕「戴」，嘉慶本、知不足本、常州本作「載」。

〔五〕周禮卷五食醫：「凡會膳食之宜，牛宜稌，羊宜黍，豕宜稷，犬宜粱，鴈宜麥，魚宜苽，凡君子之食恒放焉。」鄭注：「會，成也。謂其味相成。鄭司農云：『稌，稉也。爾雅曰：稌，稻。苽，彫胡也。』」

凡藥，酸養骨，苦養氣，甘養肉，辛養筋，鹹養脉。此並相扶之義。河圖云：「人食無極鹹，使腎氣盛，心氣衰，令人發狂，疾〔一〕衄吐血，心神不定。無極辛，使肺氣盛，肝氣衰，令人懦〔二〕怯悲愁，目盲，髮白。無極甘，使脾氣盛，腎氣衰，使〔三〕人癡淫，泄精，腰背痛，利膿血。無極苦，使心氣盛，肺氣衰，令人果敢輕死，欬逆胸滿。無極酸，使肝氣盛，脾氣衰，令人穀不消化，喑聾癥固〔四〕。」此五藏相制剋之義。

## 校記

〔一〕「疾」，底本作「喜」，後文稱「疾衄吐逆」，則「喜」當爲「疾」之訛，據改。

〔二〕「懦」，天文本作「溺」。

〔三〕「使」，抄本、元禄本、嘉慶本、知不足本、集成本作「令」。

〔四〕所引爲河圖佚文。

黄帝養生經云：「酸入肝，辛入肺，苦入心，甘入脾，鹹入腎。病在筋，無食酸；病在氣，無食辛；病在骨，無食鹹；病在血，無食苦；病在肉，無食甘。口嗜而飲食之，不可多也，必自賊也，故名五賊〔一〕。」又云：「肝病禁辛，心病禁鹹，脾病禁酸，肺病禁苦，腎病禁甘。」此皆所惡之味，故禁。又云：「肺病宜食糯米飯、牛肉、棗、葵。心病宜食麥、羊肉、杏、薤。腎病宜食大豆、黄黍、彘肉、藿。肝病宜食麻、犬肉、李、韭。脾病宜食雞肉、桃、黍、葱。」此五宜食者，肝心腎三藏實，故各以其本味補之；脾肺虚，故以其子母相養者也。

**校記**

〔一〕靈樞經卷一二九針論：「五裁：病在筋，無食酸；病在氣，無食辛；病在骨，無食鹹；病在血，無食苦；病在肉，無食甘。口嗜而欲食之，不可多也，必自裁也，命曰五裁。」

春秋潛潭巴云：「五味生五藏者，鹹生肝，酸生心，苦生脾，甘生肺，辛生腎〔一〕。」養生經云：「肝色青，宜食鹹，稻米、牛肉、棗。心色赤，宜食酢，犬肉、李。肺色白，宜食甘，麥、羊肉、杏。脾色黄，宜食苦，大豆、豕肉、粟。腎色黑，宜食辛，黍、雞肉。」此五食，皆以所生，能養其子也。又云：「五味之入口也，各有所走，各有所病。酸走筋，多食之令人變。鹹走血，多食之令人渴。辛走氣，多食之令人洞心。苦走骨，多食之令人變〔二〕。甘走皮，多食之令人惡心。辛散，酸收，甘緩，苦堅，鹹濡〔三〕。」五穀爲養，五菓爲助，五畜爲益，氣味合，而服之隨四時，五藏所宜也。又云：「人黄色宜甘，青色宜酸，黑色宜鹹，赤色宜苦，白色宜辛。」此皆依本體所宜。

家語曰：「食水者善游能寒，食土者無心不息，食木者多力不治，食草者善走而愚，食

## 校記

〔一〕「春秋濳澤巴」，春秋緯十四種之一，宋以後散佚。所引爲該書佚文。

〔二〕「變」，天文本、嘉慶本、知不足本、集成本作「攣」。

〔三〕靈樞經卷九五味論：「黄帝問於少俞曰：五味入於口也，各有所走，各有所病。酸走筋，多食之令人癃；鹹走血，多食之令人渴；辛走氣，多食之令人洞心；苦走骨，多食之令人變嘔；甘走肉，多食之令人悗心。余知其然也，不知其何由，願聞其故。」

桑者有緒爲蛾，食肉者勇敢，食氣者神明而壽，食穀者惠巧〔一〕，不食者不死而神〔二〕。」此皆氣味之類，故附而述之。五味所解，例多不舉，語〔三〕經所明可解者如此。

### 校記

〔一〕「巧」，天文本作「仁」。

〔二〕孔子家語卷六執轡：「食水者善游而耐寒，食土者無心而不息，食木者多力而不治，食草者善走而愚，食桑者有緒而蛾，食肉者勇毅而捍，食氣者神明而壽，食穀者智惠而巧，不食者不死而神。」

〔三〕「語」，天文本作「諸」。

## 第四論配藏府

藏府者，由五行六氣而成也。藏則有五，禀自五行，爲五性。府則有六，因乎六氣，是曰六情。情性及氣，别於後解。今論藏府所配合義。

五藏者，肝、心、脾、肺、腎也。六府者，大腸、小腸、膽、胃、三焦、膀胱也。肝以配木，心以配火，脾以配土，肺以配金，腎以配水。膀胱爲陽，小腸爲陰。膽爲風，大腸爲雨。三焦爲晦，胃爲明。故杜子春秋「醫和云：『陰淫寒疾，陽淫熱疾，風淫末疾，末，四支也。雨淫腹疾，晦淫惑疾，明淫心疾〔一〕。』」藏〔二〕者，以其藏於形體之內，故稱爲藏；亦能藏受五氣，故名爲藏。府者，以其傳流受納，謂之曰府。

**校　記**

〔一〕春秋左傳卷四一昭公元年：「晉侯求醫於秦，秦伯使醫和視之，曰：『疾不可爲也。是謂近女室，疾如蠱。非鬼非食，惑以喪志。……天有六氣，降生五味，發爲五色，徵爲五聲，淫生六疾。六氣曰陰、陽、風、雨、晦、明也。分爲四時，序爲五節。過則爲菑：陰淫寒疾，陽淫熱疾，風淫末疾，雨淫腹疾，晦淫惑疾，明淫心疾。女，陽物而晦時，淫則生內熱惑蠱之疾。今君不節、不時，能無及此乎？』」

〔二〕嘉慶本、知不足本、集成本「藏」上有「夫」字。

白虎通云：「肝之爲言幹〔一〕也。肺〔二〕之爲言費也，情動得序也。心之爲言任也，任於思也〔三〕。腎之爲言賓也，以竅寫。脾之爲言辨也，所以精稟氣也〔四〕。」元命苞云：「脾者，弁也。心得之而貴，肝得之而興，肺得之而大，腎得之以化。肝仁，肺義，心禮，腎智，脾信〔五〕。肝所以仁者何？肝，木之精，仁者好生，東方者陽也，萬物始生，故肝象木，色青而有柔。肺所以義者何？肺，金之精，義者能斷，西方殺成萬物，故肺象金，色白而有剛。

心所以禮者何？心者，火之精，南方尊陽在上，卑陰在下，禮有尊卑，故心象火，色赤而光。腎所以智者何？腎，水之精，智者進而不止，無所疑惑，水亦進而不惑，故腎象水，色黑，水陰，故腎雙。脾所以信者何？脾，土之精，土主信，任養萬物爲之象，生物無所私，信之至也，故脾象土，色黄〔六〕。」翼奉云：「肝性静，甲己主之；心性躁，丙辛主之；脾性力，戊癸主之；肺性堅，乙庚主之；腎性敬，丁壬主之〔七〕。」

## 校記

〔一〕「牫」，抄本、嘉慶本、知不足本、常州本、集成本作「扞」。陳立白虎通疏證卷八性情「肝之爲言干也」，注：「廣雅釋親云：『肝，幹也。』釋名釋形體云：『肝，幹也。』又云：『干，幹也。』干、幹、肝音義通。大義引作『扞』。」

〔二〕「肺」，底本、元禄本、宛委本、常州本作「脾」，據抄本、嘉慶本、知不足本、集成本改。

〔三〕陳立白虎通疏證卷八性情「心之爲言任也，任于恩也」，注：「大義引作『任于思也』。」

〔四〕陳立白虎通疏證卷八性情「脾之爲言辨也，所以積精稟氣也」，注：「釋名釋形體云：『脾，裨也。裨助胃氣，主化穀也。』廣雅釋親云：『脾，卑也。』古微書元命苞云：『脾之爲言附著也。』盧據御覽三百七十六改『辨』作『併』。按大義正引作『脾之爲言辨也，所以積精稟氣』。按：脾訓併、訓辨皆一音之轉，脾、裨疊韻爲訓也。大義又引元命苞云：

『脾者，并也。心得之而貴，肝得之而興，肺得之而大，腎得之而化。』案大義于此上引白虎通文，于此下并引『五藏肝仁』云云，則元命苞所云，當亦白虎通所引之語也。」

〔五〕陳立白虎通疏證卷八性情「肝仁，肺義，心禮，腎智，脾信也」，注：「大義引異議：『今尚書歐陽説：肝，木也；心，火也；脾，土也；肺，金也；腎，水也。古尚書説：脾，木也；肺，火也；心，土也；肝，金也；腎，水也。謹案月令，春祭脾，夏祭肺，秋祭肝，冬祭腎，季夏祭心，皆五行自相得，則古尚書説是也。』」

〔六〕所引爲元命苞佚文。白虎通卷八性情：「五藏，肝仁，肺義，心禮，腎智，脾信也。……口能啖嘗，舌能知味，亦能出音聲，吐滋液。」趙在翰七緯卷二四春秋緯之二輯春秋元命苞：「目者肝之使（又見御覽人事部七，卷三六六），肝者木之精，蒼龍之位也。鼻者肺之使，肺者金之精，制割立斷。耳者心之候（五字又見御覽人事部七，卷三六六），心者火之精，上爲張星，成於五，故人心長五寸（「成」字起從白帖增。白帖心引自「心者」句起，無「上爲張星」四字）。陰者腎之寫，腎者水之精，上爲虚危。口者脾之門户，脾者土之精，上爲北斗，主變化者也（白虎通情性）。」

〔七〕所引爲翼氏論著佚文。陳喬樅齊詩翼氏學疏證卷上：「師古漢書注載晉灼引翼氏五性文，誤作『腎性智，智行敬』。今據五行大義爲訂正之。」晉灼語詳見漢書卷七五翼奉傳顔注。

許慎五經異義：「尚書夏侯、歐陽說云：肝木，心火，脾土，肺金，腎水。」此與前同。古文尚書說云：「脾木，肺火，心土，肝金。」此四藏不同。案禮記月令云：「春祭以脾，夏祭以肺，季夏祭以心，秋祭以肝，冬祭以腎。」皆五時自相得，則古尚書是也。鄭玄駁曰：「此文異事乖，未察其本意。月令五祭皆言先無言後者，凡言先有後之辭，春祀户，其祭也先脾後腎；夏祀竈，其祭也先肺後心肝；季夏祀中霤，其祭也先心後肺；秋祀門，其祭也先肝後心肺；冬祀行，其祭也先腎後脾。凡此之義，以四時之位、五藏之上下次之耳。冬位在後而腎在下，夏位在前而肺在上，春位小前故祭先脾，秋位小却故祭先肝。肝腎脾俱在鬲下，肺心俱在鬲上。祭者必三，故有先後焉。此義不與行氣同也〔一〕。」八十一問云：「五藏俱等，心肺獨在鬲上何？對曰：心主氣〔二〕，肺主血〔三〕，血行脉中，氣行脉外，相隨上下，故曰營衛，故令心肺在鬲上也〔四〕。」甲乙經云：「黄帝問岐伯曰：人有五藏，藏有五變。肝爲牡藏，其色青，其時春，其日甲乙。心爲牡藏，其色赤，其時夏，其日丙丁。脾爲牝藏，其色黄，其時季夏，其日戊己。肺爲牝藏，其色白，其時秋，其日庚辛。腎爲牝藏，其色黑，其時冬，其日壬癸〔五〕。」素問曰：「肝者魂之所居，陰中之小陽，故通春氣。心者生之本，神之所處，爲陽中之大陽，故通夏氣。脾者倉廩之本，名曰興化，能化糟粕，轉味出入，至陰之類，故通土氣。肺者氣之本，魄之所處，陽中之少陰，故通秋氣。腎者主蟄，封藏之本，精之所處，陰中之太陰，故通冬氣〔六〕。」又云：「春無食肝，夏無食心，季夏無食脾，秋無食肺，冬無食腎。」周禮：「疾醫，掌養萬人之疾病者，以肝爲木、心爲火、脾爲土、肺爲金、腎爲水，則疾多瘳，反其術則死〔七〕。」月令中霤之禮，以陰陽進退爲次；白虎通及素問醫治之書，用行實爲驗，故其所配是也。白虎通又云：「木所以浮，金所以沈者何？子生於母義。肝以沈，肺以浮何？有知者尊其母也。一説云：甲木畏金以乙妻庚，受庚之化，木法其本，直甲故浮；肝法其化，直乙故沈。庚金畏火以辛妻丙，受丙之化，金法其本，直庚故沈；肺法其化，直辛故浮〔八〕。」

## 校記

〔一〕禮記正義卷一四月令孔疏：「鄭駮之云：『月令祭四時之位，及其五藏之上下次之耳。冬位在後而腎在下，夏位在前而肺在上，春位小前故祭先脾，秋位小却故祭先肝。腎也、脾也，俱在鬲下。肺也、心也、肝也，俱在鬲上。祭者必三，故有先後焉，不得同五行之氣。今醫疾之法，以肝爲木，心爲火，脾爲土，肺爲金，腎爲水，則有瘳也。若反其術，不死爲劇。』如鄭此言，五行所主，則從今文尚書之説，不同許慎之義。」陳立白虎通疏證卷二五祀據蕭氏此文，以證「鄭説似迂」。黄以周禮書通故卷一四群祀禮通故一：「以周案：五藏配屬，歐陽爲是；五祀祭先，鄭義爲長。月令疏引異義，未詳，今據五行大義及鄭本注補正。」

〔二〕「氣」，元弘本引一本、常州本作「血」。

〔三〕「血」，元弘本引一本、常州本作「氣」。

〔四〕王翰林集注黄帝八十一難經卷三：「三十二難曰：五藏俱等，而心肺獨在膈上者何也？然。心者血，肺者氣，血爲榮，氣爲衛，相隨上下，謂之榮衛。通行經絡，營周於外，故令心肺在膈上也。」

〔五〕皇甫謐鍼灸甲乙經卷一五藏變腧：「黄帝問曰：五藏五腧，願聞其數。岐伯對曰：人有五藏，藏有五變，變有五腧，故五五二十五腧，以應五時。肝爲牡藏，其色青，其時春，其日甲乙，其音角，其味酸。心爲牡藏，其色赤，其時夏，其日丙丁，其音徵，其味苦。脾爲牝藏，其色黄，其時長夏，其日戊己，其音宫，其味甘。肺爲牝藏，其色白，其時秋，其日庚辛，其音商，其味辛。腎爲牝藏，其色黑，其時冬，其日壬癸，其音羽，其味鹹。是謂五變。」又見靈樞經卷七順氣一日分爲四時，文略同。

〔六〕黄帝内經素問卷三六節藏象論篇：「帝曰：藏象何如？岐伯曰：心者，生之本，神之變也，其華在面，其充在血脉，爲陽中之太陽，通于夏氣。肺者，氣之本，魄之處也，其華在毛，其充在皮，爲陽中之太陰，通於秋氣。腎者，主蟄，封藏之本，精之處也，其華在發，其充在骨，爲陰中之少陰，通於冬氣。肝者，罷極之本，魂之居也，其華在爪，其充在筋，以生血氣，其味酸，其色蒼，此爲陽中之少陽，通於春氣。脾、胃、大腸、小腸、三焦、膀胱者，倉廪之本，營之居也，名曰器，能化糟粕，轉味而入出者也，其華在脣四白，其充在肌，其味甘，其色黄，此至陰之類，通於土氣。凡十一藏取決於膽也。」

〔七〕周禮卷五天官冢宰下疾醫：「疾醫，掌養萬民之疾病。四時皆有癘疾：春時有痟首疾，夏時有痒疥疾，秋時有瘧寒疾，冬時有漱上氣疾。」

〔八〕白虎通卷四五行：「木所以浮，金所以沈何？子生於母之義。肝所以沈，肺所以浮何？有知者尊其母也。一説木畏金，金之妻庚，受庚之化，木者法其本，柔可曲直，故浮也。肝法其化，直故沈。五行皆同義。」

河上公注老子云：「肝藏魂，肺藏魄，心藏神，腎藏精，脾藏志。五藏盡傷，則五神去矣〔一〕。」道經義云：「魂居肝，魄在肺，神處心，精藏腎，志託脾〔二〕。」此與素問同。魂爲木氣，神爲火氣，志爲土氣，魄爲金氣，精爲水氣。魂通於目，神通於舌，志通於口，魄通於鼻，精通於耳。甲乙經云：「鼻爲肺之官，目爲肝之官，口脣爲脾之官，舌爲心之官，耳爲腎之官。故肺病喘息鼻張，肝病目閉眥〔三〕青，脾病口脣黄乾，心病舌卷短〔四〕顔赤，腎病權與顔黑黄，耳聾〔五〕。」此名五官。相書亦名「五候」，以鼻人中爲一官，主心，餘竝同。候者，以五藏善惡色出五官，可占候吉凶也。鼻人中，猶是口之分也。孝經援神契云：

「肝仁故目視，肺義故鼻候，心禮故耳司，腎信故竅寫，脾智故口誨〔六〕。」元命苞曰：「目，肝使，肝氣仁而外照〔七〕。」管子曰：「脾發爲鼻，肝發爲目，腎發爲耳，肺發爲口，心發爲下竅〔八〕。」道家太平經云：「肝神不在，目無光明；心神不在，脣青白；肺神不在，鼻不通；腎神不在，耳聾；脾神不在，舌不知甘味〔九〕。」又一説云：「目主肝，耳主腎，鼻主心，舌主脾，口主肺。」肝、腎二藏，諸經竝同。肝主目者，肝〔一〇〕木藏也，木是陽，東方顯明之地，眼目亦光顯照了，故通乎目。道家太式經云：「天曰洞視，主目，目主肝。天，陽也，肝亦陽，目精明亦陽。目光顯見，兼有常法，如日陽精無缺而明也〔一一〕。」腎主耳者，腎水藏，水，陰也，北方陰暗之地，耳能聽聲，聲是陰微之象，故通乎耳。太式經曰：「地曰洞聽，主耳，耳主腎。地，陰也，耳法虛則納聲。水主虛，陰主虛〔一二〕，陰主幽陰。聲又非恒，如月盈虛也。」脾、心、肺三藏及候，各有異説。甲乙以鼻應肺，道家以〔一三〕鼻應心，管子以鼻應脾。甲乙應肺者，鼻以空虛納氣，肺亦虛而受氣故也。道家鼻主心者，陽也。老子經云：「天以五行氣，從鼻入，藏於心〔一四〕。」鼻以空通出入息，高象天，故與天通而氣藏於心也。管子以脾是土，鼻在面之中，故爲其候。甲乙以脾應口，道家以肺應口，與管子同。甲乙以脾應口者，口是出納之門，脾爲受盛之所，口能論説，脾能消化，故以相通。道家以肺應口者，肺，金也，金能斷割，口有牙齒，亦能決斷，是金象也。管子之意，恐〔一五〕亦然也。甲乙以舌應心，道家以舌應脾，管子以心應下竅。甲乙以舌應心者，凡資身養命，莫過五味，辨了〔一六〕識知，莫過乎心，五味之入猶舌知之，萬事是非猶心鑒之，心欲有陳〔一七〕，舌必言之，故心應舌〔一八〕。道家以舌應脾者，脾者陰也。老子經云：「地飴人以五味，從口入，藏於胃。」舌之所納則有津實，地體既是質實，品味皆地所產，故舌與地通也。管子心應下竅者，以心能分别善惡，故通下竅，除滓〔一九〕穢也。五藏候在五官。口、舌二官共在一處，餘不共者，口是脾候，脾，土也；舌是心候，心，火也；共處者，土寄治於火鄉也。舌在口内者，火於五行不常見也，須之則有，不用則隱，如舌在口内，開口即見，閉口則藏，又心爲身之主，貴，故在内也。土王四季，故口〔二〇〕四合也。甲乙、素問是診候之書，故從行實而辨，道經、管子各以一家之趣。

## 校記

〔一〕老子道德經河上公章句卷一成象「谷神不死」：「谷，養也。人能養神則不死，神謂五藏之神：肝藏魂，肺藏魄，心藏神，腎藏精，脾藏志。五藏盡傷，則五神去矣。」

〔二〕老子道德經河上公章句卷一成象「谷神不死」注。

〔三〕「皆」，底本、元弘本、元禄本、宛委本作「皆」，常州本作「色」，據天文本、嘉慶本、知不足本、集成本改。

〔四〕「短」，天文本作「諻」。

〔五〕皇甫謐鍼灸甲乙經卷一五藏六府官：「鼻者肺之官，目者肝之官，口脣者脾之官，舌者心之官，耳者腎之官。凡五官者，以候五藏。肺病者喘息鼻張，肝病者目眥青，脾病者脣黄，心病者舌卷顴赤，腎病者顴與顔黑。故肺氣通於鼻，鼻和則能知香臭矣；心氣通於舌，舌和則能知五味矣。……故肝氣通於目，目和則能視五色矣。……脾氣通於口，口和則能别五穀味矣。腎氣通於耳，耳和則能聞五音矣。」又見靈樞經卷六五閱五使：「黄帝曰：願聞五官。岐伯曰：鼻者肺之官也，目者肝之官也，口脣者脾之官也，舌者心之官也，耳者腎之官也。黄帝曰：以官何候？岐伯曰：以候五藏。故肺病者喘息鼻張，肝病者眥青，脾病者脣黄，心病者舌卷短顴赤，腎病者顴與顔黑。」

〔六〕所引爲孝經援神契佚文。孫星衍尚書今古文注疏卷一二周書洪範「二，五事：一曰貌，二曰言，三曰視，四曰聽，五曰思」，疏：「五行大義引孝經援神契云：『肝仁……故口誨。』案：肝仁、肺義、心禮、腎智、脾信，是肝爲木，肺爲金，心爲火，腎爲水，脾爲土，同今文説。」陳立白虎通疏證卷八性情「目者肝之使」，注：「大義引援神契云……『腎信』『脾智』當互易。」

〔七〕所引爲元命苞佚文。

〔八〕管子卷一四水地：「酸主脾，鹹主肺，辛主腎，苦主肝，甘主心。五藏已具，而後生肉。脾生隔，肺生骨，腎生腦，肝生革，心生肉。五肉已具，而後發爲九竅。脾發爲鼻，肝發爲目，腎發爲耳，肺發爲竅。」王念孫讀書雜志五管子第七水地肺發爲竅：「脾發爲鼻，肝發爲目，腎發爲耳，肺發爲竅。念孫案：『肺發爲竅』，隋蕭吉五行大義三引作『肺發爲口，心發爲下竅』，是也。太平御覽亦作『肺爲口，心爲下竅』。今本『肺發爲』下脱『口心發爲下』五字，則義不可通。孫説同。」

〔九〕「太平經」，道教經典之一。漢書卷七五李尋傳：「初，成帝時，齊人甘忠可詐造天官曆、包元太平經十二卷，以言『漢家逢天地之大終，當更受命於天，天帝使真人赤精子下教我此道』。忠可以教重平夏賀良、容丘丁廣世、東郡郭昌等，中壘校尉劉向奏忠可假鬼神罔上惑衆，下獄治服，未斷病死。賀良等坐挾學忠可書，以不敬論，後賀良等復私以相教。」所引見唐王懸河三洞珠囊卷一：「太平經第三十三云：『真人問曰：凡人何故數有病乎？神人答曰：故肝神去出遊不時還，目無明也。心神去不在，其脣青白也。肺神去不在，其鼻不通也。腎神去不在，其耳聾也。脾神去不在，令人口不知甘也。』」

〔一〇〕「肝」，底本、元禄本、宛委本作「肺」，據抄本、嘉慶本、知不足本、常州本、集成本改。

〔一一〕「太式經」，道家經典之一，雖不見歷代著録及現行本道藏，但五行大義等書多有引用。據中村等全釋本估計，該書隋時尚存。

〔一二〕「陰主虚」，天文本無。

〔一三〕天文本「以」上有「云」字。

〔一四〕老子道德經河上公章句卷一成象「谷神不死，是謂玄牝」：「言不死之道在於玄牝。玄，天也，於人爲鼻。牝，地也，於人爲口。天食人以五氣，從鼻入藏於心。五氣清微，爲精神聰明音聲五性。其鬼曰魂，魂者雄也，主出入人鼻，與天通，故鼻爲玄也。地食人以五味，從口入藏於胃。五味濁辱，爲形骸骨肉血脉六情。其鬼曰魄，魄者雌也，主出入人口，與地通，故口爲牝也。」蕭吉統稱老子道德經之河上公注爲老子經。

〔一五〕「恐」，天文本引一本無。

〔一六〕「了」，天文本作「耳」。

〔一七〕「心欲有陳」，底本、元禄本、宛委本作「心欲有限舌陳」，天文本無「限舌」二字，嘉慶本、知不足本、集成本作「心欲有所陳」，常州本作「心欲言限舌陳」，據天文本删。

〔一八〕嘉慶本、知不足本、集成本「舌」上有「以」字。

〔一九〕「滓」，元弘本、天文本作「澤」。

〔二〇〕「口」，底本、元弘本、元禄本、宛委本、常州本、集成本作「曰」，據嘉慶本、知不足本改。

六府者，河圖云：「肺合大腸，大腸爲傳道之府。心合小腸，小腸爲受盛之府〔二一〕。肝合膽，膽爲中精之府。脾合胃，胃爲五穀之府。腎合膀胱，膀胱爲津液之府〔二二〕。三焦孤立，爲中瀆之府〔三〕。」甲乙、素問説同。大腸爲傳道之府者，肺通於鼻，鼻出入氣，大腸傳道五穀氣之道，故爲其府。小腸爲受盛之府者，心通於舌，舌進五味，小腸納之，故爲受盛之府也。膽爲中精府者，肝通於目，目是精明之物，又〔四〕精神之主，故曰爲中精府也。胃爲五穀府者，脾通於口，口入五穀而胃受之，故爲其府。膀胱爲津液之府者，腎是水藏，膀胱空虚受水，水清氣則爲津液，濁氣則爲涕唾，故以爲其府。三焦爲中瀆府者，五藏各合一府，三焦獨無所合，故曰孤立；處五藏之中，通上下行氣，故爲中瀆府也。五藏而有六府，亦如六氣因五行生也，又如五性生六情也。

## 校記

〔一〕陳立白虎通疏證卷八性情「小腸大腸，心肺之府也」，注：「大義引河圖云：『肺合大腸，大腸爲傳道之府。心合小腸，小腸爲受盛之府。』則以爲心肺之府者亦通。」

〔二〕陳立白虎通疏證卷八性情「膀胱者，腎之府也」，注：「大義引河圖云：『腎合膀胱，故膀胱爲津液之府。』膀胱亦爲腎府也。」

〔三〕「中」，底本、元弘本、元禄本、宛委本、常州本作「内」，據嘉慶本、知不足本、集成本改。所引爲河圖佚文。靈樞經卷一本輸：「肺合大腸，大腸者，傳道之府。心合小腸，小腸者，受盛之府。肝合膽，膽者，中精之府。脾合胃，胃者，五穀之府。腎合膀胱，膀胱者，津液之府也。少陽屬腎，腎上連肺，故將兩藏。三焦者，中瀆之府也，水道出焉，屬膀胱，是孤之府也。」

〔四〕「又」，天文本作「人」。

素問云：「皮應大腸，其榮毛，主心。脉應小腸，其榮色，主腎。筋應膽，其榮爪，主肺。宍應胃，其榮脣，主肝。腠理毫毛，應三焦膀胱，其榮髮，主脾〔一〕。」「皮應大腸，其榮毛，主心」者，心是身之君，皮是身之城墎，毛是身之羽衛，大腸是氣之道路也，故竝相通。心〔二〕是火藏，大腸是金府，故以配焉，丙辛之所主也。「脉應小腸，其榮色，主腎」者，腎，水也，脉是血之溝渠，通流水氣，色是人之光采。血氣若盛則榮色壯悅，血氣若衰則容顔枯悴。腎爲水藏，小腸既〔三〕受盛，容著水氣，又是火府，故以配之，丁壬所主也。「筋應膽，其榮爪，主肺」者，筋是皮内之剛强也，爪是皮外之剛利，肺是金藏，膽有剛精之性〔四〕，又是〔五〕木府，故以相配，乙庚所主也。「宍應胃，其榮脣，主肝」者，胃能消化五穀，精氣爲肉，五穀從口而入，故榮潤在脣。肝是木之藏，仁而能生，胃是土府，故以相配，甲己所主也。「腠理毫毛，應三焦膀胱，其榮髮，主脾」者，毫毛因籍〔六〕津潤，腠理本自開通，脾受資味之所，因資味而得津潤開通，因津潤開通而生毛髮。書云髮是血之餘，脾是土之藏，三焦、膀胱並爲水之府，故以相配，戊癸所主也。脾配二府，餘四藏各配一府者，脾是土藏，土爲君道，君即陽也，陽數一，故藏不二也；三焦、膀胱並是水府，水爲臣道，臣即陰也，陰數偶，故府有二也。管子曰：「脾生骨，腎生筋，肺生革，心生肉，肝生爪髮。」元命苞云：「肝生筋。」「脾生骨」者，脾，土也，土能生木，骨是身之本，如木立於地上，能成屋室，故脾生之。「腎生筋」者，筋是骨之經絡，脉以流注，筋以相連節，並通血氣，腎，水，故生之。「肺生革」者，肺，金也，金能裁斷，革亦限斷，故肺生之。「心生肉」者，心，火也，宍是身之土地，故心生之。「肝生爪髮」者，肝，木也，爪是骨之餘，髮是血之餘，皆水、木之氣，故肝生之。元命苞云以「肝生筋」，亦木〔七〕氣之義，筋有枝條，象於木也。

## 校記

〔一〕重廣補注黃帝内經素問卷三五藏生成篇：「心之合脉也，其榮色也，其主腎也。肺之合皮也，其榮毛也，其主心也。肝之合筋也，其榮爪也，其主肺也。脾之合肉也，其榮脣也，其主肝也。腎之合骨也，其榮髮也，其主脾也。」又見靈樞經卷七本藏：「黃帝曰：『願聞六府之應。』岐伯答曰：『肺合大腸，大腸者，皮其應。心合小腸，小腸者，脉其應。肝合膽，膽者，筋其應。脾合胃，胃者，肉其應。腎合三焦膀胱，三焦膀胱者，腠理毫毛其應。』」

〔二〕底本、元禄本、宛委本「心」上有「心通」二字，常州本有「夫」字，據抄本、嘉慶本、集成本删。

〔三〕抄本「既」下有「能」字。

〔四〕「膽」，底本、元禄本、宛委本、常州本無，據抄本、嘉慶本、知不足本、集成本補。「剛」，天文本作「堅」。

〔五〕「是」，天文本無。

〔六〕「籍」，常州本、集成本作「藉」。

〔七〕「木」，底本、元禄本、宛委本、常州本作「水」，據天文本、嘉慶本、知不足本、集成本改。

河圖云：「仁慈惠施者，肝之精，悲哀過度則傷肝，肝傷則令目視芒芒。禮操列真，心之精，喜怒激切傷心，心傷則疾衂吐逆。和厚篤信者，脾之精，縱逸貪嗜則傷脾，脾傷則畜積不化，致否結之疾。義惠剛斷，肺之精，患憂憤勃〔一〕則傷肺，肺傷則致欬逆失音。智辨謀略，腎之精，勞欲憤滿則傷腎，腎傷則喪精損命〔二〕。」此豈直違五常而損年命，亦破六情以亡家國〔三〕也。至如桀、紂兩帝，竝貪縱而喪其〔四〕邦；梁、竇二臣〔五〕，亦皆奢逸而傾其家。雖彭子以色延命〔六〕，齊王因怒袪病〔七〕，如此異轍，皆有調節之宜。節之則四大獲安〔八〕，縱之則五藏成患。

## 校記

〔一〕「勃」，天文本作「悖」。

〔二〕所引爲河圖佚文。

〔三〕「家國」，嘉慶本、知不足本、集成本作「國家」。

〔四〕「其」，抄本、元禄本作「厥」。

〔五〕「梁」，漢順帝大將軍梁冀，字伯卓，安定乌氏（今甘肃平涼县西北）人。專斷朝綱近二十年，窮極奢侈，制同皇家。後桓帝誅殺梁氏，梁冀自殺，滿門皆遭斬首。傳見後漢書卷三四梁冀列傳。「竇」，竇憲，字伯度，扶风郡平陵县（今陜西省咸陽市）人。漢章帝、漢和帝時權臣，外戚。竇宪因征匈奴有功，被封爲大將軍，後權震朝野。其與兄弟大修宅第，争竞豪奢。又把攬朝政，跋扈恣肆，最終意欲謀反，和帝定計平叛，竇宪自殺，其家人亦多被誅殺。傳見後漢書卷二三竇憲列傳。

〔六〕天文本「雖」上有「復」字。「彭子」，即彭祖，古代傳説中長壽者，參見史記卷四〇楚世家：「（祝融）吴回生陸終。陸終生子六人……三曰彭祖。」張守節正義引括地志云：「虞翻云『名翦』，神仙傳云『彭祖諱鏗，帝顓頊之玄孫，至殷末年已七百六十七歲而不衰老，遂往流沙之西，非壽終也。』」

〔七〕戰國齊湣王故事。吕氏春秋卷一一仲冬紀至忠：「齊王疾痏，使人之宋迎文摯。文摯至，視王之疾，謂太子曰：『王之疾必可已也。雖然，王之疾已，則必殺摯也。』太子曰：『何故？』文摯對曰：『非怒王則疾不可治，怒王則摯必死。』……文摯因出辭以重怒王，王叱而起，疾乃遂已。」

〔八〕「安」，底本、元禄本、宛委本作「家」，據抄本、嘉慶本、知不足本、集成本改。「四大」，道、天、地、王之謂。老子第二五章：「域中有四大，而王居其一焉。人法地，地法天，天法道，道法自然。」

素問云：「肝者爲將軍之官，謀慮出焉。心者爲主守〔一〕之官，神明出焉。脾者倉廩之官，五味出焉。肺者相傅之官，治節出焉。腎者作强之官，伎巧出焉〔二〕。」「肝者爲將軍之官，謀慮出」者，木性仁，仁者必能深思遠慮，恒欲利安萬物；將軍爲行兵之主，必以謀慮爲先，故兵書曰：「兵以仁舉則無不從得之，以仁分則無不從悦。」又曰：「將無謀則士卒憂，將無慮則士卒去。」故肝爲將軍，出謀慮〔三〕也。「心爲主守之官，神明出」者，火，南方，陽光暉〔四〕，人〔五〕君之象。神爲身之君，如君南向以治〔六〕。易以離爲火，居大陽之位，人君之象。人之運動，情性之作莫不由心，故爲主守之官，神明所出也。「脾爲倉廩之官，五味出」者，萬物生則出土，死亦歸之。五穀之入，脾以受之，故五味之出亦由於此也。「肺爲相傅之官，治節出」者，金能裁斷，相傅之任，明於治道，上下順教皆有禮節，肺於五藏亦治節所生。樂緯云：「商者，章也。臣章明君德，以齊上下〔七〕。」相傅，腎〔八〕所由也。「腎爲作强之官，伎巧出」者，水性是智，智必多能，故有伎巧，巧〔九〕則自强不息也。八十一問曰：「藏各有一，腎獨兩者，何也？左者腎，右者命門。命門者，精神之所會也。」河圖云：「肝心出左，脾肺出右，腎與命門竝出尺部〔一〇〕。」此脉候也。問曰：「前解云腎陰故雙，今言左腎、右命門，此豈不自乖張乎？」答曰：「命門與腎，名異形同。水藏則體質不殊，故雙。主陰數爲名，則左右兩别，故各有所主。猶如三焦、膀胱俱是水府，不妨兩號。」

## 校記

〔一〕「主守」，底本、中國刊本作「君主」，元弘本作「至主」，元禄本作「至守」。元禄本校語：「按：素問作『心者君主之官，神明出焉』，今作『至守』，疑傳寫之誤也。」天文本作「主守」，與下文合，據改。

〔二〕重廣補注黄帝内經素問卷三靈蘭秘典論篇：「膻者，中正之官，決斷出焉。膻中者，臣使之官，喜樂出焉。脾胃者，倉廩之官，五味出焉。大腸者，傳道之官，變化出焉。小腸者，受盛之官，化物出焉。腎者，作强之官，伎巧出焉。三焦者，決瀆之官，水道出焉。膀胱者，州都之官，津液藏焉，氣化則能出矣。」

〔三〕「出謀慮」，常州本作「謀慮出」。

〔四〕常州本「南」上有「臨照」二字，無「陽光暉」三字。
〔五〕常州本「人」上有「有」字。
〔六〕「向」，天文本作「面」。
〔七〕所引爲樂緯佚文。
〔八〕「腎」，元弘本、天文本引一本無。
〔九〕「巧」，底本、嘉慶本、宛委本、知不足本、集成本作「功」，據抄本、常州本改。
〔一〇〕所引爲河圖佚文。俞正燮癸巳類稿卷四持素脉篇附命門：「五行大義引河圖云：『肝心出左，脾肺出右，腎與命門並出尺部。』此漢魏史局增益緯文，晉人王叔和脉經和之，謂右命門而平妊娠，分别男女。」

老子經及素問云「心藏神」者，神以神明照了爲義，言心能明了萬事。神是身之君，象火，已如前解。「腎藏精」者，精以精靈叡智爲稱，亦是精智氣，腎水智巧，故精藏焉。「脾藏志」者，脾〔一〕，土，主〔二〕總四行，多所趣向，志以心願趣向爲目，故藏於脾。「肝藏魂」者，魂以運動爲名，肝是少陽，陽性運動，木性仁，故魂亦主善，故藏於肝焉〔三〕。「肺藏魄」者，魄以相著爲名，肺爲少陰，陰性恬静，金主殺，魄又主惡，故以藏之〔五〕。

## 校記

〔一〕「脾」，底本、抄本、元禄本、宛委本作「志」，據嘉慶本、知不足本、集成本改。

〔二〕「主」，抄本作「土」。

〔三〕「焉」，天文本無。

〔四〕常州本於該段異文甚多，特移録於下，不另出校：「老子經及素問云『心藏神』者，心稟虛靈而含造化，具一理以應萬幾；藏府百骸，惟神明爲之主宰。『腎藏精』者，精爲有形之本，精盛則形成，腎乃水藏，故精爲所藏焉。『脾藏思』者，脾屬至陰，故其性靜，靜則澄思渺慮，觸類旁通，故思藏脾。『肝藏魂』者，魂以運動爲名，肝是少陽，性運動，木又性仁，魂亦主善，故藏於肝。『肺藏魄』者，魄以相著爲名，肺爲少陰，陰性恬靜，金又主殺，魄惡而靜，故藏於肺。」

五藏所主，乃以神、精、志、魂、魄五種；就陰陽論，唯有二別，陽曰魂，陰曰魄。河上公章句云：「五氣清微，爲精神聰〔一〕明音聲五性。其鬼曰魂，魂者雄也，主出入於鼻，與天通。五味濁溽，爲形骸骨肉血脉六情。其鬼曰魄，魄者雌也，出入於口，與地通。」家語曰：「宰我問孔子曰：『聞鬼神之名而不知其所謂。』孔子曰：『人生有氣。魂氣者，神之盛也；魄氣者，鬼之盛也。人生〔二〕有死，死必歸土，此謂之鬼；魂氣歸乎天，此謂之神。合鬼與神而享之，教之至也。骨肉斃乎下，化爲野土，其氣發揚乎上，此神之著也。聖人因人物之情而明命鬼神，以爲民則，燔燎羶薌，所以報氣也；薦黍稷、脩肺肝，加以鬱暢，所以報魄也〔三〕。』」漢書五行志云：「人命終而形藏，精神散越，聖人爲之宗廟，以收魂氣；春秋祭祀，以修孝道〔四〕。」尸子曰：「鬼，歸也。古者謂死人爲歸人〔五〕。」淮南子曰：「人精神者，天之有也；骸骨者，地之有也。精氣入其門，而骸骨反其根。」又云：「天氣爲魂，地氣爲魄。」禮記郊特牲云：「凡祭，慎諸此。魂氣歸乎天，形魄歸乎地，故祭，求諸〔六〕陰陽之義。故氣之清者曰神，即陽魂也；氣之濁者曰鬼，即陰魄也。」延陵季子葬其子於嬴博之間，云骨肉歸乎土，命也，魂氣無不之〔七〕。越記云：王問范子曰：「寡人聞失其魂魄者死，得其魂魄者生也。物皆有之，將人乎〔八〕？」范蠡對曰：「魄者囊也，魂者生氣之源。」又云：「魂者生氣之精，魄者死氣之舍。」韓詩云：「溱、洧有二水，三月上巳，鄭國常於此水上招魂續魄〔九〕。」左傳昭二十五年〔一〇〕，宋公讌飲〔一一〕，使叔孫昭子〔一二〕右坐，語相泣，樂祁〔一三〕子曰：「今君與叔孫〔一四〕皆死乎！心之精爽，是謂魂魄。魂魄去之〔一五〕，何以能久〔一六〕？」此並明人身有魂魄二別〔一七〕。老子經云「魂藏肝，魄藏肺」者，魂既屬天，天氣爲陽，陽主善，尚左，居肝，在東方木位；魄既屬地，地氣爲陰，陰主惡，尚右，故居肺，在西方金位。老子云：「吉事尚左，凶事尚右〔一八〕。」亦云「五氣藏於心，五味藏於胃」者，此論氣則是陽，以藏受之，心爲火藏，陽氣所處；味則是陰，以府受之，胃爲五穀之府，味之所處。心主精神，胃主受納，不乖魂魄、陰陽之理。又云「魂有三，魄有七」者，陽數奇，陰數偶，奇數始於一，一則元氣，魂雖是陽，非曰元始〔一九〕，一後次三，故魂數三。又云因天地二氣合而生人，人又一氣，三材各一氣，故魂有三。陰數二，二亦陰之始，魄雖是陰，又非元始，次二後四，陰不孤立，必資於陽，就魂之三合而成七。又一解云魂在東方，取震數三；魄居西方，取兑數七。三魂、七魄合而爲十，是應天五行、地五行，兩五合爲十，共成人也。五是天五氣、地五味也。春秋緯云：「人感十而生，故十月方生也〔二〇〕。」又云有六魄〔二一〕者，此乃道家三皇經〔二二〕，以五藏神爲五魂，六府神爲六魄，此亦五行六氣之義也。魂魄人之本，既配府藏，故釋之。甲乙云：「魂屬〔二三〕精，魄屬神〔二四〕。」

## 校記

〔一〕「聰」，底本作「聽」，據抄本改。

〔二〕天文本「生」下有「必」字。

〔三〕孔子家語卷四哀公問政：「宰我問於孔子曰：『吾聞鬼神之名，而不知所謂，敢問焉。』孔子曰：『人生有氣有魄。氣者，人之盛也；魄者，鬼之盛也。夫生必死，死必歸土，此謂鬼；魂氣歸天，此謂神。合鬼與神而享之，教之至也。骨肉斃於下，化爲野土，其氣發揚於上者，此神之著也。聖人因物之精，制爲之極，明命鬼神，以爲民之則，而猶以是爲未足也。故築爲宫室，設爲宗祧，春秋祭祀，以别親疏，教民反古復始，不敢忘其所由生也。衆人服自此，聽且速焉，教以二端。二端既立，報以二禮。建設朝事，燔燎羶薌，所以報氣也。薦黍稷，羞肺肝，加以鬱鬯，所以報魄也。』」

〔四〕漢書卷二七五行志上：「説曰：水，北方，終臧萬物者也。其於人道，命終而形臧，精神放越，聖人爲之宗廟，以收魂氣，春秋祭祀，以終孝道。王者即位，必郊祀天地，禱祈神祇，望秩山川，懷柔百神，亡不宗事。」

〔五〕尸子卷下：「天神曰靈，地神曰祇，人神曰鬼。鬼者歸也，故古者謂死人爲歸人。」列子卷一天瑞篇：「鬼，歸也，歸其真宅。」

〔六〕「諸」，天文本無。

〔七〕禮記卷一〇檀弓下：「延陵季子適齊，於其反也，其長子死，葬於嬴、博之間。孔子曰：『延陵季子，吴之習於禮者也。』往而觀其葬焉。其坎深不至於泉，其斂以時服，既葬而封，廣輪揜坎，其高可隱也。既封，左袒，右還其封，且號者三。曰：『骨肉歸復於土，命也。若魂氣則無不之也，無不之也。』而遂行。孔子曰：『延陵季子之於禮也，其合矣乎。』」

〔八〕「將」，元弘本、常州本作「於」。越絶書卷一三越絶外傳枕中：「越王問於范子曰：『寡人聞人失其魂魄者死，得其魂魄者生。物皆有之，將人也？』范子曰：『人有之，萬物亦然。天地之間，人最爲貴。物之生，穀爲貴。以生人，與魂魄無異，可得豫知也。』越王曰：『其善惡可得聞乎？』范子曰：『欲知八穀之貴賤、上下、衰極，必察其魂魄，視其動静，觀其所舍，萬不失一。』問曰：『何謂魂魄？』對曰：『魂者槖也，魄者生氣之源也。故神生者，出入無門，上下無根，見所而功自存，故名之曰神。神主生氣之精，魂主死氣之舍也。魄者主賤，魂者主貴，故當安静而不動。魂者，方盛夏而行，故萬物得以自昌。』」

〔九〕「韓詩」，隋書卷三二經籍志一：「韓詩二十二卷，漢常山太傅韓嬰，薛氏章句。」陳壽祺、陳喬樅韓詩遺説考卷二之一國風鄭風溱洧引韓詩内傳曰：「溱與洧，説人也。鄭國之俗，三月上巳之日，於兩水上招魂續魄，拂除不祥，故詩人願與所説者俱往觀也。」後漢書卷七四上袁紹劉表列傳：「三月上巳，大會賓徒於薄落津。」李賢注：「暦法三月建辰，己卯退除，可以拂除災也。韓詩曰：『溱與洧，方洹洹兮。』薛君注云：『鄭國之俗，三月上巳之辰，兩水之上招魂續魄，拂除不祥，故詩人願與所説者俱往也。』」

〔一〇〕此句以下，常州本異文甚多，現移録於下，不另出校：「左傳昭二十五年，宋公享昭子，賦詩。明日晏飲酒樂，使昭子右坐，語相泣也。樂祁佐，退而告人曰：『今兹君與叔生其皆死乎！吾聞之：哀樂而樂哀，皆喪心也。心之精爽，是謂魂魄。魂魄去之，何以能久？』」

〔一一〕「飲」，嘉慶本、知不足本、集成本無。

〔一二〕「叔孫昭子」，底本、抄本、元禄本、宛委本作「昭子叔」，據嘉慶本、知不足本、集成本改。

〔一三〕「祁」，底本、抄本、元禄本、宛委本作「孔」，據嘉慶本、知不足本、集成本改。

〔一四〕「叔孫」，底本、抄本、元禄本、宛委本作「子叔」，據嘉慶本、知不足本、集成本改。

〔一五〕「是謂魂魄魂魄去之」，底本作「是謂魂魂魄魄去之」，據諸本改。

〔一六〕春秋左傳卷五一昭公二十五年：「宋公享昭子，賦新宮。昭子賦車轄。明日宴，飲酒，樂，宋公使昭子右坐，語相泣也。樂祁佐，退而告人曰：『今茲君與叔孫其皆死乎！吾聞之：哀樂而樂哀，皆喪心也。心之精爽，是謂魂魄。魂魄去之，何以能久？』」

〔一七〕常州本無此十字。

〔一八〕老子道德經河上公章句卷二偃武「吉事尚左，凶事尚右，偏將軍居左，上將軍居右」：「左，生位也。陰道殺人。偏將軍卑而居陽位，以其不專殺也。上將軍尊而居陰位，以其專主殺也。」

〔一九〕「非曰」，常州本作「初非」。「元始」，底本、嘉慶本、宛委本、知不足本作「始元」，據抄本、元禄本、常州本改。

〔二〇〕所引爲春秋緯佚文。

〔二一〕「魄」，底本、元弘本、元禄本、宛委本、常州本作「魂」，據天文本改。

〔三〕「三皇經」，又稱三皇文、三皇内文，是天皇文、地皇文、人皇文的合稱。唐太宗貞觀二十年下令除毁三皇經。所引爲該書佚文。

〔三〕「属」，底本、元禄本、宛委本無，據抄本、嘉慶本、知不足本、常州本、集成本補。

〔四〕皇甫謐鍼灸甲乙經卷二十二經標本：「黄帝問曰：五藏者，所以藏精神、魂魄也。」

## 第五論配〔一〕五常

五常者，仁義禮智信也。行之終久，恒不可闕，故名爲常。亦〔二〕云五德，以此常行，能成其德，故云五德。而此五德，配於五行。

### 校記

〔一〕「配」，底本、中國刊本無，據諸本總目及卷目補。

〔二〕「亦」，天文本作「又」。

鄭玄注禮記中庸篇云：「木神則仁，金神則義，火神則禮，水神則信，土神則智〔一〕。」詩緯等説亦同〔二〕。毛公傳説及京房等説皆以土爲信，水爲智。漢書天文志云：「歲星於人，五常仁也，五事貌〔三〕也。仁虧貌失，逆春令，傷木氣，罰見歲星。熒惑於人，五常禮也，五事視也。禮虧視失，逆夏令，傷火氣，罰見熒惑。太白於人，五常義也，五事言也。義虧言失，逆秋令，傷金氣，罰見太白。辰星於人，五常智也，五事聽也。智虧聽失，逆冬令，傷水氣，罰見辰星。鎮星於人，五常信也，五事思也。仁義禮智以信爲主，貌言視聽以思爲正。四事皆失，鎮星乃爲之動〔四〕。」案毛公及京房、漢史皆以土爲信，可謂其當。所以然者，夫五常之義，仁者以惻隱爲體，博施以爲用；禮者以分别爲體，踐法以爲用；智者以了智爲體，明睿以爲用；義者以合義爲體，裁斷以爲用；信者以不欺爲體，附實以爲用。其於五行，則木有覆冒滋繁，是其惻隱博施也；火有滅暗昭明，是其分别踐法也；水有含潤流通，是其了智明叡也；金有堅剛利刃〔五〕，是其合義〔六〕裁斷也；土有持載〔七〕含容，以時生萬物，是其附實不欺也。鄭玄及詩緯以土爲智者，以能了萬事莫過於智，能生萬物莫過於土，故以爲智。水爲信者，水之有潮，依期而至，故以水爲信。此理寡〔八〕證狹，於義乖也。

## 校記

〔一〕禮記卷五二中庸「天命之謂性，率性之謂道，修道之謂教」，鄭注：「木神則仁，金神則義，火神則禮，水神則信，土神則知。」朱一新無邪堂答問卷四：「鄭注中庸曰：木神則仁……土神則知。案：鄭注用乾鑿度及詩緯説，詩緯説見五行大義。」

〔二〕孫星衍尚書今古文注疏卷四虞夏書四甘誓第四「威侮五行，怠棄三正」，疏：「五行大義第五引詩緯等説云：『木神則仁……土神則智。』又引毛公傳及京房等説，皆以土爲信，水爲智。」現存詩緯不見「水神則信」説。中村等全釋本引日本群書類從四六二所收諸道勘文所引詩緯，則有「水精主信」之説。

〔三〕「貌」，底本、元禄本、宛委本、常州本作「皇」，據抄本、嘉慶本、知不足本、集成本改。下同。

〔四〕漢書卷二六天文志：「歲星曰東方春木，於人五常仁也，五事貌也。仁虧貌失，逆春令，傷木氣，罰見歲星。……熒惑曰南方夏火，禮也，視也。禮虧視失，逆夏令，傷火氣，罰見熒惑。……太白曰西方秋金，義也，言也。義虧言失，逆秋令，傷金氣，罰見太白。……辰星曰北方冬水，知也，聽也。知虧聽失，逆冬令，傷水氣，罰見辰星。……填星曰中央季夏土，信也，思心也。仁義禮智以信爲主，貌言視聽以心爲正，故四星皆失，填星乃爲之動。」

〔五〕「堅」，元弘本、元禄本作「强」，元禄本又引一本作「堅」。「刃」，底本、元禄本、宛委本作「刀」，據抄本、嘉慶本、知不足本、常州本、集成本改。

〔六〕「義」，抄本、元禄本作「宜」。

〔七〕「載」，底本作「戴」，據天文本、中國刊本改。

〔八〕「寡」，底本作「寘」，據抄本改。

其於五經，則仁以配易，其位東方。禮以配火，其位南方。義以配傳，其位西方。智以配詩，其位北方。信以配尚書，其位中央。易配東方仁者，易是創制之書，苞括萬有，有變易之義。東方，四時之始，仁化能生，易故就新，又帝出震〔一〕，始作八卦，故以配仁。禮配南方者，禮能齊上下之法，别貴賤之差，君臣父子莫不以禮節之，如火能成就五味，明照萬物，故以南方配禮。傳配西方義者，春秋是魯史，褒貶得失，是時王道既衰，諸侯力争，戰伐之事，靡不書之。合義者褒，失德者貶，如金以義斷，裁制萬物，故以配義。詩配北方智者，詩言其志，以爲風刺，有陰微之辭，和潤人情，動鬼神，感天地，以善惡之事，吟咏於聲樂，使聞者有益於行，作者無咎於身，如水潛流，無所不潤，故以智配。尚書配中央信者，此是上古之書，傳述帝王之言、信誓之事，靡不存焉，可宗尚故，如土有信，以時生物，四時所宗，故以信配。經即常也，亦云由也，亦云法也。述經由事〔二〕，故云由也。理可法則，故云法也。常爲訓典，故即常也。然經體既爲常法，其當體各備五常〔三〕。事有所專，但以一方爲主，未論文義，故不備説。五常之行，由經而明，故以配釋。

## 校記

〔一〕周易卷九説卦："雷以動之，風以散之，雨以潤之，日以烜之，艮以止之，兑以説之，乾以君之，坤以藏之。帝出乎震，齊乎巽，相見乎離，致役乎坤，説言乎兑，戰乎乾，勞乎坎，成言乎艮。"

〔二〕"事"，天文本無。

〔三〕白虎通卷九五經："經所以有五何？經，常也。有五常之道，故曰五經。樂仁，書義，禮禮，易智，詩信也。"

# 第六論配〔一〕五事

五事者，尚書洪範云"敬用五事〔二〕"，蓋以人事配五行也。一曰貌，以配木；二曰言，以配金；三曰視，以配火；四曰聽，以配水；五曰思，以配土。尚書洪範曰："貌曰恭，言曰從，視曰明，聽曰聰，思曰叡。恭作肅，從作乂〔三〕，明作哲，聰作謀，叡作聖〔四〕。""貌曰恭"者，天子之恭曰穆穆，上恭肅則下敬矣。孔子曰："其行己也恭，其事上也敬〔五〕。"又曰："在體曰恭，加於人，施於事，曰敬〔六〕。"貌之不恭，是謂不肅。肅，敬也。夫洪範所陳五事，貌爲首者；於易，貌爲震，震爲木，木可觀也〔七〕，故經列三德〔八〕，而服爲其上〔九〕。

## 校記

〔一〕「配」，底本、中國刊本無，據諸本總目及卷目補。

〔二〕尚書卷一二洪範：「初一曰五行，次二曰敬用五事，次三曰農用八政。」

〔三〕「乂」，天文本作「仁」。

〔四〕尚書卷一二洪範：「二，五事：一曰貌，二曰言，三曰視，四曰聽，五曰思。貌曰恭，言曰從，視曰明，聽曰聰，思曰睿。恭作肅，從作乂，明作哲，聰作謀，睿作聖。」

〔五〕論語卷五公冶長：「子謂子産有君子之道四焉：其行己也恭，其事上也敬，其養民也惠，其使民也義。」

〔六〕論語卷一三子路：「樊遲問仁。子曰：『居處恭，執事敬，與人忠。雖之夷狄，不可棄也。』」

〔七〕「觀」，底本、元禄本、宛委本作「一」，據抄本、嘉慶本、知不足本、集成本改。「貌爲震」一説見於漢書卷二七五行志上：「木，東方也。於易，地上之木爲觀。其於王事，威儀容貌亦可觀者也。」又漢書卷二七五行志中之上：「於易，震在東方，爲春爲木也。」

〔八〕「三德」，尚書卷一二洪範：「六，三德：一曰正直，二曰剛克，三曰柔克。」

〔九〕常州本無「肅敬也」至「而服爲其上」三十六字，改爲：「貌於易爲震，震爲雷，寓嚴厲之象。」

詩云：「敬慎威儀，惟人之則〔一〕。」有威而可畏謂之威，有儀而可象謂之儀〔二〕。君有威儀，其臣畏而愛之，則而象之〔三〕，故能長有其國。臣有威儀，故能長守其職。君子在位〔四〕可畏，施舍可愛，進退可度，周旋可則，容止可觀，作事可法，德行可象，聲氣可樂，動作有文，言語有章，以臨其下，謂之威儀。孔子曰：「正其衣冠，尊其瞻視，儼然人望而畏之，不亦威而不猛〔五〕。」又曰：「不嚴〔六〕以莅之，則人不敬〔七〕。」故失威儀之節，怠慢驕恣，謂之狂。狂則下不肅矣，下不敬則上無威〔八〕。夫不敬其君，不從其政，則陰氣勝；陰氣勝，則水象至，故曰「厥罰常雨〔九〕」。雨則飢寒至，飢寒至則上下不相信，大臣〔一〇〕姦軌，民爲寇盜。民多被刑，則其〔一一〕服妖。服妖者〔一二〕，輕剛漂泆暴慢之服〔一三〕，以象風氣之化也。

## 校記

〔一〕「敬」，底本、元禄本、宛委本作「貌」，據抄本、嘉慶本、知不足本、常州本、集成本改。「人」，天文本、常州本作「民」。見毛詩卷一八之一大雅抑：「無競維人，四方其訓之。有覺德行，四國順之。訏謨定命，遠猶辰告。敬慎威儀，維民之則。」

〔二〕「有威」，常州本「有」上有「蓋」字，無「而」字。「而可象」，常州本無「而」字。春秋左傳卷四〇襄公三十一年：「何謂威儀？對曰：有威而可畏謂之威，有儀而可象謂之儀。君有君之威儀，其臣畏而愛之，則而象之，故能有其國家，令聞長世。臣有臣之威儀，其下畏而愛之，故能守其官職，保族宜家。順是以下皆如是，是以上下能相固也。衛詩曰『威儀棣棣，不可選也』，言君臣、上下、父子、兄弟、内外、大小皆有威儀也。」又孝經卷五聖治章：「德義可尊，作事可法，容止可觀，進退可度，以臨其民。是以其民畏而愛之，則而象之。故能成其德教，而行其政令。」孔安國古文孝經傳：「君有君之威儀，則臣下則而象之，故其在位可畏，施舍可愛，進退可度，周旋可則，容止可觀，作事可法，德誼可象，聲氣可樂，動作有文，言語有章，以臨其民，謂之有威儀也。」

〔三〕「其臣畏而愛之則而象之」，常州本無此十字。

〔四〕「在位」，常州本作「尊嚴」。

〔五〕「正其衣冠……不亦威而不猛」，常州本無此二十一字。論語卷二〇堯曰：「君子正其衣冠，尊其瞻視，儼然人望而畏之，斯不亦威而不猛乎？」

〔六〕「嚴」，天文本、常州本作「莊」。

〔七〕常州本無「又曰」二字；「人」，天文本、常州本作「民」。論語卷一五衛靈公：「知及之，仁不能守之，雖得之，必失之。知及之，仁能守之，不莊以涖之，則民不敬。」

〔八〕「怠慢驕恣……則上無威」二十字，常州本改作：「怠慢驕矜，坦率放浪，上不肅則下不敬矣。」

〔九〕「象至故曰」，常州本無。尚書大傳卷三洪範五行傳：「一曰貌。貌之不恭，是謂不肅。厥咎狂，厥罰常雨。」

〔一〇〕「大臣」，常州本作「臣則」。

〔一一〕「民多被刑則其」六字，常州本改作「甚至」。

〔一二〕「服妖服妖者」，底本、元禄本、宛委本、常州本作「服服妖妖者」，據抄本、嘉慶本、知不足本、集成本改。

〔一三〕「輕剛漂泆暴慢之服」八字，常州本改作「無非輕悍漂泆暴慢之狀」。漢書卷二七五行志中之上：「怠慢驕蹇，則不能敬萬事，失在狂易，故其咎狂也。上嫚下暴，則陰氣勝，故其罰常雨也。水傷百穀，衣食不足，則姦軌並作，故其極惡也。一曰，民多被刑，或形貌醜惡，亦是也。風俗狂慢，變節易度，則爲剽輕奇怪之服，故有服妖。」

言者，於易之道曰兑〔一〕，兑曰口，言之象〔二〕。人君言出令行，則從，故易曰〔三〕：「悦以使民，民忘其勞。悦以犯難，民忘其死〔四〕。」是以明君薄斂而厚禄，賞宜從重，罰宜從輕〔五〕，則順民心。故〔六〕其教不肅而成，其政不嚴而治〔七〕，此得民心〔八〕。民心得則衆歸之，衆歸之則民没世〔九〕且不忘之，況乎從其令也〔一〇〕。若君〔一一〕失衆心，政令不從，亢陽自消〔一二〕，群陰不附，而下畏君之重刑〔一三〕，則陽氣勝，陽氣勝則旱，故曰「厥罰常暘〔一四〕」。常暘則飢貧，飢貧不足，不足不敢正言，則先發於歌謡之口也。氣逆則惡言至，蟲蝗生，皆口事也。

## 校記

〔一〕「之道曰」三字，常州本改作「爲」。周易卷九説卦：「兑爲澤，爲少女，爲巫，爲口舌，爲毁折，爲附決。其於地也，爲剛鹵。爲妾，爲羊。」

〔二〕「言之象」，常州本改作「爲言語之樞」。

〔三〕「則從故易曰」，常州本無此五字。

〔四〕周易卷六兑卦：「説以先民，民忘其勞。説以犯難，民忘其死。説之大，民勸矣哉。」

〔五〕兩「宜」字，底本、抄本、元禄本、宛委本均作「疑」，據嘉慶本、知不足本、集成本改。尚書卷四大禹謨：「宥過無大，刑故無小。罪疑惟輕，功疑惟重。」

〔六〕「是以明君薄斂而厚禄賞宜從重罰宜從輕則順民心故」二十二字，常州本無。

〔七〕孝經卷九聖治：「聖人之教不肅而成，其政不嚴而治。」

〔八〕「此得民心」，常州本無。

〔九〕「没世」，底本作「死没」，天文本作「没死」，又引一本無「死」字，中國刊本作「没世」，據改。

〔一〇〕「則民没世且不忘之況乎從其令也」，常州本改作「則民親其上，死其長矣」。

〔一一〕「君」，常州本無。

〔二〕「政令不從亢陽自消」八字，常州本改作「不從政令，獨陽自亢」。

〔三〕「而下畏君之重刑」七字，常州本無。

〔四〕「故曰」，常州本無。漢書卷二七五行志中之上：「刑罰妄加，群陰不附，則陽氣勝，故其罰常陽也。」

視者，南方，目之象〔一〕。視曰明，明以知人爲本，於易爲離。離爲火，爲目。夫視不明，微弱不知所信，必長伺黨，仇親同類〔二〕，如此〔三〕賢者不進。賢者不進，則不肖者不退；不肖者不退，則犯上者不誅，無罪者横罰，百職廢壞，庶事滯塞，教政舒緩〔四〕，故曰「厥罰常燠〔五〕」。燠則冬氣泄，冬氣泄則不寒〔六〕，春夏氣錯〔七〕，疾疫起矣。犯上者不誅，則草犯霜而不死。貪取百姓之財〔八〕，則蝗螟亦食人之食矣。此皆視之所象也〔九〕。

## 校記

〔一〕「視者南方目之象」七字，常州本無。

〔二〕「離爲火……，仇親同類」二十三字，常州本改作「離爲目，目爲鑒察之官，視不明則不能辨賢奸。以直言敢諫爲非，阿諛曲從爲得，如是」。「仇」，天文本作「犯」，又引一本作「仇」。周易卷九説卦：「離爲火，爲日，爲電，爲中女，爲甲冑，爲戈兵。其於人也，爲大腹。爲乾卦，爲鱉，爲蟹，爲蠃，爲蚌，爲龜。其於木也，爲科上槁。」

〔三〕「如此」，常州本作「如是則」。

〔四〕「教政舒緩」，常州本改作「政教無常」。

〔五〕漢書卷二七五行志中之下：「傳曰：『視之不明，是謂不悊，厥咎舒，厥罰恒奧，厥極疾。』……盛夏日長，暑以養物，政弛緩，故其罰常奧也。……於易，剛而包柔爲離，離爲火，爲目。」

〔六〕「不寒」，底本、元禄本、嘉慶本、宛委本、知不足本、集成本作「不塞」，抄本作「不寒」，據改。常州本改作「冬行春令」。

〔七〕「春夏氣錯」，常州本無。

〔八〕「犯上者不誅……貪取百姓之財」十八字，常州本無。

〔九〕「此皆視之所象也」七字，常州本改作「此皆視不明之所致也」。

聽者〔一〕在耳，耳者於易，坎也〔二〕。古者聖王有進善之旌〔三〕，敢諫之鼓〔四〕，謀於芻蕘，所以博延〔五〕而廣聽也。人君不好謀則下莫敢言，下莫敢言則上無所聞，上無所聞則不聽。不聽者，由不謀政事，故曰不聽。無所聞知，庶事擁屈，怨在心口，喜怒不節，故曰急也。夫寒者急物，冬物皆枯急，枯急〔六〕，故曰「厥罰常寒」。常寒則不生百穀，不生百穀則民貧窮矣。故妖生於耳，以類相動，則有鼓妖聲音之類。坎爲彘，耳氣傷，有彘禍。水色黑，有黑災〔七〕。此皆聽也〔八〕。

## 校記

〔一〕「者」，常州本無。

〔二〕常州本「耳」下無「者」字；「坎」上有「爲」字。周易卷九説卦：「坎爲水，爲溝瀆，爲隱伏，爲矯輮，爲弓輪。其於人也，爲加憂，爲心病，爲耳痛。爲血卦，爲赤。」

〔三〕「旌」，天文本作「塗」。

〔四〕「敢」，抄本作「欲」。大戴禮記卷三保傅：「於是有進善之旍，有誹謗之木，有敢諫之鼓，鼓夜頌詩，工頌正諫，士傳民語。」

〔五〕「博延」，常州本作「採擇」。

〔六〕「則不聽」至「枯急」四十七字，常州本改作：「則政事之得失，庶民之順逆，無由而知。」

〔七〕「災」，底本作「交」，據天文本改。

〔八〕「故妖生於耳」至「此皆聽也」三十六字，常州本改作：「於是怨言載道，以類相感，則有厲氣妖孽之類應之。此皆聽不聽之爲害也。」漢書卷二七五行志中之下：「傳曰：『聽之不聰，是謂不謀，厥咎急，厥罰恒寒，厥極貧。』……盛冬日短，寒以殺物，政促迫，故其罰常寒也。寒則不生百穀，上下俱貧，故其極貧也。君嚴猛而閉下，臣戰栗而塞耳，則妄聞之氣發於音聲，故有鼓妖。……於易坎爲豕，豕大耳而不聰察，聽氣毀，故有豕禍也。……水色黑，故有黑眚黑祥。」

思者心，爲五事之主，猶土體〔一〕爲五行主也，於易爲坤。八正之氣，亦起於八風。風者，四時之主。思心得謂之容，容者能容畜臣子，故謂之聖也。思心不得，四者皆失，則不能容畜臣子，故曰「思心不容，是謂不聖〔二〕」，過在霿亂失紀。故風者於易巽也〔三〕，在三月四月，純陽而治，於陽則爲陰，於陰則爲陽，大臣之象。君既霿亂，則大臣專恣，大臣專恣而陰〔四〕氣盛，陰氣盛則應〔五〕，故「厥罰常風」。陰氣多者，陰而不雨，其甚也。常陰暗者〔六〕，苞承於心，心氣傷則爲暗妖〔七〕。易曰：「坤爲牛〔八〕。」坤，土也。土氣傷，則牛多死。又曰：「土爲〔九〕內事，內事亂，則有華孽〔一〇〕。」此皆思之事〔一一〕也。

五事所感，其例甚多，略舉如此。

## 校記

〔一〕「體」，常州本無。

〔二〕漢書卷二七五行志下之上：「傳曰：『思心之不容，是謂不聖，厥咎霿，厥罰恒風，厥極凶短折。』……貌言視聽，以心爲主，四者皆失，則區霿無識，故其咎霿。雨旱寒奧，亦以風爲本，四氣皆亂，故其罰常風也。」

〔三〕常州本無「故」「者」二字，「巽」上有「爲」字。周易卷九説卦：「巽爲木，爲風，爲長女，爲繩直，爲工，爲白，爲長，爲高，爲進退，爲不果，爲臭。其於人也，爲寡髮，爲廣顙，爲多白眼。爲近利市三倍。其究爲躁卦。」

〔四〕天文本「陰」上有「大臣專恣」四字。

〔五〕「則應」，常州本無。

〔六〕「者」，常州本無。

〔七〕「苞承於心心氣傷則爲暗妖」十一字，常州本無。

〔八〕周易卷九説卦：「坤爲地，爲母，爲布，爲釜，爲吝嗇，爲均，爲子母牛，爲大輿，爲文，爲衆，爲柄。其於地也，爲黑。」

〔九〕天文本「爲」上有「暗爲暗」三字。

〔一〇〕「華」，常州本作「災」。漢書卷二七五行志下之上：「劉向以爲於易巽爲風爲木，卦在三月四月，繼陽而治，主木之華實。風氣盛，至秋冬木復華，故有華孽。一曰，地氣盛則秋冬復華。一曰，華者色也，土爲内事，爲女孽也。於易坤爲土爲牛，牛大心而不能思慮，思心氣毁，故有牛禍。」

〔一一〕「事」，常州本作「不當而起」。

# 五行大義卷四



## 第十五　論律呂

春秋元命苞云：「律之爲言率也〔一〕。」續漢書云：「律，術也〔二〕。」律書云：「呂，序也，序述四時之氣，定十二月之位也。」陰陽各六，合有十二。陽六爲律，陰六爲呂〔三〕。

### 校記

〔一〕太平御覽卷一六引春秋元命苞曰：「律之爲言率也，所以率氣令達也（率，猶導也）。」

〔二〕陳立白虎通疏證卷四五行注：「續漢志：『律，術也。』爾雅釋言：『律，述也。』廣雅釋言：『率，述也。』輾轉相訓，義得通。」

〔三〕漢書卷二一律曆志上：「律十有二，陽六爲律，陰六爲呂。律以統氣類物，一曰黄鐘，二曰太族，三曰姑洗，四曰蕤賓，五曰夷則，六曰亡射。呂以旅陽宣氣，一曰林鐘，二曰南呂，三曰應鐘，四曰大呂，五曰夾鐘，六曰中呂。有三統之義焉。」

律六者，黄鍾、大蔟、姑洗、蕤賓、夷則、無射也。呂六者，林鐘、南呂、應鐘、大呂、夾鐘、仲呂也。史記云：「律曆者，天所〔一〕以運五行八正之氣，成熟萬物也。」

**校記**

〔一〕「所」，元弘本引一本無。

帝王世紀云：「黄帝使伶倫於大夏之西、崑崙之陰，取竹解谷〔一〕。其竅厚均者，斷兩節間，吹之以爲黄鐘之管，以象鳳鳴。雌雄各六，以定律呂，以分星次〔二〕。」伶洲鳩曰：「律所以立均出度也。」故云：「紀以三，平以六，成以十二，天之道也。」此六中之元，古之神瞽考中聲而量之以制，度律均鐘，故名黄鐘，所以宣養六氣。二曰大蔟，所以金奏，乃〔三〕贊陽出滯。三曰姑洗，所以脩潔百物，考神納賓。四曰蕤賓，所以安静神人，獻酬交酢。五曰夷則，所以詠歌九則，平民無貳。六曰無射，所以宣布哲人之令德，示民軌儀。爲之六間，以揚沈伏而黜散越。元〔四〕間大呂，助宣物也。二間夾鐘，出四隟之細。三間中吕，宣中氣也。四間林鐘，和展百事，俾莫不任肅純恪也。五間南吕，贊陽秀也。六間應鐘，均利器用，俾應復也。律吕不易，無姦物也〔五〕。

## 校記

〔一〕天文本「竹」下有「之」字；「解」，天文本作「嶰」。

〔二〕「帝王世紀云」，天文本引一本無「世」字。隋書卷三三經籍志二：「帝王世紀十卷，皇甫謐撰。起三皇，盡漢、魏。」所引文字爲該書佚文。吕氏春秋卷五仲夏紀古樂：「昔黄帝令伶倫作爲律。伶倫自大夏之西，乃之阮隃之陰，取竹於嶰谿之谷，以生空竅厚鈞者，斷兩節間，其長三寸九分，而吹之以爲黄鐘之宮，吹曰『舍少』。次制十二筒，以之阮隃之下，聽鳳皇之鳴，以別十二律。其雄鳴爲六，雌鳴亦六，以比黄鐘之宮，適合。黄鐘之宮，皆可以生之，故曰：黄鐘之宮，律吕之本。」

〔三〕「乃」，天文本無。

〔四〕「元」，底本、元禄本、宛委本、常州本作「無」，據元弘本、天文本、嘉慶本、知不足本、集成本改。

〔五〕國語卷三周語下：「（周景王）將鑄無射，問律於伶州鳩。對曰：『律所以立均出度也。古之神瞽考中聲而量之以制，度律均鍾，百官軌儀，紀之以三，平之以六，成於十二，天之道也。夫六，中之色也，故名之曰黄鍾，所以宣養六氣、九德也。由是第之。二曰太蔟，所以金奏，贊陽出滯也。三曰姑洗，所以修潔百物，考神納賓也。四曰蕤賓，所以安靖神人，獻酬交酢也。五曰夷則，所以詠歌九則，平民無貳也。六曰無射，所以宣布哲人之令德，示民軌儀也。爲之六閒，以揚沈伏而黜散越也。元閒大吕，助宣物也。二閒夾鍾，出四隙之細也。三閒仲吕，宣中氣也。四閒林鍾，和展百事，俾莫不任肅純恪也。五閒南吕，贊陽秀也。六閒應鍾，均利器用，俾應復也。律吕不易，無姦物也。』」

三禮義宗云：「律者，法也，言陽氣施生，各有其法。吕者，助也，助陽成功。一云：律，帥也，帥導陽氣，使之通達也。吕者，侣也，以對於陽，與之爲侣。亦吕，距也，諧〔一〕陰陽之氣，有時相距〔二〕。」明陽出則陰除，陰昇則陽損，故有相距之意。

## 校記

〔一〕「諧」，嘉慶本、知不足本、集成本作「謂」。

〔二〕所引爲三禮義宗佚文。參見晉書卷二二樂志上：「律之爲言法也，言陽氣施生各有法也；吕之爲言助也，所以助成陽功也。……十二月之管名爲大吕，吕者助也，謂陽氣方之，陰氣助也。」

續漢書云：「陽以圓爲形，其性動；陰以方爲節，其性静。動者數三，静者數二。以陽生陰而倍之〔一〕，以陰生陽半之，皆以三而一。陽生陰曰下生，陰生陽曰上生。皆參天兩地，圓蓋方覆，六偶承奇之道也〔二〕。」

## 校記

〔一〕天文本無「而」字。「倍」，底本、抄本、元禄本、宛委本作「陪」，據嘉慶本、知不足本、常州本、集成本改。

〔二〕後漢書律曆志上：「律術曰：陽以圓爲形，其性動；陰以方爲節，其性静。動者數三，静者數二。以陽生陰倍之，以陰生陽四之，皆三而一。陽生陰曰下生，陰生陽曰上生。上生不得過黄鍾之濁，下生不得及黄鍾之清。皆參天兩地，圓蓋方覆，六耦承奇之道也。黄鍾，律吕之首，而生十一律者也。」

淮南子云：「數始於一。一而不能生，故分爲陰陽，陰陽〔一〕合而生萬物。故一生二，二生三，三生萬物。故三月爲一時，所以祭有三飯，喪有三踊，兵有三令，皆以三爲節。三三如九，故黄鐘之律九寸而宫音調。因而以九之，九九八十一，黄鐘之數立焉〔二〕。」黄鐘之氣在子，十一月建焉，其辰在星紀，下生林鐘。林鐘之數五十四，氣在未，六月建焉。其辰鶉火，上生大蔟。大簇之數七十二，氣在寅，正月建焉。其辰諏訾，下生南吕。南吕之數四十八，氣在酉，八月建焉。其辰壽星，上生姑洗。姑洗之數六十四，氣在辰，三月建焉。其辰大梁，下生應鐘。應鐘之數四十二，氣在亥，十月建焉。其辰析木，上生蕤賓。蕤賓之数五十六，氣在午，五月建焉。其辰鶉首，上生大吕。大吕之數七十六，氣在丑，十二月建焉。其辰玄枵，下生夷則。夷則之數五十一，氣在申，七月建焉。其辰鶉尾，上生夾鐘。夾鐘之數六十八，氣在卯，二月建焉。其辰降婁，下生無射。無射之數四十五，氣在戌，九月建焉。其辰大火，上生中吕。中吕之數六十，氣在巳，四月建焉。其辰實沈，辰之與建交錯爲表裏，即其合然相生，以乾坤六體爲之。黄鐘初九，下生林鐘初六，又上生大蔟〔三〕。

## 校記

〔一〕「陰陽陰陽」，底本、元禄本、中國刊本作「陰陰陽」，元弘本作「陰陰陽陽」，據天文本改。

〔二〕淮南鴻烈卷三天文訓：「道曰規，始於一，一而不生，故分而爲陰陽，陰陽合和而萬物生，故曰『一生二，二生三，三生萬物』。天地三月而爲一時，故祭祀三飯以爲禮，喪紀三踊以爲節，兵重三罕以爲制。以三參物，三三如九，故黄鐘之律九寸而宫音調。因而九之，九九八十一，故黄鐘之數立焉。」

〔三〕淮南鴻烈卷三天文訓：「故黄鐘位子，其數八十一，主十一月，下生林鐘。林鐘之數五十四，主六月，上生太蔟。太蔟之數七十二，主正月，下生南吕。南吕之數四十八，主八月，上生姑洗。姑洗之數六十四，主三月，下生應鐘。應鐘之數四十二，主十月，上生蕤賓。蕤賓之數五十七，主五月，上生大吕。大吕之數七十六，主十二月，下生夷則。夷則之數五十一，主七月，上生夾鐘。夾鐘之數六十八，主二月，下生無射。無射之數四十五，主九月，上生仲吕。仲吕之數六十，主四月，極不生。」

氣。樂緯〔一〕云：「黄鐘中宫，數八十一，以天一地二人三之數，以增減律，成五音中和之氣。增治上生，減治下生。上生者，三分益一；下生者，三分減一。益者以四乘之，以三除之；減者以二乘之，以三除之。」

## 校記

〔一〕「緯」，天文本作「律」，又引一本作「緯」。下所引爲該書佚文。

三禮義宗云：「凡黄鐘之管，本長九寸〔二〕。」所以九者，陽數之極也。數之所起，起自於三。三才，天地人之道，合成數，故曰三才〔三〕。是以天地人各有三數。陽得兼三，故稱九；陰但兼二，故稱六。以陽得氣〔三〕兼三，故因而三之，三三如九，故陽數九爲極。所以管用九寸，以度陽氣。陽氣應時而發，此自然神驗者也。又上生大蔟九二，又下生南吕六二，又上生姑洗九三，又下生應鐘六三，又上生蕤賓九四，又下生大呂六四，又上生夷則九五，又下生夾鐘六五，又上生無射上九，又下生中呂上六。所以同位象夫妻，異位象母子，所謂「律娶妻而呂生子〔四〕」者也。

## 校記

〔一〕所引爲三禮義宗佚文。

〔二〕周易卷九説卦：「是以立天之道曰陰與陽，立地之道曰柔與剛，立人之道曰仁與義。兼三才而兩之，故易六畫而成卦。」

〔三〕「氣」，天文本無。

〔四〕漢書卷二一律曆志上：「參分損一，下生林鐘。參分林鐘益一，上生太族。參分太族損一，下生南呂。參分南呂益一，上生姑洗。參分姑洗損一，下生應鐘。參分應鐘益一，上生蕤賓。參分蕤賓損一，下生大呂。參分大呂益一，上生夷則。參分夷則損一，下生夾鐘。參分夾鐘益一，上生亡射。參分亡射損一，下生中呂。陰陽相生，自黄鐘始而左旋，八八爲伍。……三統合於一元，故因元一而九三之以爲法，十一三之以爲實。實如法得一。黄鐘初九，律之首，陽之變也。因而六之，以九爲法，得林鐘初六，呂之首，陰之變也。皆參天兩地之法也。上生六而倍之，下生六而損之，皆以九爲法。九六，陰陽夫婦子母之道也。（顔注引孟康曰：『異類爲子母，謂黄鐘生林鐘也。同類爲夫婦，謂黄鐘以大呂爲妻也。』）律娶妻（顔注引如淳曰：『黄鍾生林鍾。』）而呂生子，（顔注引如淳曰：『林鍾生太族。』）天地之情也。」

白虎通曰：「黄鍾何？黄，中和之氣；鍾者，動也。言陽於黄泉之下動萬物也〔一〕。」淮南子云：「黄，土色；鍾者，氣之所動。黄鍾爲君，冬至得之〔二〕。」三禮義宗云：「鍾，應也。言陽氣潛動於黄泉之下，應養萬物，萌牙欲出。」

**校記**

〔一〕白虎通卷四五行：「月令十一月律謂之黄鍾何？黄者，中和之色；鍾者，動也。言陽氣於黄泉之下動，養萬物也。」

〔二〕淮南鴻烈卷三天文訓：「黄者，土德之色；鍾者，氣之所種也。日冬至德氣爲土，土色黄，故曰黄鍾。」

大呂，大者，太也；呂者，距也。言陽氣欲出，陰距難也〔一〕。淮南子云：「呂者，旅也，旅而支也〔二〕。」三禮義宗云：「呂，助也。十二月陽方生長，陰氣助之，生育之功，其道廣大也。故一云：呂者，侶也，與陽爲侶，對生萬物〔三〕」。

### 校記

〔一〕白虎通卷四五行：「十二月律謂之大呂何？大者，大也；呂者，拒也。言陽氣欲出，陰不許也。呂之爲言拒也，旅抑拒難之也。」

〔二〕「支」，天文本作「友」，又引一本作「支」，嘉慶本、知不足本、集成本作「去」。淮南鴻烈卷三天文訓：「指丑，丑者，紐也，律受大呂。大呂者，旅旅而去也。」

〔三〕所引爲三禮義宗佚文。淮南鴻烈卷三天文訓：「加十五日指丙則芒種，音比大呂。」高誘注：「大呂，十二月也。呂，侶也。萬物萌動於下，未能達見，故曰大呂。所以配黃鐘，助陽宣功也。」

大蔟言萬物始大，湊地而出也。淮南子云：「萬物蔟而未出也〔一〕。」三禮義宗云：「蔟者，湊之義也。正月之時，萬物始大，蔟地而出〔二〕。」

### 校記

〔一〕淮南鴻烈卷三天文訓：「指寅，則萬物螾螾也，律受太蔟。太蔟者，蔟而未出也。」

〔二〕所引爲三禮義宗佚文。白虎通卷四五行：「太亦大也，蔟者湊也。言萬物始大，湊地而出也。」

夾鐘者，言萬物孚甲〔一〕，種〔二〕類而出也。淮南子云：「種始夾也〔三〕。」三禮義宗云：「夾者，佐也。二月之中，物未盡出，陰佐陽氣，應時〔四〕而出。一云：夾者，俠也，言萬物爲孚甲所俠，至此方解，鐘應而出〔五〕。」

### 校記

〔一〕「甲」，天文本作「夾」。

〔二〕「種」，天文本作「鍾」。

〔三〕「種」，天文本作「鍾」，又引一本作「種」。淮南鴻烈卷三天文訓：「指卯，卯則茂茂然，律受夾鍾。夾鍾者，種始莢也。」

〔四〕「時」，底本、抄本、元禄本、宛委本、常州本作「物」，據嘉慶本、知不足本、集成本改。

〔五〕所引爲三禮義宗佚文。

姑洗者，姑者，古也；洗者，鮮也。萬物去故就新，莫不鮮明也。淮南子云：「姑洗，陳去而新來也〔一〕。」三禮義宗云：「姑者，枯也；洗，濯之義。三月物生新潔，洗除其枯也〔二〕。」

### 校記

〔一〕淮南鴻烈卷三天文訓：「指辰，辰則振之也，律受姑洗。姑洗者，陳去而新來也。」

〔三〕所引爲三禮義宗佚文。白虎通卷四五行：「三月律謂之姑洗何？姑者，故也；洗者，鮮也。言萬物皆去故就其新，莫不鮮明也。」

義。中呂者，萬物當中皆出也。淮南子云：「中，充也〔一〕。」三禮義宗云：「呂者，距難之義。言陰欲出，陽氣在於中距執之。一云：呂者，四月之時，陽氣盛長，陰助功微，故云爾〔二〕。」

## 校記

〔一〕「中」，常州本作「仲」；「充」，底本、天文本、元祿本、中國刊本作「宛」，據元弘本改。參見淮南鴻烈卷三天文訓：「指巳，巳則生已定也，律受仲呂。仲呂者，中充大也。」陳立白虎通疏證卷四五行「四月謂之仲呂何？言陽氣將極中充大也，故復中難之也」，注：「五行大義引義宗云：『呂者，距也，難之義，言陰欲出，陽氣在於中距執之。』」

〔二〕所引爲三禮義宗佚文。

蕤賓者，蕤，下也；賓，敬也。言陽氣下降，故敬之也。淮南子云：「蕤賓，安而服

也〔一〕。」三禮義宗云：「蕤者，垂下之義；賓者，敬〔二〕也。五月陽氣下降，陰氣始起，共相

賓敬〔三〕。」

校記

〔一〕淮南鴻烈卷三天文訓：「指午，午者，忤也，律受蕤賓。蕤賓者，安而服之。」

〔二〕「敬」，底本、元禄本、宛委本、常州本作「微」，據抄本、嘉慶本、知不足本、集成本改。

〔三〕所引爲三禮義宗佚文。陳立白虎通疏證卷四五行「蕤者，下也」，注：「五行大義引三禮義宗云：『蕤者，垂下之義……共相賓敬。』」

林鐘者，林，衆也。萬物成熟，種類衆多也。淮南子云：「林鐘，引而止之也〔一〕。」三禮義宗云：「林，茂盛也。六月之中，物皆盛茂，聚積於野，故爲林也〔二〕。」

校記

〔一〕淮南鴻烈卷三天文訓：「指未，未，昧也，律受林鐘。林鐘者，引而止也。」王念孫讀書雜志九淮南内篇第三天文「引而止也。呻之也」條：「林鍾者，引而止也。指申，申者，呻之也。念孫案：『之』字當在上文『引而止』下，今本誤在『呻』字下，則文不成義（自『午者忤也』至『丑者紐也』，『也』上皆無『之』字）。五行大義論律吕篇、論支榦名篇及太平御覽引此竝云：『林鍾者，引而止之也。申者，呻也。』是其證。」

〔三〕所引爲三禮義宗佚文。

夷則者，夷，傷也；則，法也。言萬物始傷，被刑法也。淮南子云：「夷則，易其則也〔一〕。」三禮義宗云：「夷，平也；則，法也。七月萬物將成，平均結實，皆有法則，德吉也〔二〕。」

校　記

〔一〕淮南鴻烈卷三天文訓：「指申，申者，呻之也，律受夷則。夷則者，易其則也，德以去矣。」

〔二〕所引爲三禮義宗佚文。

南吕者，南，任也，言陽氣有，任生孳長也〔一〕。淮南子云：「南吕者，任苞大也〔二〕。」三禮義宗云：「南，任也。八月之中，物皆含秀，有懷任之象，助成功之義〔三〕。」

校　記

〔一〕白虎通卷四五行：「八月謂之南吕何？南者，任也。言陽氣尚有，任生薺麥也，故陰拒之也。」

〔二〕淮南鴻烈卷三天文訓：「指酉，酉者，飽也，律受南吕。南吕者，任包大也。」

〔三〕所引爲三禮義宗佚文。

無射者，射，終也，言萬物隨陽而終，當復隨陰而起，無終已也〔一〕。淮南子云：「無射者，人之無厭也〔二〕。」三禮義宗云：「射，厭也，厭惡之義。九月物皆成實，無可厭惡〔三〕。」

校記

〔一〕白虎通卷四五行：「九月謂之無射何？射者，終也。言萬物隨陽而終，當復隨陰而起，無有終已也。」

〔二〕淮南鴻烈卷三天文訓：「指戌，戌者，滅也，律受無射。無射，入無厭也。」

〔三〕所引爲三禮義宗佚文。

應鐘者，言萬物應時而鐘下藏也〔一〕。淮南子云：「應其所鐘〔二〕。」三禮義宗云：「十月之時，歲功皆成，陰氣之用，應陽之功，收而聚積，故云鐘也。亦云：應者，應和之義，言此時將復應陽氣而動於下也〔三〕。」

校記

〔一〕白虎通卷四五行：「十月謂之應鐘何？應者，應也。鐘者，動也。言萬物應陽而動下藏也。」

〔二〕淮南鴻烈卷三天文訓：「指亥，亥者，閡也，律受應鐘。應鐘者，應其鐘也。」

〔三〕所引爲三禮義宗佚文。

樂緯云：「黄鐘爲宫，林鐘爲徵，大蔟爲商，南吕爲羽，姑洗爲角，應鐘爲變宫，蕤賓爲變徵，以次配之，五音備矣。黄鐘下生林鐘，故林鐘爲徵，次黄鐘。林鐘上生大蔟，故大蔟爲商，次林鐘。大蔟下生南吕，故南吕爲羽，次大蔟。南吕上生姑洗，故姑洗爲角，次南吕。姑洗下生應鐘，故應鐘爲變宫，次姑洗。應鐘上生蕤賓，故蕤賓爲變徵。凡有七音，圜相爲宫。七音者，蓋以相生數七故也。始〔一〕黄鐘生林鐘，自十二月至六月，凡七月也〔二〕。」服虔解云：「七律爲七音〔三〕。」外傳解云：「武王剋商，歲在鶉火，日在天駟，鶉火去天駟凡七宿。又地辰日在甲子，從子至午又七。天象、地辰其數皆七，聖人以律同其數，以聲招之，故以七音〔四〕。」樂以七律配七始，故以定三元四時。故黄鐘以配天，林鐘以配地，大蔟以配人，姑洗以配春，蕤賓以配夏，南吕以配秋，應鐘以配冬。

## 校　記

〔一〕「始」，天文本作「如」，又引或本作「始」。

〔二〕所引爲樂緯佚文。

〔三〕周禮卷二三春官宗伯小胥「凡縣鍾磬，半爲堵，全爲肆」，賈疏引服虔注云：「七律爲七器音，黄鍾爲宫，林鍾爲徵，大蔟爲商，南吕爲羽，姑洗爲角，應鍾爲變宫，蕤賓爲變徵。外傳曰：『武王克商，歲在鶉火，月在天駟，日在析木之津，辰在斗柄，星在天黿。』鶉火及天駟，七列也。南北之揆，七月也。」孫詒讓周禮正義卷四四春官小胥「七月」作「七同」。

〔四〕國語卷三周語下：「王曰：『七律者何？』對曰：『昔武王伐殷，歲在鶉火，月在天駟，日在析木之津，辰在斗柄，星在天黿。星與日辰之位，皆在北維。……自鶉及駟，七列也。南北之揆，七同也。凡人神以數合之，以聲昭之，數合聲和，然後可同也。故以七同其數，而以律和其聲，於是乎有七律。』」

凡三元者，周以建子月爲天正，故黄鐘之管配之。殷以建丑月爲地正，應以大吕之管配之，但陰數偶，未土王，又爲天社，故取其衝，應地之氣，以林鐘之管配之。夏以建寅月爲人正，故大蔟之管配之。夫陽德自處，故以即位爲正；陰德在他〔一〕，故取其衝。

## 校記

〔一〕「他」，天文本作「地」。

漢書律曆志云：「三元〔一〕者，天施，地化，人事之紀也。十一月，乾之初九，陽氣伏於地下，始著爲一，萬物萌動，鍾於太陰，故黄鍾爲天元，律長九寸。九者，所以窮極中和，爲萬物之元也，易曰『立天之道，曰陰與陽〔二〕』是也。六月，坤之初六，陰氣受任於大陽，繼養化軟，萬物生長，楙之末，令種剛强大，故林鍾爲地元〔三〕，律長六寸。六者，所以陰承陽之施，樹〔四〕之於六合之内，令剛柔〔五〕有體也。『立地之道，曰柔與剛』是也。『乾知大始，坤作成物〔六〕。』正月，乾之九三，萬物棣通，蔟出於寅，人〔七〕奉而成之，仁以養之，義以行之，令事物各得其理。寅，木也，爲仁；其聲，商也，爲義。故大蔟爲人元，律長八寸。八象於卦，庖羲氏之所以順天地，通神明，類萬物之情也。『立人之道，曰仁與義』是也。『在天成象，在地成形。』『后以裁成天地人道。』是爲三元，律之始也〔八〕。」

## 校記

〔一〕「元」，天文本引一本作「統」。後「地元」「人元」「三元」同。

〔二〕周易卷九説卦：「昔者聖人之作易也，將以順性命之理，是以立天之道曰陰與陽，立地之道曰柔與剛，立人之道曰仁與義。」

〔三〕「元」，天文本作「統」。

〔四〕「樹」，天文本作「楙」。

〔五〕「剛柔」，天文本作「軟」，又引一本作「剛柔」。

〔六〕見周易卷七繫辭上。

〔七〕「蔟出於寅人」，天文本作「蔟出於黄泉」，又引一本作「棣通發出於寅人」。

〔八〕漢書卷二一律曆志上：「三統者，天施，地化，人事之紀也。十一月，乾之初九，陽氣伏於地下，始著爲一，萬物萌動，鐘於太陰，故黄鐘爲天統，律長九寸。九者，所以究極中和，爲萬物元也。易曰：『立天之道，曰陰與陽。』六月，坤之初六，陰氣受任於太陽，繼養化柔，萬物生長，楙之於未，令種剛彊大，故林鐘爲地統，律長六寸。六者，所以含陽之施，楙之於六合之内，令剛柔有體也。『立地之道，曰柔與剛。』『乾知太始，坤作成物。』正月，乾之九三，萬物棣通，族出於寅，人奉而成之，仁以養之，義以行之，令事物各得其理。寅，木也，爲仁；其聲，商也，爲義。故太族爲人統，律長八寸，象八卦，宓戲氏之所以順天地，通神明，類萬物之情也。『立人之道，曰仁與義。』『在天成象，在地成形。』『后以裁成天地之道，輔相天地之宜，以左右民。』此三律之謂矣，是爲三統。」

感精符云：「十一月建子，天始施之端，謂之天統，周正，服色尚赤，象物萌色赤也。十二月建丑，地始化之端，謂之地統，殷正，服色尚白，象物牙色白。正月建寅，人始化之端，謂之人統，夏正，服色尚黑，象物生色黑也。此三正律者，亦以五德相承，以前三皇爲正，謂天皇、地皇、人皇，皆以天地人爲法，周而復始。其歲首所書，乃因以爲名，欲體三材之道，而君臨萬邦。故受天命而王者，必調六律而改正朔，受五氣而易服色，法三正之道也。周以天統，服色尚赤者，陽道尚左，故天左旋，周以木德王，火是其子，火色赤，左行，用其赤色也。殷以地統，服色尚白者，陰道尚右，其行右轉，殷以水德王，金是其母，金色白，故右行，用其白色。夏以人統，服色尚黑者，人亦尚左，夏以金德王，水是其子，水色黑，故左行，用其黑色〔一〕。」又云：「帝王之興，多從符瑞。周感赤雀，故尚赤。殷致白狼，故尚白。夏錫玄珪，故尚黑〔二〕。」此皆先兆氣王之符，子母相助之義。如漢以火德，鎮星之精，降爲黄石，授子房以兵信，助沛公而滅楚，非五運之色，相扶爲用。孔子云「夏正得天〔三〕」，此謂得天道四時之氣，應八節生殺之期也。故云「行夏之時，乘殷之輅，服周之冕〔四〕」，兼三代而爲法，蓋取其可久者也。秦以建亥之月而爲歲首。漢初，因秦正朔。自魏已後自用夏正，至今無改，以其得天氣也。

## 校記

〔一〕「感精符」，春秋緯十四種之一。宋以後散佚。所引當爲佚文。黄奭黄氏逸書考通緯所引有縮略。

〔二〕所引爲感精符佚文。

〔三〕孔子佚文。孫星衍據此輯入孔子集語卷五六藝下。

〔四〕論語卷一五衛靈公：「顔淵問爲邦。子曰：『行夏之時，乘殷之輅，服周之冕。』」

又遁甲、太一、九宫、元辰，皆有三元，竝起甲子。初爲天元，盡六甲，次甲子爲地元，又次甲子爲人元。遁甲以冬夏二至後、甲巳之日夜半時爲甲子元首。三元各分爲三，故一百八十日爲元，卒陰陽兩道，盡一歲之用。太一以初元甲子六十年爲一紀，次甲子爲第二紀，滿六紀三百六十年爲一周。九宫别以己亥爲元首，分爲五元，初己亥六十年爲天元，次己亥六十年爲地元，次己亥六十年爲人元，次己亥六十年爲河元，次己亥六十年爲海元〔一〕。九年一周，四九三十六，亦周六甲之大數也。三元正朔，竝從律吕，應歷定時，皆配五行，故同此釋。

## 校記

〔一〕俞正燮癸巳類稿卷一〇書煙波釣叟歌後：「太一即天一，三年一移，其三元法亦别。五行大義云：『遁甲以冬夏二至後、甲巳之日夜半時爲甲子。』則九宫太一也。又云：『太一以初元甲子六十年爲一紀，三百六十年一周。』則紀年之法。又云：『九宫别以己亥爲元首，分爲五元，初己亥六十年天元，次六十年地元，次人元，次河元，次海元。』」

## 第十六　論七政

夫七政者，乃是玄象之端，正天之度。王者仰之，以爲治政，故謂之政。七者，數有七也。凡有三解。一云，日月五星，合爲七政〔一〕。二云，北斗七星爲七政〔二〕。三云，二十八宿，布在四方，方別七宿，共爲七政〔三〕。此三種七政，皆配五行，竝三辰之首也。

### 校記

〔一〕尚書卷三舜典「以齊七政」，孔傳：「七政，日月五星各異政。」

〔二〕星經卷上北斗：「北斗星謂之七政。」

〔三〕史記卷二五律書：「七正二十八舍。」司馬貞索隱：「七正，日月五星。七者可以正天時。又孔安國曰『七正，日月五星各異政』也。二十八舍，七正之所舍也。舍，止也。宿，次也。言日月五星運行，或舍於二十八次之分也。」

日月五星爲七政者，尚書考靈耀七政曰：「日月者，時之主也。五星者，時之紀也。故曰：在璇璣玉衡，以齊七政〔一〕。」又有〔二〕五政，謂〔三〕五行之政。七政即日月五星也。日者，河圖汁光篇云：「日爲陽精，始日實也〔四〕。」元命苞云：「陽以一起，故日日行一度。陽成於三，故有三足烏。烏者陽精，其言僂呼。俗人見僂呼似烏，故以名之〔五〕。」又云：「火精陽氣，故外熱内陰，象烏也。日尊故滿，滿故施，施故仁，仁故精。精在外，在外故大，日外暑〔六〕，外暑故陽精外吐。天有三百六十五度四分度之一，布在四方。日日一歷無差遲，使四方合如一，故其字四合一也〔七〕。」白虎通云：「日徑千里，圍〔八〕三千里，下於天七千里〔九〕。」太玄經云：「日一南萬物死，日一北萬物生。」物理論云：「夏則陽盛而陰衰，故晝長而夜短；冬則陰盛而陽衰，故晝短而夜長。行陽道長，出入卯酉之北；行陰道短，出入卯酉之南。春秋陰陽等，故行中道，晝夜等也〔一〇〕。」考靈耀云：「春一日，日出卯入酉，昴星一度，中而昏，斗星十二度，中而明。仲夏一日，日出寅入戌，心星五度，中而昏，營室十度，中而明。秋一日，日出卯入酉，須女四度，中而昏，東井十一度，中而明。仲冬一日，日出辰入申，奎星一度，中而昏，氐星九度，中而明。卯酉陰陽交會，日月至此爲中道，萬物盛衰出入之所，故號二八之門，以當二八月也〔一一〕。」故詩推度災云：「卯酉之際爲改政〔一二〕。」

## 校記

〔一〕「尚書考靈耀」，尚書緯之一，全書已佚，後有孫穀古微書、馬國翰玉函山房輯佚書、趙在翰七緯、黄奭黄氏逸書考通緯、喬松年緯攟等輯本。皮錫瑞駁五經異義疏證卷一〇：

「考靈曜，本尚書緯篇名。余見日本國所傳隋蕭吉五行大義卷四論七政引尚書考靈曜七政曰：『日月者，時之主也。五星者，時之紀也。故曰：在璇璣玉衡，以齊七政。』據此，考靈曜有七政篇題。」所引爲該書佚文。尚書卷三舜典：「正月上日，受終於文祖。在璿璣玉衡，以齊七政。」

〔二〕「又有」，底本、元弘本、元祿本、宛委本、嘉慶本、知不足本、集成本作「七政」，據常州本改。

〔三〕嘉慶本、知不足本、集成本「謂」下有「日月」二字。

〔四〕「汁」，底本、元祿本、宛委本、常州本、集成本作「汗」，據嘉慶本、知不足本改。天文本無「始」字。安居香山等緯書集成河圖編河圖叶光紀：「叶，一作汁，一作汙，一作抃，或汴。紀，一作圖，一作篇。」所引爲該書佚文。陳立白虎通疏證卷九日月「日之爲言實也，常滿有節」，注：「大義引汁光紀云：『日爲陽精，故日實也。』」太平御覽卷八六九火部二引河圖汴光篇曰：「陽精散而分布爲火。」

〔五〕天文本「名」上有「備」字，又引一本無。太平御覽卷三天部三引春秋元命包曰：「陽數起於一，成於三，故日中有三足烏。」俞正燮癸巳存稿卷六日月古證文答宣城張徵士炯：「古今名義不相蒙者，儒者當知其意。……五行大義云：『三足烏者，陽精，其言僂呼，俗人見僂呼似烏，故以名之。又云：『火外熱内陰，象烏也。』』」黄奭黄氏逸書考通緯春秋元命苞：「大義論七政第十六。」後漢書班固傳注引『烏者，陽之精。』初學記烏部引『日中有三足烏者，陽精，其僂呼也。』御覽羽族部七引『陽數起於一，成於三，故日中有三足烏，烏有三足，烏者陽精，其僂呼也。』楚詞王注同，無『其僂呼也』。又御覽天部三引『陽數』十五字。又文選七命注，首二句作『陽成於三』，無『烏有三足』與『其僂呼也』。」王仁俊玉函山房輯佚書續編經編緯書類據此分三段輯入春秋緯元命苞。

〔六〕「精在外在外故大日外暑」，天文本無「精在外」三字，又引一本作「在外精在外故日」。「暑」，中國刊本作「景」，下同。

〔七〕太平御覽卷三天部三引春秋元命包：「又曰：一歲三百六十五日四分度之一，言陽布散，立數合一，故立字四合其一。」王仁俊玉函山房輯佚書續編經編緯書類據此本分二段輯入春秋緯元命苞。

〔八〕「圍」，天文本引或本作「周」。

〔九〕孫星衍尚書今古文注疏卷一虞夏書一堯典第一上「光被四表，格于上下」，疏：「五行大義引白虎通云：『日徑千里，圍三千里，下於天七千里。』今本白虎通脱文。」陳立白虎通疏證卷九日月：「日月徑皆千里也。所以必有晝夜何？備陰陽也。日照晝，月照夜。」注：「大義引此下有『日徑千里，圍三千里，下於天七千里』，似當補入。」

〔一〇〕太平御覽卷四天部四引物理論曰：「日者，太陽之精也。夏則陽盛陰衰，故晝長夜短；

冬則陰盛陽衰，故晝短夜長。氣引之也。行陽之道長，故出入卯酉之北；行陰之道短，故出入卯酉之南。春秋陰陽等，故日行中平，晝夜等也。」

〔一〕「二八月也」，天文本作「二月八月也」。王仁俊玉函山房輯佚書續編經編緯書類引至「萬物盛衰出入之所」。

〔二〕「災」，底本、元祿本、宛委本作「交」，據抄本、嘉慶本、知不足本、常州本、集成本改。初學記卷二一文部「五際六情」：「詩推度災曰：『建四始五際而節通，卯酉之際爲革政，午亥之際爲革命，神在天門，出入候聽。』」王仁俊玉函山房輯佚書續編經編緯書類輯入詩緯汜歷樞：「俊按：此大義引推度災，蓋誤。據詩周南關雎正義引汜歷樞『卯酉之際爲改正』可證。」

漢書天文志云：「日者君之象。君行急則日行疾，君行緩則日行遲〔一〕。」遲疾失其常則蝕，蝕在交道也。蝕者陰侵陽，臣凌君之象也，故日蝕〔二〕修德以攘之。月者，春秋元命苞云：「月者陰精，爲言闕也。中有蟾蜍與兔者，陰陽兩居相附託。抑詘合陽結治，其內光炬，中氣似文〔三〕耳。兔善走，象陽動也。兔之言僖呼，僖呼，温煖名也〔四〕。月，水之精，故內明而氣冷。陰生不滿者，詘於君也。至望而盈者，氣事合也。盈而缺者，詘嚮尊也。其氣卑，卑故脩表成緯。陰受陽精，故精在內，所以金水內景。內景故陰精〔五〕沈執不動，月爲陰精體，自無光，籍日照之乃明，猶如〔六〕臣自無威，假君之勢，乃成其威。月初未政對日，故無光缺。月半而與日相對，故光滿。十六日已後漸缺，亦漸不對日也〔七〕。」

## 校記

〔一〕漢書卷二六天文志：「凡君行急則日行疾，君行緩則日行遲。日行不可指而知也，故以二至二分之星爲候。」

〔二〕「蝕」，天文本作「食」。

〔三〕「文」，天文本作「之」，又引一本作「文」。

〔四〕「僖呼僖呼」，底本、刊本作「僖僖呼呼」，據抄本改。俞正燮癸巳存稿卷六日月古證文答宣城張徵士炯：「五行大義引元命包云：『兔居月中者，抑詘合陽也。中氣似文，象陽動也。兔之言僖僖呼呼，温暖名也。』」

〔五〕「陰精」，底本、中國刊本作「精陰」，據抄本、元禄本改。

〔六〕「如」，天文本作「以」。

〔七〕陳立白虎通疏證卷九日月「月之爲言闕也」，注：「大義引元命苞云：月者陰精，爲言闕也。月初未正對日，故無光缺。」文選卷一三謝希逸月賦「引玄兔於帝臺，集素娥於後庭」，李善注引春秋元命苞曰：「月之爲言闕也，兩説蟾蠩與兔者，陰陽雙居，明陽之制陰，陰之倚陽。」又見太平御覽卷四天部四引五經通義曰：「月中有兔與蟾蠩何？月，陰也，蟾蜍，陽也，而與兔並明，陰係於陽也。」王仁俊玉函山房輯佚書續編經編緯書類據此輯入春秋緯元命苞：「俊按：『月爲陰』下，疑是蕭氏斷語，姑録之。」

漢書天文志云：「月日行十三度四分度之一。立春、春分，東從青道。立秋、秋分，西從白道。立冬、冬至，北從黑道。立夏、夏至，南從赤道。季夏行中道。赤青出陽道，白黑出陰道〔一〕。」晦而見西方，謂之朓。朔而見東方，謂之朒。若君舒緩臣驕慢，故日行遲而月行疾。君肅急則臣恐懼，故日行疾而月行遲，不敢迫近君位也。其行遲疾失度亦蝕。蝕者當日之衝，有闇虚。闇虚當月則月蝕，當星則星亡。月蝕者，陽侵陰也。董仲舒云：「於人妃后大臣諸公之象。月爲刑，故月蝕脩刑以攘之〔二〕。」

## 校　記

〔一〕漢書卷二六天文志：「月有九行者：黑道二，出黄道北；赤道二，出黄道南；白道二，出黄道西；青道二，出黄道東。立春、春分，月東從青道；立秋、秋分，西從白道；立冬、冬至，北從黑道；立夏、夏至，南從赤道。然用之，一決房中道。青赤出陽道，白黑出陰道。若月失節度而妄行，出陽道則旱風，出陰道則陰雨。」

〔二〕「公」，抄本、元禄本作「侯」。「董仲舒云」，不見董著及相關文獻，所引爲佚文。「月蝕脩刑」云云，見魏書卷七高祖紀下：「（太和十二年九月）甲午，詔曰：『日月薄蝕，陰陽之恒度耳，聖人懼人君之放怠，因之以設誡，故稱「日蝕修德，月蝕修刑」。迺癸巳夜，月蝕盡。公卿已下，宜慎刑罰以答天意。』」

五星者，説文云：「星者，萬物之精〔一〕。」或曰：「日分爲星，故其字日下生〔二〕。」史記云：「星，金之散精〔三〕。」星隕爲石，此金是也。春秋云：「隕石于宋〔四〕。」隕，星也。又云：「星者，陰精，金亦陰也〔五〕。」別〔六〕而言之，各配五行，不獨主金。

## 校記

〔一〕説文解字晶部：「曐，萬物之精，上爲列星。從晶，從生聲。一曰象形，從口。古口復注中，故與日同。」段注：「管子云：『凡物之精，此則爲生。下生五穀，上爲列星。流於天地之間謂之鬼神，藏於胸中謂之聖人。』星之言散也，引申爲碎散之稱。」

〔二〕段玉裁説文解字注晶部引春秋説題辭云：「星之爲言精也，陽之榮也。陽精爲日，日分爲星。故其字日生爲星。」

〔三〕史記卷二七天官書：「星者，金之散氣，其本曰火。星衆，國吉；少則凶。」裴駰集解引孟康曰：「星，石也。」

〔四〕春秋經卷一四僖公十六年：「十有六年，春，王正月，戊申，朔，隕石于宋，五。」

〔五〕春秋左傳卷一四僖公十六年：「十六年，春，『隕石于宋，五』，隕星也。」杜注：「但言星，則嫌星使石隕，故重言隕星。」

〔六〕「别」，底本、元禄本、嘉慶本、宛委本、知不足本、集成本作「列」，據抄本、常州本改。

歲星，木之精〔一〕，其位東方，主春，蒼帝之子，人主之象，五星之長，司農之官，主福慶。凡有六名：一名攝提，二名重華，三名應星，四名纏星，五名紀星，六名脩人星〔二〕。其所主國曰吴、齊。超舍而前爲盈，退舍爲縮。行邪則主邪，行正則主正。政急則行疾，政緩則行遲。酷則行陰，和則行陽。行陽則旱，行陰則水。治則順度，亂則逆行。以其主歲，故名歲星。

## 校記

〔一〕漢書卷二六天文志：「歲星曰東方春木，於人五常仁也，五事貌也。仁虧貌失，逆春令，傷木氣，罰見歲星。歲星所在，國不可伐，可以伐人。超舍而前爲贏，退舍爲縮。」

〔二〕史記卷二七天官書：「歲星，一曰攝提，曰重華，曰應星，曰紀星。」又太平御覽卷七天部七引天官星占曰：「歲星，其國齊，其位東方，蒼帝之子，人主之象也。其色明而内實暗，天下安寧。夫歲星所居國，人主有福，不可加以兵。歲星一曰攝提，一曰重華，一曰應星，一曰經星，一曰修人。歲星動，人主怒。無光，仁道失。歲星順行，仁德加也。歲星，農官也，主五穀。」

熒惑，火之精，其位南方，主夏，赤帝之子，方伯之象，五星之伯〔一〕。上承太一，下司人君，謂天子理也。伺無道，出入無常，爲天伺察。所往主兵亂賊喪飢疾。凡有二名，一名罰星，二名執法。其所主國曰荆、越。是太白之雄，出南爲熒惑，居西爲天理，在東爲縣息。以其出入無常，故名熒惑。

校記

〔一〕漢書卷二六天文志：「熒惑曰南方夏火，禮也，視也。」又太平御覽卷七天部七引天官星占曰：「熒惑主夏，位在南，赤帝之子，方伯之象也。」

鎮星，土之精，其位中央，主四季，女主之象，主德，爲五星之王〔一〕。一名地候〔二〕，伺女主之邪正，入陽則爲外，入陰則爲内。四星皆失，鎮星乃爲動。以其鎮宿不移，故名鎮星。

校記

〔一〕漢書卷二六天文志：「填星曰中央季夏土，信也，思心也。」又太平御覽卷七天部七引天官星占曰：「鎮星主德，女主之象也。所居國有德，不可以軍加也。」

〔三〕「候」，天文本作「侯」。明人朱謀㙔駢雅卷五上「地侯，鎮星也」，魏茂林訓纂：「鎮或作填。開元占經填星占篇引荆州占云：『填星，其行歲填一宿，故名填星。』又引石氏云：『填星，一名地侯。』天官書同。太平御覽引春秋元命包『立地侯』，宋均注云：『地侯，鎮星別名也。』按：五行大義四論七政『地侯』作『地候』。」

太白，金之精，其位西方，主立〔一〕秋，白帝之子，大將之象，以司兵凶。日南方，太白居其南，日北方，太白居其北，曰盈。日南方〔二〕，太白居其北，日北方〔三〕，太白居其南，曰縮〔四〕。未可出東方而出東方，名重華；未可下東方而下東方，名少歲；未可出西方而出西方，名太白；未可下西方而下西方，名白省〔五〕。凡有六名：一名天相，二名天政，三名大臣，四名大皓，五名明星，六名大囂〔六〕。詩云：「東曰啓明，西曰長更〔七〕。」其所主國曰秦、晉、鄭。太白是歲星之雄，太白主兵。兵，西方；金，色白；故曰太白。

## 校記

〔一〕「立」，天文本無，又引一本有。

〔二〕「南方」，天文本作「方南」，又引一本作「南方」。

〔三〕「北方」，天文本作「方北」，又引一本作「北方」。

〔四〕漢書卷二六天文志：「太白曰西方秋金，義也，言也。義虧言失，逆秋令，傷金氣，罰見太白。日方南，太白居其南，日方北，太白居其北，爲贏，侯王不寧，用兵進吉退凶。日方南，太白居其北，日方北，太白居其南，爲縮，侯王有憂，用兵退吉進凶。」

〔五〕「省」，抄本作「肖」。

〔六〕史記卷二七天官書「察日行以處位太白」，張守節正義引天官占云：「太白者，西方金之精，白帝之子，上公、大將軍之象也。一名殷星，一名大正，一名熒星，一名官星，一名梁星，一名滅星，一名大囂，一名大衰，一名大爽。徑一百里。」朱謀㙔駢雅卷五上「啓明、長庚、太囂、天相、太正，太白也」，魏茂林訓纂：「『大』與『太』通。五行大義四論七政『太』亦作『大』。又引詩『長庚』作『長更』……五行大義四『太正』又作『天政』，並存備考。」

〔七〕「更」，天文本作「庚」。毛詩卷一三小雅大東：「雖則七襄，不成報章。睆彼牽牛，不以服箱。東有啓明，西有長庚。有捄天畢，載施之行。」

辰星〔一〕，水之精，其位北方，主冬，黑帝之子，宰相之象，主刑。政酷則不入，政和則不出。凡有六名：一名安調，二名細極，三名熊星，四名鈎歲〔二〕，五名伺農，六名勉星。其所主國曰趙、代。辰星主德，是天之執正〔三〕，出入平時，故曰辰星〔四〕。

## 校記

〔一〕「星」，底本，天文本、宛委本作「歲」，據元弘本、元禄本、嘉慶本、知不足本、常州本、集成本改。

〔二〕「歲」，抄本作「星」。

〔三〕「正」，嘉慶本、知不足本、常州本、集成本作「政」。

〔四〕漢書卷二六天文志：「辰星曰北方冬水，知也，聽也。知虧聽失，逆冬令，傷水氣，罰見辰星。」又太平御覽卷七天部七引天官星占曰：「辰星，北之位，黑帝之子，宰相之祥也。一名安調，一名熊星，一名鈎星，一名伺晨，主德，常行四仲。當出不出，天下旱。色黄，五穀熟；色白，中謀泄；色青，大臣憂。」朱謀㙔駢雅卷五上「安調、伺晨、鈎星、熊星，辰星也」，魏茂林訓纂：「五行大義四『晨』作『農』，『鈎星』作『鈎歲』。」

星經云：「五車西北，第一星曰太白，次北一星曰辰星，次東北一星曰歲星，次東南一星曰鎮星，次西南一星曰熒惑〔一〕。」此當五星分氣也。又云：「歲星變爲彗星、欃雲、槍雲、天狗。熒惑變爲彗星、蚩尤旗、格澤。鎮星變爲獄漢、天沸〔二〕、旬始〔三〕、虹蜺。太白變爲彗星、即掃〔四〕。辰星變爲枉矢〔五〕、天槍、天棓〔六〕。」竝是五星氣亂，見妖星也。王者視[七]之，以知得失。

## 校記

〔一〕「星經」，底本、元弘本、刊本無「星」字，據天文本補。星經，又名甘石星經，道藏稱通占大象曆星經，分上下卷，古代天文星占書，據傳爲漢代甘公、石申所著。據四庫全書總目卷一〇七子部天文演算法類存目提要：「星經，不著撰人名氏。晁公武讀書志載甘石星經一卷，注曰漢甘公、石申撰。以日月、五星、三垣、二十八舍恒星圖像次舍，有占訣以候休咎。隋書經籍志石氏星簿經讚一卷，星經二卷，甘氏四七法一卷。是書卷數雖與隋志合，而多舉隋、唐州名，必非秦、漢間書也。所載星象，今亦殘闕不全，不足以備考驗。」全書已佚。

〔二〕「沸」，天文本作「旗」。

〔三〕「旬始」，天文本作「枉矢」。

〔四〕「即」，天文本作「節」。掃，掃星之謂。史記卷二七天官書「三月生彗星」，張守節正義：「天彗者，一名掃星，本類星，末類彗，小者數寸長，長或竟天，而體無光，假日之光，故夕見則東指，晨見則西指，若日南北，皆隨日光而指。光芒所及爲災變，見則兵起，除舊布新，彗所指之處弱也。」

〔五〕「枉」，底本、元禄本、宛委本、常州本作「狂」，據天文本、嘉慶本、知不足本改。

〔六〕晉書卷一二天文志中：「河圖云：歲星之精，流爲天棓、天槍、天猾、天衝、國皇、反登、蒼彗。熒惑散爲昭旦、蚩尤之旗、昭明、司危、天欃、赤彗。填星散爲五殘、獄漢、大賁、昭星、絀流、旬始、蚩尤、虹蜺、擊咎、黄彗。太白散爲天杵、天柎、伏靈、大敗、司姦、天狗、天殘、卒起、白彗。辰星散爲枉矢、破女、拂樞、滅寶、繞綎、驚理、大奮祀、黑彗。五色之彗，各有長短，曲折應象。」

〔七〕「視」，天文本作「覩」。

考靈耀云：「歲星爲規，熒惑爲矩，鎮星爲繩，太白爲衡，辰星爲權。權衡規矩繩，竝皆有所起，周而復始。故政失於春，歲星滿偃，不居其常。政失於夏，熒惑逆行。政失於季夏，鎮星失度。政失於秋，太白失行，出入不當。政失〔一〕於冬，辰星不效其鄉。五〔二〕政俱失，五星不明。春政不失，五穀孳。夏政不失，甘雨時。季夏政不失，時無菑。秋政不失，人民昌。冬政不失，少疾喪。五政不失，日月光明。此則日月五星共爲七政之道，亦名七耀，以其是光耀運行也〔三〕。」

## 校記

〔一〕「政失」，底本、宛委本作「失政」，據抄本、元禄本、嘉慶本、知不足本、常州本、集成本改。

〔二〕「五」，底本、宛委本作「正」，據抄本、元禄本、嘉慶本、知不足本、常州本、集成本改。
〔三〕所引爲考靈耀佚文。王仁俊玉函山房輯佚書續編經編緯書類據此分六段輯入尚書緯考靈耀，引文至「五政不失，日月光明」止。

北斗爲七政者，北斗，天樞也。天有七紀，斗有七星。第一至第四爲魁，第五至第七爲瓢〔一〕，合有七也〔二〕。尚書緯云：「璇、璣、斗、魁四星，玉衡、拘、横三星，合七〔三〕。齊四時五威。五威者，五行也。五威在人爲五命，七星在人爲七端。北斗居天之中，當昆崙之上，運轉所指，隨二十四氣，正〔四〕十二辰，建十二月。又州國、分野、年命，莫不政〔五〕之，故爲七政〔六〕。」虞録〔七〕云：「北斗七星，據璇璣玉衡，以齊七政。」政者，天子所治天下，故王者承天行法。合誠圖云：「北斗有七星，天子有七政〔八〕。」斗者居陰布陽，故稱北斗。其七星各〔九〕有四名。合誠圖云：「斗第一星名樞，二名璇，三名璣，四名權，五名衡，六名開陽，七名標光〔一〇〕。」

## 校記

〔一〕「瓢」，嘉慶本、知不足本、集成本作「杓」，常州本作「魒」。
〔二〕瞿曇悉達開元占經卷六七石氏中官北斗星占：「皇甫謐年歷曰：『斗者天樞也，天有七紀，故斗有七星。星間相去七度百二十分，耀各百里，周七千里，分得日月五星九州之地。』」

〔三〕王先謙漢書補注卷二六天文志第六「所謂旋璣玉衡以齊七政」，補注：「蕭吉五行大義引尚書説云『璇、璣、斗、魁四星，玉衡、杓、横三星，合七』，是琁、璣、玉衡即謂北斗七星。七政者，五行大義引尚書考靈耀七政篇曰：『日月者，時之主。五星者，時之紀也。』是七政爲日、月、五星，視斗所建，以定四時。而日、月、五星之行，不失其躔度，故曰『以齊七政』。本書律歷志云：『衡，平也。其在天也，佐助旋璣，斟酌建指，以齊七政。』顔注『七政，日、月、五星也』，與此正合。」

〔四〕天文本「正」下有「十日」二字。

〔五〕天文本「政」上有「七」字，又引一本無。

〔六〕所引爲尚書緯佚文。朱一新無邪堂答問卷一：「觀晉天文志及開元占經所引，乃分野之法，蓋鄭爻辰所自出。隋蕭吉五行大義謂爻辰本於分野，是也……分野之學失傳，爻辰亦無可考。漢志及五行大義雖詳分野之法，而列宿分配之意不可曉。」

〔七〕「虞録」，即虞書，尚書卷二堯典「虞書」孔疏：「堯典雖曰唐事，本以虞史所録，末言舜登庸由堯，故追堯作典，非唐史所録，故謂之虞書也。」

〔八〕「合誠圖」，讖緯類典籍，漢無名氏撰。春秋緯十四種之一，亦名合讖圖，全書已佚，所引當爲佚文。

〔九〕天文本「各」上有「星」字。

〔一〇〕「標」，天文本作「摇」。所引爲合誠圖佚文。王仁俊玉函山房輯佚書續編經編緯書類據此輯入春秋緯合誠圖：「俊按：與運斗樞互有同異。」

黄帝斗圖云：「一名貪狼，子生人所屬。二名巨門，丑亥生人所屬。三名禄存，寅戌生人所屬。四名文曲，卯酉生人所屬。五名廉貞，辰申生人所屬。六名武曲，巳未生人所屬。七名破軍，午生人所屬〔一〕。」孔子元辰經云：「一名陽明星，二名陰精星，三名真人星，四名玄冥星，五名丹元星，六名北極星，七名天開星〔二〕。」遁甲經〔三〕云：「一名魁真星，二名魁元星，三名權九極星，四名魁細星，五名魓剛星，六名魒紀星，七名飄玄陽星。」第一水，二水土，三木土，四金木，五金土，六火土，七火。所以子午各獨屬一星，其餘竝兩辰共屬者，子午爲天地〔四〕之經。斗第一及第七魁、剛兩星，亦是斗之經，建所用指也。自餘非所指者，故竝兩〔五〕屬。故六十甲子，從第一起甲子以配之，往還周旋，盡其數矣。北斗領二十八宿，一星主四時〔六〕，魁起室，剛起角，以次分屬。若人行年，至室而五星行到此宿者，隨星吉凶也。合誠圖云：「樞星爲雍州，璇星爲冀州，璣星爲青、兖州，權星爲徐、楊州，衡星爲荆州，開揚星爲梁州，標光星爲豫州〔七〕。」此爲三材之道，竝爲斗之所政也。

## 校記

〔一〕「黄帝斗圖」，歷代未見著録，類似文獻見隋書卷三四經籍志三所載：「黄帝飛鳥曆一卷，張衡撰。黄帝四神曆一卷，吴範撰。黄帝地曆一卷。黄帝斗曆一卷。」俞正燮癸巳存稿卷六九梁星：「九梁，星名，見隋蕭吉五行大義所引黄帝斗圖及唐開元占經北斗占所引洛書，其入祀典，則始於唐。民間亦盛行。」姚振宗隋書經籍志考證卷三六子部「黄帝斗曆一卷」：「案：斗曆似即曆家之斗分。蕭吉五行大義引黄帝斗圖似即此斗曆。」中村等大義本據元弘本背記所述，對所謂「九星吉凶」有所整理，可參見。所引爲該書佚文。

〔二〕隋書卷三四經籍志三著録「孝經元辰四卷，梁有五行元辰厄會十三卷，孝經元辰會九卷，孝經元辰決一卷，亡。」所引爲同類書佚文。文廷式純常子枝語卷三四：「蕭吉五行大義卷四引孔子元辰經，隋志有孝經元辰、元辰歷等書，不言孔子撰。曲禮『醫不三世』，正義：『三世者，一曰黄帝針灸，二曰神農本草，三曰素女脉訣，又云夫子脉訣。』」

〔三〕「遁甲經」，古代術數類著作之一。後漢書卷八二上方術列傳上「其流又有風角、遁甲、七政、元氣、六日七分、逢占、日者、挺專、須臾、孤虚之術」，李賢注：「遁甲，推六甲之陰而隱遁也。今書七志有遁甲經。」遁甲類文獻衆多，隋書卷三四經籍志三即著録「遁甲三卷，梁有遁甲經十卷，遁甲正經五卷，太一遁甲一卷，亡。遁甲要用四卷，葛洪撰。遁甲祕要一卷，葛洪撰。遁甲要一卷，葛洪撰。遁甲三十三卷，後魏信都芳撰。三元遁甲六卷，許昉撰。三元遁甲六卷，陳員外散騎常侍劉毗撰。三元遁甲二卷，梁太一遁甲一卷，遁甲三元三卷。三元九宮遁甲二卷，梁有遁甲三元三卷，亡。三正遁甲一卷，杜仲撰。遁甲三十五卷。」

〔四〕「地」，天文本無。

〔五〕「兩」，天文本無。

〔六〕「時」，天文本作「宿」。

〔七〕所引爲合誠圖佚文。

二十八宿爲七政者，以其分定國邦，布官設位也。運斗樞云：「天有將相之位，佐列宿爲衛，皆據璇璣玉衡，以齊七政。四時布德，三道正氣〔一〕。」尚書考靈耀云：「二十八宿，周天三百六十五度四分度之一〔二〕。」故〔三〕叶時月正日，度星〔四〕。

## 校記

〔一〕所引爲春秋緯運斗樞佚文。

〔二〕所引爲尚書考靈耀佚文。俞正燮癸巳類稿卷一〇四分論：「賈逵云『尚書考靈曜斗二十二度，無餘分』，非謂整分。蕭吉五行大義引考靈曜云：『周天三百六十五度四分度之一。』蕭得見緯，可信也。」

〔三〕「故」，天文本無。

〔四〕「星」，天文本作「量」。尚書卷三舜典：「協時月正日，同律度量衡。」

二十八宿配五行，有二别，一總配，二别配。總配者，東方蒼龍七宿，角、亢、氐、房、心、尾、箕，木也，合三十二星，七十五度。南方朱雀七宿，東井、鬼、柳、七星、張、翼、軫，火也，合六十五星，一百五〔一〕度。西方白虎七宿，奎、婁、胃、昴、畢、觜、參，金也，合五十一星，八十度。北方玄武七宿〔二〕，斗、牽牛、須女、虚、危、營室、東壁，水也，合三十五星，九十八度。其屬土者，東則角、亢，南則井、鬼，西則奎、婁，北則斗、牛，皆居四季爲土也。

## 校　記

〔一〕「五」，天文本作「十二」。

〔二〕「七宿」，底本、元禄本、宛委本作「七十宿」，據元弘本、嘉慶本、知不足本、常州本、集成本改。

曾子云：「春分鳥星昏，主春者，中可以種稷。夏至心星昏，主夏者，中可以種黍菽。

秋分虛星昏，主秋者，中可以種麥。冬至昴星昏，主冬者，中山人可以伐器械，家人可以收萑葦，蓄積田獵。王者坐視四星之中，而知民之緩急。急則不賦〔一〕力役，故曰敬授民時也〔二〕。」此爲總配。

## 校記

〔一〕「賦」，天文本作「散」，又引一本作「賦」。

〔二〕嘉慶本、知不足本、集成本「曾」上有「故」字；常州本「曾」作「魯」。隋書卷三四經籍志三：「曾子二卷，目一卷，魯國曾參撰。」所引爲該書佚文。「敬授民時」云云，參見尚書卷二堯典：「乃命羲和，欽若昊天。厤象日月星辰，敬授人時。」孫星衍尚書今古文注疏卷一虞夏書一堯典第一上，疏：「五行大義引曾子云，亦同也。所云據昏中星以授民時，亦以羲、和即四子，與馬、鄭義異，今文説也。」

別配五行者〔一〕，角二星爲天門，三光之路，十二度，於時在辰，鄭分，木也。亢四星爲天庭，尚書之曹，九度，於時在辰，鄭分，春夏爲火，秋冬爲水也。氐四星爲宿宮，路寢所止，十五度，於時在卯，宋分，春夏爲金，秋冬爲水也。房六星爲明堂，政教之道〔二〕，五度，於時在卯，宋分，土也。

心三星爲天王之位，五度，於時在卯，宋分，春夏爲木，秋冬爲火也。

尾九星爲后宫妃嬪之府，十八度，於時在寅，燕分，水也。

箕四星爲王后所居，進御之寢，十一度，於時在寅，燕分，木也，春夏爲金，秋冬爲土也。

斗六星爲主爵禄，褒賢進士，二十六度，於時在丑，吴分，木也。

牽牛六星爲主橋梁，七政之始，八度，於時在丑，吴分，木也。

須女四星爲主布帛，天之内藏，十二度，於時在子，越分，春夏爲水，秋冬爲火也。

虚二星爲廟堂〔一〕，主祭祀事，十一度〔二〕，於時在子，齊分，春夏爲水，秋冬爲金也。

## 校記

〔一〕以下有關星辰、地名相對位置，參見史記卷二七天官書：「角、亢、氐，兖州。房、心，豫州。尾、箕，幽州。斗，江、湖。牽牛、婺女，楊州。虚、危，青州。營室至東壁，并州。奎、婁、胃，徐州。昴、畢，冀州。觜觿、參，益州。東井、輿鬼，雍州。柳、七星、張，三河。翼、軫，荆州。」

〔二〕「道」，天文本作「首」，又引一本作「道」。

危三星爲墳墓〔三〕，以識先祖，十七度，於時在子，齊分，春夏爲水，秋冬爲火也。
營室二星爲主軍粮，以禀士卒，十六度，於時在亥，衛分，春夏爲木，秋冬爲土也。
東壁二星爲文章圖書之府，九度，於時在亥，衛分，春夏爲金，秋冬爲水也。

**校記**

〔一〕「廟堂」，底本作「厭堂」，據嘉慶本、知不足本、常州本改。
〔二〕「十一度」，天文本作「十度」。
〔三〕「墓」，底本、元禄本、宛委本作「暮」，據抄本、嘉慶本、知不足本、常州本、集成本改。

奎十六星爲五兵之庫，禁禦暴亂，十六度，於時在戌，魯分，春夏爲金，秋冬爲火也。
婁三星爲苑牧，主給享祠，十二度，於時在戌，魯分，春夏爲水，秋冬爲火也。
胃三星爲倉廩，五穀所聚，十四度，於時在酉，趙分，春夏爲木，秋冬爲水也。
昴七星爲主獄事，典治決斷，十一度，於時在酉，趙分，春夏爲火，秋冬爲金也。
畢八星爲邊兵，備夷狄，十度，於時在酉，趙分，春夏爲金，秋冬爲水也。
觜觿三星爲保藏，收撿秋物，二度，於時在申，晉分，春夏爲火，秋冬爲土也。
參伐十星爲天大將，斬劉〔一〕收獲，九度，於時在申，晉分，春夏爲火，秋冬爲土也。

校記

〔一〕「劉」，抄本作「刈」。

東井八星爲主水衡，以法平時，三十三度，於時在未，秦分，春夏爲火，秋冬爲水也。
轝鬼五星爲視明，主察姦謀，四度，於時在未，秦分，春夏爲水，秋冬爲火也。
柳八星爲上食，主和滋味，十五度，於時在午，周分，春夏爲水，秋冬爲火也。
星七星爲衣裳，主蓋〔一〕身體，七度，於時在午，周分，春夏爲火，秋冬爲水也。
張六星爲主客，賜與讌嬉，十八度，於時在午，周分，水也。
翼二十二星爲天唱，主以戲虞，十八度，於時在巳，楚分，春夏爲木，秋冬爲金也。
軫四星爲死喪，以知交凶〔二〕，十七度，於時在巳，楚分，春夏爲木，秋冬爲土也。

校記

〔一〕「蓋」，常州本作「護」。

〔二〕「以知交凶」，常州本作「以主疾病」；「交」，天文本作「災」。

漢書天文志云：「角、亢、氐，韓鄭兗州之分。房、心，宋豫州之分。尾、箕，燕幽州之分。井、鬼，秦雍州之分。柳、七星、張，三河之分。翼、軫，楚荆州之分。奎、婁、胃，魯徐州之分。昴、畢，趙冀州之分。觜、參，魏梁州之分。斗，江、湖之分。牽牛、須女，吴楊州之分。虚、危，齊青州之分。室、壁，衛并州之分〔一〕。」此皆當分所主，正其州國善惡，故爲政也。

### 校記

〔一〕漢書卷二六天文志：「角、亢、氐，沇州。房、心，豫州。尾、箕，幽州。斗，江、湖。牽牛、婺女，揚州。虚、危，青州。營室、東壁，并州。奎、婁、胃，徐州。昴、畢，冀州。觜觿、參，益州。東井、輿鬼，雍州。柳、七星、張，三河。翼、軫，荆州。」

石氏天官訓解云：「角二星，是蒼龍之首，上角兩角間，天之道，日月五星所行，故名角。亢爲朝廷，對揚于王，夙夜謀諮四海之内，故名亢。氐是正寢，冰〔二〕解之室，故名氐。房是天子四時所居，故名房。心，前一星爲太子，中爲天子，後一星爲庶子，如人心處中，爲身之主，故名心。尾是東方蒼龍宿之尾，故名尾，象形也。箕近斗，象播揚五穀，故名箕。斗，量器也，斟酌爵禄，其形似斗，故名斗。牛亦象牛角，七政之始，故名牛。女，方正，裁割之象，婢妾之類，故名女。虚，耗也，其間空虚，廟堂之象，故名虚。危似室屋，亦如墳墓，故名危。營室有六星，爲離宮，似宮室，故名室。壁，直立似壁，孔子藏書於壁，效此義也，故名壁。奎爲庫，主兵，形象庫周密，故奎乖也，兵以乖違故舉，所以名奎。婁如樓閣，亦似鐘婁，故養犧牲以爲名。胃，在藏爲五穀之府，主廪倉，故以爲名。昴，悴聚，如囚之在牢獄，故主獄事。昴，星也，聚則憂，故名爲昴。畢，邊夷毛頭之類，如天子警畢，毛頭唱之，畢了唱，以警衆心，故以名之也。觜，聚也，爲白虎之鼻，聚在虎觜鬚間，故以爲名。參，共也，雜金土之氣，共行殺罰，故名參。井，精也，盛水亭平〔二〕，精微之至，此星象法度，如水之平，故名井。鬼，歸也，陽歸於陰，所以其内一星闇而不明，鬼之象也，故以爲名也。柳，留也，春秋傳曰『或食於任〔三〕』，柳一名任也。祭祀鬼神，合和五味，留神靈也，故以名之。七星數七，如鳥之衣覆上，故以名之。張，開張也，爲朱鳥之嗉，有容納，故主賓客也。翼如六翮，似鳥兩翅之飛，故以名翼。軫似小車四方〔四〕，車後横曰軫，凶事之用，故以爲名。其伏見邪正，闕陵〔五〕歷蝕，散爲妖異，彗勃飛流〔六〕。」如此之徒，竝以占候、飛開義釋，故不委〔七〕具。三種七政，既配五行，略説如此。

## 校記

〔一〕「冰」，天文本作「休」，元禄本作「沐」。

〔二〕「平」，底本、元禄本、宛委本、常州本作「乎」，據嘉慶本、知不足本、集成本改。

〔三〕春秋左傳卷三〇襄公九年：「（士弱）對曰：『古之火正，或食於心，或食於味，以出内火。是故味爲鶉火，心爲大火。』」杜注：「謂火正之官，配食於火星。建辰之月，鶉火星昏在南方，則令民放火。建戌之月，大火星伏在日下，夜不得見，則令民内火，禁放火。」

〔四〕「方」，底本、刊本作「馬」，據抄本改。

〔五〕「闕陵」，天文本作「開淩」。

〔六〕「勃」，嘉慶本、知不足本、常州本、集成本作「孛」；「飛」，天文本作「明」，又引一本無。隋書卷三四經籍志三「石氏星簿經讚一卷……梁有石氏、甘氏天文占各八卷。」中村等大義本認爲石氏天官訓解爲「有關石氏天文類的圖書」之一種。全書已佚。

〔七〕「委」，常州本作「悉」。

# 第十七　論八卦八風

八卦者，周易云：「古者庖羲氏之王天下也，仰則觀象於天，俯則觀〔一〕法於地，觀鳥獸之文與地之宜，近取諸身，遠取諸物，於是始作八卦，以通神明之德，以類萬物之情。兼三才而兩之，故六畫而成卦〔二〕。」因八方之通八風，成八節之氣，故卦有八。其配五行者，乾兑爲金，坎爲水，震巽爲木，離爲火，坤艮爲土。各以方位言之，易通卦驗云：「艮東北主立春，震東方主春分，巽東南主立夏，離南方主夏至，坤西南主立秋，兑西方主秋分，乾西北主立冬，坎北方主冬至〔三〕。」

## 校記

〔一〕「觀」，天文本引或本作「察」。

〔二〕見周易卷八繫辭下。又周易卷九説卦：「昔者聖人之作易也，將以順性命之理，是以立天之道曰陰與陽，立地之道曰柔與剛，立人之道曰仁與義。兼三才而兩之，故易六畫而成卦。」

〔三〕「易通卦驗」，易緯之一。四庫全書總目卷六經部易類六提要：「易緯通卦驗二卷……馬端臨經籍考及宋史藝文志俱載其名。黄震日抄謂其書大率爲卦氣發。朱彝尊經義考則以爲久佚。今載於説郛者，皆從類書中湊合而成，不逮什之二三，蓋是書之失傳久矣。」

坎居北方者，冬至之日，陽氣動於黄泉之下，子雖大陰之位，以陽氣動其下，故其卦外陰内陽，象水内明，中懷陽也，故居子位以配水。

艮在東北者，其卦一陽在上，象立春之時，陽氣已發，在於地上。下有重陰，象陰氣猶厚，陽氣尚微。艮既爲山，以其重陰在下，積土深，故卦復在丑，丑爲未衝，故以配土。

震居東方者，震爲長男，能主幹任，故居顯明之地。東方春也，萬物咸得生出，明浄顯著。震爲雷，雷動則萬物出。春分之時，天氣下降，地氣上騰，天地和同，萬物萌動，故震居卯，卯木少陽之位，故以配木。

巽居東南者，其卦重陽在上，象立夏之時，陽氣已盛在上，陰氣微弱在於下，木之爲物，入地最少，出土最多。巽卦二陽在上，象木出地之多，一陰居下，象木入地之少，木體是陽，亦宜明顯，故在東南以配於木。

離居南方者，夏至之時，陰動於黄泉之下，午是盛陽之位，而陰氣動，故其卦外陽内陰，象火外明内暗，懷陰氣也，故在南方以配火。

坤居西南者，坤卦純陰之象，能養萬物莫過於地也，陰體卑順，不敢當首。陰動於午，至未始著，故坤後午之位，地體積陰。坤既純陰象地，禮以中央土在未，地即土也，故在西南以配土也。

兑在西方者，兑卦一陰在上，象秋分之時，陽氣已深，金爲少陰，故一陰居上。酉是金位，故在西方以配金。

乾居西北者，乾卦純陽之象，生萬物者莫過乎天，乾爲生物之首，陽氣起子，乾是陽氣之本，故先子之位，以純陽堅剛，故在西北以配金。

易傳曰：「震主春分、穀雨。穀雨得天兑，則萬物畢生。兑者西方之卦，是時日在昴，昴西方之宿，以日在西，故曰天兑。貌順木得，則天兑爲和；貌失木〔一〕逆，則天兑爲害，而常雨爲罰。兑主秋分、霜降。霜降得天震之動氣，則天下霜，萬物死。震者〔二〕東方之卦，是時日在房，房東方之宿，以日之在東方〔三〕，故曰天震。言順金得，則天震爲和；言失金逆，則天〔四〕震爲害，而旱罰。所以貌雨言旱者，震陽兑陰，陽旱陰雨也。木之所以雨，金之所以旱者，其人事貌失，則下怨陰盛，故雨。言失則失衆，孤陽獨立，群陰不附，故旱。春秋二時，震兑相臨，天地氣和，所以不極寒熱也。坎主冬至、大寒。大寒得天坎之氣，則天下大寒。是時日在虚，虚北方之宿，故曰天坎。聽順水得，則天坎爲和；聽失水逆，則天坎爲罰，故常寒。離主夏至、大熱。大熱發長，復得天離之氣，則天下大熱，萬事畢出。是時日在七星，七星南方七宿，故曰天離。視順火〔五〕得，則天離爲和；視失火逆，則天離爲罰，故常燠。冬夏二時，天地氣併，坎離各當其方，所以極寒熱也〔六〕。」

## 校記

〔一〕「木」，底本、宛委本、常州本作「水」，據抄本、元禄本、嘉慶本、知不足本、集成本改。

〔二〕「震者」，底本、元禄本、宛委本、常州本無，據抄本、嘉慶本、集成本補。

〔三〕「以日之在東方」，嘉慶本、知不足本、集成本作「以日在東」。

〔四〕「天」，底本、元禄本、宛委本作「大」，據元弘本改。
〔五〕「火」，底本、元禄本、宛委本作「大」，據抄本、嘉慶本、知不足本、集成本改。
〔六〕類似文字見易緯通卦驗卷下。

今分八卦以配方位者，坎離震兑，各在當方之辰；四維四卦，則丑寅屬艮，辰巳屬巽，未申屬坤，戌亥屬乾。八卦既通八風八方，以調八節之氣，故坎生廣莫風；四十五日至艮，生條風；四十五日至震，生明庶風；四十五日至巽，生清明風；四十五日至離，生景風；四十五日至坤，生涼風；四十五日至兑，生閶闔風；四十五日至乾，生不周風；四十五日又至坎。陽氣生五極九，五九四十五，故左行四十五日而一變也。廣莫風者，廣，大也，莫，沙漠也，寒氣廣遠，自沙漠而來也，亦云此時陽氣在下，陰莫之廣大也。條風者，條，達也，此時達生萬物也。明庶風者，庶，衆也，此時陽以施惠之德，衆物皆明出也。清明風者，天氣明浄清涼也，此時清風吹萬物，使盛大明浄可觀也。景風者，景，高也，萬物至此太高也；亦言景，竟也，陽道至此終竟也。涼風者，秋風涼也，此時陰氣凄涼，收成萬物也。閶闔風者，昌，盛也，此時萬物盛而收藏之也。不周風者，周，遍也，萬物備成，不周者，閇不通也，言此時純陰無陽，閇塞不通也。

淮南子曰：「東北〔一〕方曰蒼門，生條風。東方曰開明門，生明庶風。東南方曰陽門，生清明風。南方曰暑門，生景風。西南方曰白門，生涼風。西方曰閶闔門，生閶闔風。西北方〔二〕曰幽都門，生不周風。北方曰寒門，生廣莫風〔三〕。」蒼門者，東北木將〔四〕用事，春之始，故曰蒼門。開明門者，明，陽也，日之所出，故曰開明門。陽門者，月建在巳，純陽用事，故曰陽門。暑門者，盛衰〔五〕之時，故曰暑門。白門者，月建在申，金氣之始，故曰白門。閶闔門者，月〔六〕建在酉，萬物將收。閶，大，闔，閇，收閇之時，故曰閶闔門。幽都門者，幽，暗也，玄冥將始用事，陰聚故幽也，故曰幽都門。寒門者，積寒所在，故曰寒門。此八極之方，是八風之所起也〔七〕。

## 校記

〔一〕「東北」，天文本在一側有「本文云東北曰炎風一曰融風」十二字。

〔二〕「西北方」，天文本在一側有「本文云西北曰巽風一曰閶闔風」十三字。

〔三〕淮南鴻烈卷四墬形訓：「八紘之外，乃有八極：自東北方曰方土之山，曰蒼門；東方曰東極之山，曰開明之門；東南方曰波母之山，曰陽門；南方曰南極之山，曰暑門；西南方曰編駒之山，曰白門；西方曰西極之山，曰閶闔之門；西北方曰不周之山，曰幽都之門；北方曰北極之山，曰寒門。凡八極之雲，是雨天下；八門之風，是節寒暑；八紘、八貪、八澤之雲，以雨九州而和中土。」

〔四〕「將」，天文本作「時」，又引一本作「東北木將用事」。

〔五〕「衰」，天文本作「熱」。

〔六〕底本「月」上有「八」字，據文例刪。

〔七〕淮南鴻烈卷三天文訓：「何謂八風？距日冬至四十五日條風至，條風至四十五日明庶風至，明庶風至四十五日清明風至，清明風至四十五日景風至，景風至四十五日涼風至，涼風至四十五日閶闔風至，閶闔風至四十五日不周風至，不周風至四十五日廣莫風至。」

呂氏春秋云：「東方滔風〔一〕，東南動風，南方巨風，西南淒風，西方飄風，西北厲風，北方寒風，東北炎風〔二〕。」此意亦同於前。

## 校記

〔一〕「滔」，天文本作「焰」，疑均爲「滔」之誤。

〔二〕呂氏春秋卷一三有始覽有始：「何謂八風？東北曰炎風，東方曰滔風，東南曰熏風，南方曰巨風，西南曰淒風，西方曰飂風，西北曰厲風，北方曰寒風。」

太公兵書云：「坎名大剛風，乾名折風，兑名小剛風，艮名凶風，坤名謀風，巽名小弱風，震名嬰兒風，離名大弱風。大剛風者，大陰之氣好殺，故剛。折風者，金强能摧折物也。小剛風者，亦金殺故也。凶風者，艮在鬼門，凶害之所也。謀風者，坤爲地，大陰之本，多陰謀也。小弱風者，巽爲長女，故稱弱也。嬰兒風者，震爲長男，愛之，故曰兒。大弱風者，離爲中女，又弱於長女也。大剛、小剛客勝，大弱、小弱主人勝。凶有凶害之事，謀有謀逆之人，折爲將死，嬰兒風主人强〔一〕。」此竝兵家觀客主盛衰，候風所從來也。陽泉云：「春氣牖，其風温以和，喜風也。夏氣盛，其風陽以貞，樂風也。秋氣勁，其風熛以清，怒風也。冬氣冷，其風凝以厲，哀風也〔二〕。」又四維之風，隨生成之氣，方土異宜，各隨所感。而〔三〕風者天之號令，治政之象，若君有德令，則風不摇條，清和調暢。若政〔四〕令失，則氣怒凶暴，飛沙折木，此天地報應之理也。此皆五行之氣，故竝釋焉。

## 校記

〔一〕嚴可均以兵法爲題，録此於全上古三代秦漢三國六朝文全上古三代文卷七齊太公二一。王先謙漢書補注卷三〇藝文志「兵八十五篇」，補注：「兵者，即太公兵法，説苑指武篇引太公兵法最其先，亦管子書中所本耳。葉德輝曰：齊世家云『文王與吕尚陰謀修德以傾商政，其事多兵、權與奇計』。群書治要『六韜後載陰謀三事，皆武王問太公治國居民之道，與史遷説不合，蓋擇其語近純者録之』。詩大明正義引太公授兵鈐之法，即此兵篇，五行大義十七篇引太公兵書，通典百四十九引太公覆軍誡法，開元占經引太公兵法，所引不同，蓋一書也。」

〔二〕「陽泉」，中國刊本作「楊泉」。太平御覽卷九天部九引物理論曰：「風者，陰陽亂氣激發而起者也，猶人之內氣因怒喜哀樂激越而發也。故春氣溫，其風溫以和，喜風也。夏氣盛，其風熛以怒，怒風也。秋氣勁，其風清以貞，清風也。冬氣石，其風慘以烈，固風也。此四正之風也。又有四維之風：東北明庶，庶物出幽入明也；東南融風，其道以長也；西南清和，百物備成也；西北不周，方潛藏也。此八風者，方土異氣，徐疾不同，和平則慎，違逆則凶，非有使之者也。氣積自然怒，則飛沙揚礫，發屋拔樹；喜則不搖枝動草，順物布氣。天地之性，自然之體也。」

〔三〕「而」，抄本、元祿本作「然」。

〔四〕「政」，底本、宛委本作「城」，據嘉慶本、知不足本、常州本、集成本改。

## 第十八　論情性

左傳子産云：「則天之明，天有三光，故曰明也。因地之性，性，生也。生萬物，故因其所生而用之。生其六氣，用其五行〔一〕。」五行者爲五性也，六氣者通六情也〔二〕。翼奉云：「五行在人爲性，六律在人爲情。性者，仁義禮智信也；情者，喜怒哀樂好惡也。五性處內御陽，喻收五藏；六情處外御陰，喻收〔三〕六體。故情勝性則亂，性勝情則治。性自内出，情從外來，情性之交，間不容系〔四〕。」說文曰：「情，人之陰氣，有欲嗜也。性，人之陽氣，善者也〔五〕。」孝經援神契云：「性者，人之質，人所稟受産。情者，陰之數，内傳著流，通於五藏〔六〕。故性爲本，情爲末。性主安静，恬然守常；情則主動，觸境而變。動静相交，故間微密也〔七〕。」河上公章句云：「五性之鬼曰魂，爲雄；六情之鬼曰魄，爲雌〔八〕。」此明性陽情陰也。

## 校記

〔一〕春秋左傳卷五一昭公二十五年：「吉也聞諸先大夫子産曰：『夫禮，天之經也，地之義也，民之行也。』天地之經，而民實則之。則天之明，（杜注：「日月星辰，天之明也。」）因地之性，（杜注：「高下剛柔，地之性也。」）生其六氣，（杜注：「謂陰陽風雨晦明也。」）用其五行。（杜注：「金木水火土也。」）氣爲五味，（杜注：「酸鹹辛苦甘也。」）發爲五色。（杜注：「青黄赤白黑也。」）」

〔二〕白虎通卷八性情：「性情者，何謂也？性者陽之施，情者陰之化也。人稟陰陽氣而生，故内懷五性六情。情者，静也。性者，生也。此人所稟六氣以生者也。」

〔三〕「喻」，底本、抄本、元禄本、宛委本作「俞」，據嘉慶本、知不足本、集成本改。「喻收」，常州本作「以喻」。

〔四〕漢書卷七五翼奉傳，翼奉曰「五性不相害，六情更興廢，觀性以曆，觀情以律」，顔注引張晏曰：「性謂五行也，曆謂日也。」引晉灼曰：「翼氏五性：肝性静，静行仁，甲己主之；心性躁，躁行禮，丙辛主之；脾性力，力行信，戊癸主之；肺性堅，堅行義，乙庚主之；腎性智，智行敬，丁壬主之也。」引張晏曰：「情謂六情，廉貞、寬大、公正、姦邪、陰賊、貪狼也。律，十二律也。」

〔五〕説文解字心部：「情，人之侌氣有欲者。从心，青聲。……性，人之昜氣性，善者也，从心，生聲。」段注：「論語曰：『性相近也。』孟子曰：『人性之善也，猶水之就下也。』董仲舒曰：『性者，生之質也。』質樸之謂性。」

〔六〕「人所禀受産……通於五藏」十八字，常州本改作「人所禀於天，情者陰之機，由感而起，發於五藏」。

〔七〕毛詩卷一八之三大雅烝民序，孔疏引孝經援神契曰：「性者，生之質。命者，人所禀受也。情者，陰之數，精内附著生流通也。」趙在翰七緯補遺第二十九據此輯入孝經援神契，趙注：「又見禮中庸正義：『情者，陰之數，精内附著生流通也。』禮王制正義引『性者，生之質』。左氏傳成十三年正義引『命者，人之所禀受度』。」

〔八〕老子道德經河上公章句卷一成象「是謂玄牝」：「五氣清微，爲精神聰明音聲五性。其鬼曰魂，魂者雄也，主出入人鼻，與天通，故鼻爲玄也。地食人以五味，從口入，藏於胃。五性濁辱，爲形骸骨肉血脉六情。其鬼曰魄，魄者雌也，主出入於口，與地通，故口爲牝也。」

六情既通六氣，今先依服注左傳云：「六氣者，陰陽風雨晦明也〔一〕。」陰作土，陽與風作木，雨作金，晦作水，明作火，唯天陽不變。

## 校記

〔一〕「服」，服虔。春秋左傳卷四一昭公元年「天有六氣……六氣曰陰、陽、風、雨、晦、明也，分爲四時，序爲五節。」杜注、孔疏未引服注，當爲佚文。

陰爲土者，土是陰義，故陰凝爲地〔一〕。風作木者，風，動也，木亦動，觸地而出，箕星東方之宿，主風。又巽爲木，爲風也。雨作金者，雨，水也，水性銷釋，金性亦可銷釋，畢星西方之宿，主雨，故詩云「月離于畢，雨俾滂沲〔二〕」矣，故雨作金也。晦作水者，晦，闇也，晦闇則水生，闇黑爲水之色也。明作火者，明照於物，故爲火也。皆從其類以之。鄭玄注禮記云：「木爲雨，金爲陽〔三〕，火爲燠，土爲風，水爲寒〔四〕。」震主春分，春分、穀雨得天兑，則萬物畢生。兑，西方之卦，是時日在昴，昴西方之宿也，以日在西方，故謂天兑。貌順木得〔五〕，則天兑爲和，故木爲雨，詩云「習習谷風，以陰以雨〔六〕」也。金爲陽者，秋時日行東方，房星之宿，得天震之氣。言順金得，則天震爲和。震爲陽也，秋時物成，所以爕物，是其和也。逆金氣則爲旱罰，故金爲陽也。土爲風者，傳云：「思心有失，厥罰常風〔七〕。」言風者，土之氣也。莊子曰：「大塊噫氣，其名曰風〔八〕。」土者爲君，君立教令，故爲風。土立四季，故令失則風爲災也。鄭以木爲雨〔九〕，服以木爲風；服以金爲雨，鄭以金爲陽；鄭以土爲風，服以土爲陰。兩説煩〔一〇〕反，各有其意。今就五行而辨，服近之矣。所以然者，水生於金，金體非陽，木爲少陽，不應爲雨。土爲地，地本〔一一〕是陰，風自是陰陽之氣〔一二〕，不獨生於土，服以木爲風者，取巽木，故爲當也。

## 校記

〔一〕「地」，嘉慶本、知不足本、集成本作「土」。

〔二〕毛詩卷一五之三小雅漸漸之石：「有豕白蹢，烝涉波矣。月離于畢，俾滂沱矣。武人東征，不皇他矣。」

〔三〕「陽」，天文本作「暘」，下同。

〔四〕禮記卷二四禮器：「饗帝於郊，而風雨節，寒暑時。」鄭注：「五帝主五行，五行之氣和，而庶徵得其序也。五行木爲雨，金爲暘，火爲燠，水爲寒，土爲風。」

〔五〕「得」，底本、元禄本、宛委本、常州本作「德」，據抄本、嘉慶本、知不足本、集成本改。下同。

〔六〕毛詩卷二之二邶風谷風：「習習谷風，以陰以雨。黽勉同心，不宜有怒。」

〔七〕漢書卷二七五行志下之上：「傳曰：思心之不容，是謂不聖，厥咎霿，厥罰恒風，厥極凶短折。」

〔八〕莊子卷一齊物論：「子綦曰：『夫大塊噫氣，其名爲風。是唯無作，作則萬竅怒呺。而獨不聞之翏翏乎？』」

〔九〕「雨」，天文本作「陰」。

〔一〇〕「煩」，天文本作「碩」，嘉慶本、知不足本、常州本、集成本作「相」。

〔一一〕「本」，底本、元禄本、宛委本作「木」，據抄本、嘉慶本、知不足本、常州本、集成本改。

六氣通於六情者，好爲陽，惡爲陰，怒爲風，喜爲雨，哀爲晦，樂爲明〔一〕。好爲陽者，陽氣好生，是以爲好。惡爲陰者，陰氣好殺，是以爲惡。怒爲風者，楊泉云：「風者，陰陽孔氣〔二〕，激發而起，猶人之內氣，因喜怒哀樂激發起也〔三〕。」曾子曰：「陰陽怒而爲風〔四〕。」喜而爲雨者，曾子曰：「陰陽和而爲雨。」和潤故爲喜也。哀爲晦者，晦，闇也，愁則閇塞，故暗，所以爲晦。樂爲明者，樂則情舒散，故明也。漢書禮樂志云：「人含天地陰陽之氣，有喜怒哀樂之情〔五〕。」

## 校記

〔一〕春秋左傳卷五一昭公二十五年：「民有好惡、喜怒、哀樂，生於六氣。」杜注：「此六者，皆稟陰陽風雨晦明之氣。」

〔二〕「孔氣」，天文本作「禮氣」，又引一本作「孔氣」。

〔三〕文選卷一三宋玉風賦，李善注引物理志曰：「陰陽擊發氣也。」太平御覽卷九天部九引物理論曰：「風者，陰陽亂氣激發而起者也。猶人之内氣，因喜怒哀樂激越而發也。」黄奭黄氏逸書考子史鉤沉楊泉物理論所引有異同。

〔四〕曾子卷四曾子天員：「陽之精氣曰神，陰之精氣曰靈。神靈者，品物之本也，而禮樂仁義之祖也，而善否治亂所興作也。陰陽之氣，各從其所則静矣。偏則風，俱則靁，交則電，亂則霧，和則雨。」

〔五〕漢書卷二三禮樂志：「人函天地陰陽之氣，有喜怒哀樂之情。天稟其性而不能節也，聖人能爲之節而不能絶也，故象天地而制禮樂，所以通神明，立人倫，正情性，節萬事者也。」

論衡曰：「人五藏，以心爲主，心發智慧，而四藏從之。肝爲之喜，肺爲之怒，腎爲之哀，脾爲之樂，故聖人節之，恐傷性也〔一〕。」翼奉云：「好則膀胱〔二〕受之，水好前，故曰好。怒則膽受之，少陽始盛，萬物前萌也。惡則小腸受之，夏長養萬物，惡僞，故曰惡。喜則大腸受之，金爲珍物，故皆喜。樂則胃受之，土生養萬物，上下皆樂。哀則三焦受之，陰陽之府，陽昇陰終，其宮室竭，故曰三焦，故哀悽也〔三〕。」論衡以四時論藏，翼奉以風通六情論府〔四〕。脾腎二種藏府是同，肝肺二藏及府不同者，藏以肺有殺罰之性，故怒；府以合肺金珍之用，故喜；肝則以春氣生，故喜；膽則以合火能焚燎，故怒。二理竝通。又云：「喜氣爲暖當春，怒氣爲晴當秋，樂氣爲陽當夏，哀氣爲陰當冬〔五〕。」此與論衡意合。

## 校記

〔一〕論衡佚文。黄暉論衡校釋據此列入附編一。黄注：「蕭吉曰：『論衡以四時論藏。』見五行大義卷四論情性。」

〔二〕「膀胱」，天文本作「旁光」。

〔三〕漢書卷七五翼奉傳，翼奉奏曰：「陽用其精，陰用其形，猶人之有五臧六體，五臧象天，六體象地。故臧病則氣色發於面，體病則欠申動於貌。」陳喬樅齊詩翼氏學疏證卷上，以五行大義所引翼奉、論衡語論喜怒。

〔四〕漢書卷七五翼奉傳，翼奉曰：「知下之術，在於六情十二律而已。北方之情，好也；好行貪狼，申子主之。東方之情，怒也；怒行陰賊，亥卯主之。貪狼必待陰賊而後動，陰賊必待貪狼而後用，二陰並行，是以王者忌子卯也。禮經避之，春秋諱焉。南方之情，惡也；惡行廉貞，寅午主之。西方之情，喜也；喜行寬大，巳酉主之。二陽並行，是以王者吉午酉也。詩曰：『吉日庚午。』（顔注：「小雅吉日之詩也。其詩曰：吉日庚午，既差我馬。」）」陳喬樅齊詩翼氏學疏證卷上：「樅考五行大義論情性篇引翼氏説，正以子卯相刑爲忌，張（晏）注即用翼氏之義。」

〔五〕翼氏佚文。

翼奉云：「東方性仁情怒，怒行陰賊主之。南方性禮情惡，惡行廉貞主之。下方性信情哀，哀行公正主之。西方性義情喜，喜行寬大主之。北方性智情好，好行貪狼主之。上方性惡情樂，樂行姧邪主之〔一〕。」貪狼主求索財物，既云貪狼，理然求須〔二〕。陰賊主之〔三〕劫盜，此亦不疑〔四〕。廉貞主上客遷召，寅爲陽始，午爲陽盛，故稱上客。既有廉貞之性，理自召任高遷。寬大主酒食慶善，寬大多所容納，故有善慶，善慶必置酒食。姧邪主疾病淫欺，淫欺故因邪惡而生〔五〕，邪惡必生疾病。公正主執仇諍諫，正故能爭，公故能執仇讎也。情好者，水生申盛子，水性觸地而行，觸物而潤，多所好，故爲好。多所好則貪無厭，故爲貪狼，申子主之。情怒者，木生亥盛卯，性受水氣而生，貫地而出，故爲怒。卯木生於子水，與卯還自相刑，亥又自刑，是以陰氣相賊，故爲陰賊〔六〕，亥卯主之。貪狼必得陰賊而後動，陰賊必得貪狼而後用，二陰竝行，是以王者忌於子卯相刑之日也〔七〕。情惡者，火生寅盛午，火性炎猛，無所容受，故爲惡。其氣清明精耀，以禮自整，故爲廉貞，寅午主之。情喜者，金生巳盛酉，金爲寶物，見之者喜，又喜以利刃加於萬物，故喜。利刃所加，無不寬廣，爲器則多容受，故爲寬大，巳酉主之。二陽竝行，是以王者吉於午酉之日。情樂者，謂北與東，陽氣所萌生，故爲上，亦主中央。辰爲水窮也，木落歸本，水流歸末，故木刑在未，水刑在辰，盛衰各得其所，故樂。水窮則無隟不入，木上出，窮則旁行爲斜，故爲姧邪，辰未主之。情哀者，謂南與西，陰氣所萌生，故爲下，戌〔八〕窮火也，丑〔九〕爲金窮也。金剛火强，各歸其鄉，故火刑在午，金刑在〔一〇〕酉。金火之盛而被自刑，至窮無所歸，故曰哀。火性無私，金性剛斷，故曰公正，戌丑主之。故曰：五性居本，六情在末。情因性有，性而由情，情性相因，故以備釋。

## 校記

〔一〕漢書卷七五翼奉傳，翼奉曰：「上方之情，樂也；樂行姦邪，辰未主之。下方之情，哀也；哀行公正，戌丑主之。」顏注引孟康曰：「上方謂北與東也。陽氣所萌生，故爲上。

辰，窮水也。未，窮木也。翼氏風角曰『木落歸本，水流歸末』，故木利在亥，水利在辰，盛衰各得其所，故樂也。水窮則無隙不入，木上出，窮則旁行，故爲姦邪。」又引孟康曰：「下方謂南與西也。陰氣所萌生，故爲下。戌，窮火也。丑，窮金也。翼氏風角曰『金剛火彊，各歸其鄉』，故火刑於午，金刑於酉。酉午，金火之盛也。盛時而受刑，至窮無所歸，故曰哀也。火性無所私，金性方剛，故曰公正。」

〔二〕陳喬樅齊詩翼氏學疏證卷上：「五行大義引翼氏説『理然求須』句，文譌脱不可讀。疑當作『理然求索財物』，『然』猶『是』也。」

〔三〕「之」，嘉慶本、知不足本、集成本作「於」。

〔四〕「理然求須……此亦不疑」十四字，常州本改作：「自然欲壑無厭，其爲劫盜，亦不必疑。」

〔五〕「淫欺淫欺」，底本、元禄本、中國刊本作「淫淫欺欺」，據抄本改。陳喬樅齊詩翼氏學疏證卷上：「『淫淫欺欺』，疑亦字誤，原文當是『姦邪主疾病淫佚，淫佚故因邪惡而生』。」

〔六〕陳喬樅齊詩翼氏學疏證卷上：「於『情怒』下言『卯木生於子水，與卯還自相刑，亥又自刑，是以陰氣相賊』，與孟注言『木以陰氣賊害土者』義異。」

〔七〕陳喬樅齊詩翼氏學疏證卷上：「『王者忌於子卯相刑之日』，多『相刑』二字。……據此知『王者所以忌子卯』者，正以十二辰中唯子刑卯、卯又刑子，子卯反復相刑，餘辰皆無之。故他辰不忌，而子卯獨忌也。」

〔八〕「戌」，底本、元禄本、宛委本、常州本作「成」，據抄本、嘉慶本、知不足本、集成本改。

〔九〕「丑」，底本、元禄本、宛委本、常州本作「刃」，據抄本、嘉慶本、知不足本、集成本改。

〔一〇〕「在」，底本、宛委本作「左」，據抄本、元禄本、嘉慶本、知不足本、集成本改。

# 第十九　論治政

治政者，治者治也，治立爲名，政者正也，不邪爲稱。百姓不能自治，樹君以治之；萬民不能自正，立長以正之。正使不邪，治令不亂。不亂故安，不邪故善。善則盜賊不興，安則各保其業，所以能〔一〕勝殘去殺。道路鴈行，蚖蛇可蹠，驎龍可駕，如〔二〕此名政治也。孔子曰：「爲政以德，譬如北辰，居其所而衆星共之〔三〕。」大戴禮云：「君者治之本，無君焉治。能法五行，謂之合道。所以寬猛喻之水火，仁義取于金木。順四序以教民，資五材而爲用。任人任力，理歸一揆〔四〕。」

## 校記

〔一〕「能」，天文本無。

〔二〕「如」，天文本作「以」，又改爲「好」。

〔三〕見論語卷二爲政。

〔四〕大戴禮記卷一禮三本：「禮有三本：天地者，性之本也；先祖者，類之本也；君師者，治之本也。無天地焉生，無先祖焉出，無君師焉治，三者偏亡，無安之人。」

春秋繁露治順五行篇云：「木用事，其氣燥濁而青。七十二日火用事，其氣燥陽而赤。七十二日土用事，其氣溫濁〔一〕而黃。七十二日金用事，其氣堅凝而白。七十二日水用事，其氣清寒而黑。七十二日復木之用事〔二〕則行柔惠。進經術之士，至于立春，出輕繫，去稽留，除桎梏，開閉闔，通障塞，存幼孤，矜寡獨，此竝順春之施也。無伐木，恩及草木，則朱草生〔三〕。詩人所歌，恩及行葦者也。不伐木者，不可違天陽生長之氣也。若夫〔四〕人君馳騁無度，沈湎縱恣，重徭役，奪民時，厚稅斂，則民疾疢瘮，患足疾，傷春氣，故皆木病也。木傷敗則龍深藏，木禽懼而不見也。鯨鯢出而爲禍，鱗甲之蟲有金氣，所以傷木也。火用事，則正封疆，脩田疇，至于立夏，舉賢良，封有德，賞有功，出使四方，此順火〔五〕之化，長養萬物也。無縱火，則火順人用，甘露降，鳳凰來，黃鵠見。鳳凰即朱雀之類，喜故出見。甘露、黃鵠，竝子慶其母也。若人君用讒佞，離骨肉，疏忠臣，棄法令，婦人爲政，則民病血腫，國因不明，火爲災，冬鴈不來，鳥爲怪。火不善，故鳥有變怪憂懼，故不來也。土用事，養長老，矜寡獨，賜孝悌，施恩澤，順土寬和含養之德也，無興土功。宮室制度有差，親戚之恩有序，則五穀成，嘉禾出，賢聖來。土氣順，故嘉禾和熟，其〔六〕德景大，故聖賢悦之而來。若人君淫樂無度，侮親老，困百姓，則民〔七〕病腹心之疾。心腹主土，氣不和，故病。賢人隱藏，百穀不登，裸蟲爲災，土性傷，故稼穡不成。賢人惡之，所以不見。裸蟲，土氣也，傷故爲變。金用事，脩城墎，繕墻垣，審辟禁，飭〔八〕甲兵，警百官，誅不法。此竝順金以威嚴肅殺之〔九〕氣也。無焚金石，則白虎見。虎是金獸，喜故出也。若人君貪賂，好用兵，則民人病咳嗽，筋攣〔一〇〕鼻塞。鼻主肺，肺病，故咳嗽而鼻塞，此并金爲疾也。毛蟲金石爲怪，金氣傷，故爲變怪也。水用事，閉閭門，執當罪，飭關梁，此并順水閉藏之義。無決池堰，恐水氣泄溢也。如此則醴泉出，恩及禽蟲，則靈龜見〔一一〕。」

## 校記

〔一〕「温濁」，天文本作「濁温」。

〔二〕「復木之用事」，天文本作「復木用事木用事」。

〔三〕「生」，底本作「此」，據中國刊本改。

〔四〕「夫」，天文本引一本無。

〔五〕「火」，天文本作「天」。

〔六〕「故嘉禾和熟其」，底本、元禄本、宛委本作「故嘉禾其和熟」，據嘉慶本、知不足本、集成本改。常州本改作「萬物無不茂盛」。

〔七〕「民」，天文本作「人」，又引一本作「民」。

〔八〕「飭」，底本作「飭」，據抄本、嘉慶本、知不足本、常州本、集成本改。下同。

〔九〕「之」，底本、元禄本、宛委本作「人」，據元弘本、天文本、嘉慶本、知不足本、常州本、集成本改。

〔一〇〕「孿」，底本、元禄本、中國刊本作「牽」，元弘本作「率」，據天文本改。

〔一一〕「治順五行篇」，不見於今本春秋繁露。春秋繁露卷一三治水五行：「日冬至，七十二日木用事，其氣燥濁而青。七十二日火用事，其氣慘陽而赤。七十二日土用事，其氣濕濁而黃。七十二日金用事，其氣慘淡而白。七十二日水用事，其氣清寒而黑。七十二日復得木。木用事，則行柔惠，挺群禁。至於立春，出輕繫，去稽留，除桎梏，開門闔，通障塞，存幼孤，矜寡獨，無伐木。火用事，則正封疆，循田疇。至於立夏，舉賢良，封有德，賞有功，出使四方，無縱火。土用事，則養長老，存幼孤，矜寡獨，賜孝弟，施恩澤，無興土功。金用事，則修城郭，繕牆垣，審群禁，飭甲兵，警百官，誅不法，存長老，無焚金石。水用事，則閉門閭，大搜索，斷刑罰，執當罪，飭梁關，禁外徙，無決隄。」

書云「澤及昆蟲〔一〕」者也，甲蟲屬水，喜故見也。若人君廢祭祀，簡宗廟，執法不順，逆天氣，則民病流腫，水脹痿痺，孔竅不通，此并水氣擁〔二〕結之義。聖〔三〕人以水居太陰之位，陰闇虛空，比之宗廟，人死精氣散越，立宗廟以收之。堂宇虛寂，陰暗無人，喻之水也。廢於祭祀，則失孝道，故太陰之氣，感而病人，爲此疾也。水爲災害，靈龜深藏，鬼哭，介蟲爲怪。介蟲屬水，氣傷，故爲覆藏而不見也。宗廟不祀，魂氣傷怨，故鬼哭也。

校　記

〔一〕後漢書卷四八楊終傳：「萬姓廓然，蒙被更生，澤及昆蟲，功垂萬世。」

〔二〕「擁」，中國刊本作「壅」。

〔三〕「聖」，集成本作「賢」。

孝經援神契云：「木氣生風，火氣生蝗，土氣生蟲，金氣生霜，水氣生雹。失政於木則風來應，失政於火則蝗來應，失政於土則蟲來應，失政於金則霜來應，失政於水則雹來應。作傷〔一〕致風，侵至致蝗，貪殘致蟲，刻毒致霜，暴虐致雹。此皆并隨類而致也〔二〕。」

校　記

〔一〕「傷」，天文本引一本作「陽」。

〔二〕所引爲孝經援神契佚文。

桓子新論〔一〕曰：「人抱天地之體，懷纯粹之精，有生之最靈者也。是以貌動於木，言信於金，視明於火，聽聰於水，思睿於土。五行之用，動靜還與神通。貌恭則肅，肅時雨若；言從則乂，乂時暘若；視明則哲，哲時燠若；聽聰則謀，謀時寒若；心嚴則聖，聖時風若。金木水火，皆載於土。雨暘燠寒，皆發於風。貌言視聽，皆生於心。」

## 校記

〔一〕「桓子」，桓譚，字君山，沛國相人。傳見後漢書卷二八桓譚傳上。隋書卷三四經籍志三：「桓子新論十七卷，後漢六安丞桓譚撰。」全書佚，叢書集成新編第二一册有孫馮翼輯本。

尸子云：「心者，身之君。天子以天下受令於心，心不當則天下禍。諸侯以國受令於心，心不當則國亡。匹夫以身受令於心，心不當則身戮〔一〕。」故人心者，乃天地之精，群生之本。故政之治亂，由於君之心也。是心〔二〕聖人受命而王，莫不承天地，法五行，脩五事，而御宇宙養蒼生者也。其制度法式，皆五行爲本。車〔三〕服威儀，朝廷俯仰，農桑播殖，施惠慶賜，木也。尊卑上下，制度禮式，封爵賞功，居高視遠，火也。宫室臺榭〔四〕，夫婦親戚，布德含養，禄秩赦宥，土也。兵戎器械，狩狩武備，刑罰獄禁，金也。宗廟祭祀，儲積封藏，飭喪制慕〔五〕，卜筮決疑，水也。因五行而致百官，因百官而理萬事，萬事理而四海安，是政治之所由也。其居處、服御、器用所從，莫不本乎五行，乃通治道也。

## 校記

〔一〕群書治要卷三六貴言：「故曰：心者，身之君也，天子以天下受令於心，心不當則天下禍。諸侯以國受令於心，心不當則國亡。匹夫以身受令於心，心不當則身爲戮矣。」另見汪繼培輯尸子尹文子合刻本卷上貴言。

〔二〕「是心」，常州本作「歷來」，中村等全釋本作「是以」。

〔三〕「車」，底本、元禄本、宛委本、常州本爲空格「□」，嘉慶本、知不足本、集成本作「衣」，據抄本補。

〔四〕「榭」，底本、宛委本作「謝」，據抄本、嘉慶本、知不足本、常州本、集成本改。

〔五〕「制」，底本、元禄本、宛委本作「喪」，據天文本改。此四字，嘉慶本、知不足本、集成本作「飭喪哀慕」，常州本作「棺槨喪葬」。

禮記云：「春之月，天子居青陽左个，乘鸞輅，駕蒼龍，載青旂，衣青衣，服蒼玉。夏之月，居明堂左个，乘朱輅，駕赤駵，載赤旂，衣朱衣，服赤玉。中央土，居太廟太室，乘太輅，駕黄駵，載黄旂，衣黄衣，服黄玉。秋之月，居總章左个，乘戎輅，駕白駱，載白旗，衣白衣，服白玉。冬之月，居玄堂左个，乘玄輅，駕鐵驪，載玄旂，衣玄衣，服玄玉〔一〕。」

## 校記

〔一〕禮記卷一四月令：「孟春之月……天子居青陽左個，乘鸞路，駕倉龍，載青旂，衣青衣，服倉玉。」禮記卷一五月令：「孟夏之月……天子居明堂左個，乘朱路，駕赤騮，載赤旂，衣朱衣，服赤玉。」禮記卷一六月令：「中央土……天子居大廟大室，乘大路，駕黄騮，載黄旂，衣黄衣，服黄玉。……孟秋之月……天子居總章左個，乘戎路，駕白駱，載白旂，衣白衣，服白玉。」禮記卷一七月令：「孟冬之月……天子居玄堂左個，乘玄路，駕鐵驪，載玄旂，衣黑衣，服玄玉。」

考靈耀云：「春發令於外，行仁政，從天常，其時衣青。夏可以毁金〔二〕銷銅，使備火，敬天之明，其時衣赤。中央土，舉有道之人，與之慮國，可以赦〔三〕罪，不可起土功，犯地之常，其時衣黄。秋無毁金銅，犯陰之剛，用其時持兵，宜殺猛獸，其時衣白。冬無使物不藏，毋害水道，與氣相保，其時衣黑〔三〕。」

### 校記

〔一〕「金」，底本、元禄本、宛委本作「清」，天文本作「倩」，元弘本引一本作「情」，據嘉慶本、知不足本、常州本、集成本改。

〔二〕「赦」，底本、元禄本、中國刊本作「殺」，據元弘本引一本改。

〔三〕所引爲考靈耀佚文。王仁俊玉函山房輯佚書續編經編緯書類據此分五段輯入尚書緯考靈耀。

家語云：「孟春正月，東宮，衣青綵，鼓琴瑟，其兵矛，其樹柳。仲春二月，東宮，衣樂兵如前，其樹杏。季春三月，東宮，衣樂兵如前，其樹李。孟夏四月，南宮，衣赤綵，吹笙竽，其樹桃，其兵戟。仲夏五月，南宮，衣樂兵如前，其樹榆。季夏六月，中宮，衣黄綵，打大鼓，其樹梓，其兵弓。孟秋七月，西宮，衣白綵，撞洪鐘，其樹楝，其兵劍。仲秋八月，衣樂兵如前，其樹柘。季秋九月，衣樂兵如前，其樹槐。孟冬十月，北宮，衣黑綵，擊磬，其樹檀，其兵楯。仲冬十一月，北宮，衣樂兵如前，其樹棗。季冬十二月，衣樂兵如前〔一〕，其樹櫟〔二〕。」論時令，以待嗣藏之宜。周官云：「春爲牡〔三〕陳，弓爲前行。夏爲方陳，戟爲前行。六月爲圓陳，矛爲前行。秋爲牝陳，劍爲前行。冬爲伏陳，楯爲前行〔四〕。」此武備亦依五氣也。

## 校記

〔一〕「其樹棗季冬十二月衣樂兵如前」十二字，底本、元禄本、宛委本、常州本無，據嘉慶本、知不足本、集成本補。

〔二〕所引爲家語佚文。另參見淮南鴻烈卷五時則訓。

〔三〕「牡」，底本、元禄本、宛委本、常州本作「杜」，據嘉慶本、知不足本、常州本改。

〔四〕「周官」，嘉慶本、知不足本作「周書」。太平御覽卷三〇一兵部三二引周書曰：「春爲牝陣，弓爲前行；夏爲方陣，戟爲前行；季夏爲圓陣，矛爲前行；秋爲牡陣，劍爲前行；冬爲伏陣，楯爲前行。是爲五陣。」

録圖云：「君承木而王，爲人青色，脩頸美髮。其民長身廣肩，尚仁。長，皆象木也；仁，木性也。善則時草豐茂，嘉穀竝生，鳥不胎傷，木氣盛也。失則列星滅，色亂，禾稼不登，民多壓死。木生而上出，遇土傷，則青而不得起，故壓死。承火而王，爲人赤色，大目，離爲目〔一〕，故大視明也〔二〕。其人尖頭長腰，疾敏尚孝。長腰取兑，敏疾火性。離爲日，日有烏，烏者孝也。善則賢人任用，政頌平，駮馬文狐至。馬火畜，善故來，狐亦來〔三〕。失則夏霜，日是火精，失故變蝕雨。土，猝蔽光明之象。承土而王，表其首，首大，表土也。其人廣肩大足，好大咲戲儛。廣大象土，和故逸樂也。善則甘露降，醴泉竝應其善。失則蟲蝗生，天雨而常風霧亂，皆土氣傷，故表異也。承金而王，爲人白色，差肩耳，面方毛也。其民白頸長大，尚義，皆金氣也。善則大貝明珠出，外國遠貢珠貝。金之用，氣剛，能制遠人，故來貢獻。失則火飛，天鳴地圻，河溢山崩，邪人進，虫獸爲災。火能剋金，金有失，故火伐之，乃飛。承水而王，爲人黑色，大耳，坎爲耳，主腎水氣，故大。其民聰耳，坎水，孔穴通，故聰〔四〕。善則景雲至，黿龍被文，皆水氣爲祥也。失則蟾蜍去月，民多溺死，常雨爲害，皆水之憂也〔五〕。」此竝明治政之道，不越五行，故以備釋。

## 校記

〔一〕「目」，底本、元禄本、嘉慶本、宛委本作「日」，據抄本、知不足本、常州本、集成本改。

〔二〕「故大視明也」，常州本無「故」字。「大」，底本、元禄本、宛委本、常州本、集成本作「火」，據嘉慶本改。

〔三〕「來」，底本、天文本引一本、元禄本、宛委本作「雷」，天文本又作「前」，據中國刊本改。

〔四〕天文本「聰」上有「大頭」二字。

〔五〕「録圖」，據中村等大義本，録圖當指「廣義的緯書」。片段内容見於藝文類聚卷九八祥瑞部上慶雲引禮斗威儀：「其君乘水而王，爲人黑色，大耳，其政和平，時則景雲至。」又見藝文類聚卷九九祥瑞部下所引禮斗威儀：「君乘火而王，其政訟平，南海輸以文狐。」以及太平御覽卷三七三人事部一四引禮斗威儀：「君乘木而王，爲人美髮。」太平御覽卷三七七人事部一八引禮斗威儀：「君乘土而王，其民長；君乘金而王，其民洪白長大。」太平御覽卷三九一人事部三二引禮斗威儀：「君乘土而王，其民好大笑。」

# 五行大義卷五



## 第二十　論諸神

諸神者，靈智無方，隱顯不測[一]。孔子曰：「陽之精氣爲神[二]。」又曰：「陰陽不測之謂神[三]。」一解云：神，申也[四]。萬物皆有質，礙屈而不申，神是清虚之氣，無所擁滯，故曰申也，語其神也。名有萬徒，三材之道，百靈非一，竝從五行。難可周盡，今且論所配五行，辨吉凶者。

### 校　記

〔一〕參見周易卷七繫辭上：「故神無方而易無體。」

〔二〕大戴禮記卷五曾子天圓：「是以陽施而陰化也。陽之精氣曰神，陰之精氣曰靈。神靈者，品物之本也，而禮樂仁義之祖也。」

〔三〕周易卷七繫辭上。

〔四〕説文解字示部：「神，天神引出萬物者也。」

帝系譜曰：「天地初起，即生天皇，以木德王〔一〕。」三五曆紀云：「天皇十三頭〔二〕。」帝系譜曰：「地皇以火德王〔三〕。」三五曆云：「有神人十一頭，號地皇〔四〕。」春秋命曆序曰「人皇九頭〔五〕」，宋均注云：「兄弟九人〔六〕。」洞紀云：「人皇分治九州。古語質，故以頭數言之〔七〕。」陶華陽云：「此三皇治紫微宮，其精爲天皇太帝〔八〕。」世記云：「天皇太帝曜魄寶，地皇爲天一，人皇爲太一〔九〕。」甘公星經云：「天皇太帝，本〔一〇〕秉萬神圖，一星在勾陳中，名燿魄寶，五帝之尊祖也。天一、太一主承神，承，猶侍也。有兩星，在紫微宮門外，俱侍星〔一一〕天皇太帝。天一主戰鬬，知吉凶。甲戊庚壬王〔一二〕，治玉堂宮。乙己辛王〔一三〕，治明堂宮。丙丁癸王〔一四〕，治绛宮。是爲三宮。太神、太一主風雨、水旱、兵革、飢疫、災害，復使十六神遊於九宮〔一五〕。天一是含養萬物，太一是〔一六〕察災殃，是爲天帝之臣〔一七〕。」鄭玄注乾鑿度云：「太一者，北辰神名〔一八〕，居其所曰太帝，行八卦日辰之間，曰太一，或曰天一。出入所逝息紫宮之外，其星因以爲名。天一之行，猶天子巡狩方岳〔一九〕，人君亦從而巡省，每卒則復。太一〔二〇〕行八卦之宫，每四季〔二一〕，乃入於中央。天數大分，以陽出，以陰入，陽起於子，陰起於午。是以太一下行九宫，從坎始也〔二二〕。」九宫經云：「天一之行，始於離宫。太一之行，始於坎宫。天一主豐穰，太一主水旱兵飢。合十二神，遊行九宫十二位，從少之多〔二三〕。」

## 校記

〔一〕「帝系譜」，舊唐書卷四六經籍志上：「帝系譜二卷，張愔等撰。」新唐書卷五八藝文志二：「張愔等帝系譜二卷。」太平御覽卷七八皇王部三引帝系譜曰：「天地初起，即生天皇，治萬八千歲，以木德王。」

〔二〕「三五曆紀」，高野本作「洞紀」，天文本作「三五洞紀」。舊唐書卷四六經籍志上：「三五曆記二卷，徐整撰。」「天皇十三頭」云云，魏晉以來流傳盛廣。晉王嘉拾遺記卷九晉時事：「壁上刻爲三皇之像：天皇十三頭，地皇十一頭，人皇九頭，皆龍身。」侯康補三國藝文志卷三雜史類「徐整三五歷記二卷」下云：「蕭吉五行大義卷五引之云：天皇十三頭，地皇十一頭。」

〔三〕藝文類聚卷一一帝王部一地皇氏引帝系谱曰：「地皇治一萬八千歲，以火德王。」

〔四〕藝文類聚卷一一帝王部一地皇氏引項峻始學篇曰：「地皇十一頭，治八千歲。」項峻爲三國時孫吴第一代史官。

〔五〕「春秋命曆序」，春秋緯之一。文選卷一一王文考魯靈光殿賦：「五龍比翼，人皇九頭。」李善注引春秋命曆序曰：「人皇九頭，提羽蓋，乘雲車，出暘谷，分九河。宋均曰：九頭，九人也。提羽蓋，鳥之羽。」藝文類聚卷一一帝王部一人皇氏引項峻始學篇曰：「人皇九頭，兄弟各三百歲，依山川土地之勢，裁度爲九州，各居其一方，因是而區別。」初學記卷九帝王部總叙帝王引項峻始學篇曰：「天地立，有天皇十三頭，號曰天靈，治萬八千歲。」

〔六〕藝文類聚卷一一帝王部一人皇氏引榮氏曰：「人皇兄弟九人，生於刑馬山，身九色。」太平御覽卷七八皇王部三引春秋緯曰：「天皇，地皇，人皇，兄弟九人，分爲九州，長天下也。」

〔七〕「洞紀」，號稱「史傳事驗」之書，三國吴人韋昭（曜）著。三國志卷六五吴書韋曜傳：「尋按傳記，考合異同，采摭耳目所及，以作洞紀，起自庖犧，至于秦、漢，凡爲三卷。」隋書卷三三經籍志二：「洞紀四卷，韋昭撰。記庖犧已來至漢建安二十七年。」舊唐書卷四六經籍志上：「洞記九卷，韋昭撰。」侯康補三國藝文志卷三雜史類「韋昭洞紀三卷（記庖犧已來至建安二十七年）」：「史通表曆篇：『韋昭洞紀、陶宏景帝代年曆，皆因表而作，用成其書，非國史之流。』莊子説劍篇音義引洞紀云：『周赧王十七年，趙惠文王之元年。』五行大義卷五引洞紀云：『人皇分治九州，古語質，故以頭數言之。』御覽皇王部三引洞紀曰：『古人質，以頭爲數，猶今數鳥獸以頭記也，若云十頭鹿，非十頭也。』樂部十引韋昭洞曆記曰：『紂無道，比干知極諫必死，作秣馬金闕之歌。』」

〔八〕「陶華陽」，齊、梁間道士陶弘景别號。弘景字通明，丹陽秣陵人。南史卷七六隱逸下陶弘景列傳：「陶弘景……止于句容之句曲山……乃中山立館，自號華陽陶隱居。」

〔九〕「世記」，即帝王世紀，隋書卷三三經籍志二：「帝王世紀十卷，皇甫謐撰。起三皇，盡漢、魏。」

〔一〇〕「本」，天文本、高野本無。

〔一一〕「星」，天文本、高野本無。

〔一二〕「王」，天文本無，又引一本無「壬王」二字。

〔一三〕「王」，天文本作「壬」，又天文本引一本、高野本無「王」字。

〔一四〕「癸王」，天文本作「壬癸」。

〔一五〕「復」，天文本、高野本無。「十六神」，據太乙家説法，爲四季加四維十二支之神。

〔一六〕「是」，天文本無。

〔一七〕孫詒讓周禮正義卷三三春官大宗伯：「又案，鄭以昊天上帝爲北辰，賈所引春秋緯，並據北極大星言之，即今之北極帝星也。」然五行大義論諸神篇引甘公星經、晉書天文志並謂天皇大帝名耀魄寶，一星在鈎陳口中，則北極帝星之外，别有天皇大帝之星。史記天官書及漢書天文志並無之。今天官家所測星圖，則帝星外又别有北極與天皇大帝兩星。

然古説北極四星，或云五星，皆不兼鈎陳及其口内之星。」文廷式純常子枝語卷三三：「蕭吉五行大義五云：『太神、太一主風雨……是爲天帝之臣。』按：蕭氏不知太一即上帝，失周漢人之舊義矣。」

〔一八〕「辰神」，天文本作「極之」；「神」，高野本作「之」。

〔一九〕「岳」，底本、元禄本、宛委本、常州本作「兵」，據抄本、嘉慶本、知不足本、集成本改。

〔二〇〕「太一」，高野本、天文本作「大昊」。

〔二一〕「季」，高野本、天文本作「方」。

〔二二〕易緯乾鑿度卷下「故太一取其數以行九宮，四正四維，皆合於十五」，鄭玄注：「太一者，北辰之神名也，居其所曰太一，常行於八卦日辰之間，曰天一，或曰太一。出入所遊，息於紫宫之内外，其星因以爲名焉。故星經曰：天一、太一，主氣之神。行，猶待也。四正四維，以八卦神所居，故亦名之曰宫。天一下行，猶天子出巡狩、省方岳之事，每率則復。太一下行八卦之宫，每四乃還於中央，中央者北神之所居，故因謂之九宮。天數大分，以陽出，以陰入，陽起於子，陰起於午，是以太一下九宮，從坎宫始。」俞正燮癸巳類稿卷一○太一天一太一乘斗論：「是爲十二神天一、太一二星名也。蕭吉五行大義引鄭則云『居其所曰太帝，行八卦五行之間曰太一，或曰天一』，逝息爲名。而論之云：十二神之天一、太一，並紫微宫外，天一、太一非紫微宫内北辰太帝，鄭玄謬矣。則蕭偏見十二神不推鄭意者也。……舊唐書禮儀志云，會昌元年中書門下奏，案鄭玄説天一掌八氣九精之政，以佐天極；太一掌十有六神之法度，以輔人極，此以其下行言之。推鄭意，二者皆是十精太一，而云以佐天極、以輔人極，則是十二神天一太一，其誤自五行大義以使十六神之太一爲天帝之臣。引甘公星經云：天一、太一主承神，有兩星在紫微宫門外，而以紫微内天一即太一者分注之。致鄭注錯出，與史、緯、星文九宫古法俱悖。其最易明者，十二神太一不能領十六神，蕭曾不思，而會昌奏案因蕭之訛，古法遂不明於世。」又癸巳類稿卷一〇書武經總要後：「嘗覽隋蕭吉五行大義所引太一神名，今人皆不知。」

〔三〕「九宫經」，隋書卷三四經籍志三：「黄帝九宫經一卷。九宫經三卷，鄭玄注。梁有黄帝四部九宫五卷，亡。」

六壬式經〔一〕云：「十二神將，以天一爲主。甲戊庚日，旦治大吉，暮治小吉。乙己日，旦治神后，暮治傳送。丙丁日，旦治微〔二〕明，暮治從魁〔三〕。六辛日，旦治勝先，暮治功曹。壬癸日，旦治太一，暮治大衝〔三〕。」此竝紫微宫門外。天一、太一非紫微之内。北辰之名大帝也，鄭玄謬矣。

## 校記

〔一〕「式」，底本、元禄本、宛委本、常州本作「拭」，據高野本、天文本、嘉慶本、知不足本、集成本改。下同。「六壬式經」，隋書卷三四經籍志三：「六壬式經雜占九卷，梁有六壬式經三卷，亡。」

〔二〕「微」，高野本、天文本作「登」。

〔三〕「從魁」，論衡卷二四難歲：「或上十二神，登明、從魁之輩，工伎家謂之皆天神也，常立子丑之位，俱有衝抵之氣，神雖不若太歲，宜有微敗。」

太一十六神者，地主在子，陽氣動於黄泉，萬物孳産於地，子爲陽氣之首〔一〕，故曰地主。陽德在丑，陽能生萬物，至丑方生，故曰陽德也。和德在東北維，此時陰陽氣合，生於萬物，故曰和德。吕申在寅，吕，巨也，申，引長也，萬物漸申而巨大也，故曰吕申。高蘽在卯，萬物蘽而高大，故曰高蘽。太陽在辰，震〔二〕動已後，陽氣大盛，故曰太陽。大昊在東南維，時陽已著，昊然照明，故曰大昊。大神在巳，萬〔三〕物已熟，其氣翼起，故曰大神。大威在午，陽衰陰生，形氣始動，故曰大威。天道在未，百物皆成，莫不資用，故曰天道。大武在西南維，陰氣用事，萬物皆傷，故曰大武。武德在申，薺麥方生，陰懷〔四〕陽性，故曰武德。大族在酉，陰氣大殺〔五〕，族類皆盡，故曰大族。陰主在戌，陽氣下藏，陰氣自在〔六〕於上，故曰陰主。陰德在西北維，乾爲天也，陰氣至此而極，方能生陽，故曰陰德。大義在亥，萬物於此懷任，陰炁〔七〕含陽，故曰大義。

## 校記

〔一〕「首」，高野本作「始」。
〔二〕「震」，元弘本引一本、天文本作「雷」。
〔三〕天文本「萬」上有「生」字。
〔四〕「懷」，底本、宛委本、常州本作「壞」，元禄本作「壞」，據元弘本、天文本、嘉慶本、知不足本、集成本改。
〔五〕「殺」，抄本作「煞」。
〔六〕「在」，高野本、天文本作「任」。
〔七〕「炁」，底本作「無」，天文本作「氣」，據高野本改。

又九宮十二神者，天一在離宮，太一在坎宮，天符在中宮，攝提在坤宮，軒轅在震宮，招摇在巽宮，青龍在乾宮，咸池在兑宮，大陰在艮宮。太一所〔一〕在已如前解，餘七神，皆是星宫之名，與天一、太一行於九宫，一歲一移，九年復位。天一主豐穰，太一主水旱〔二〕，天符主飢饉，攝提主疾苦，軒轅主雷雨，招摇主風雲，青龍主霜雹，咸池主兵賊，太陰主陰謀。又別有青龍行十二辰，即太歲之名也。古者名歲曰青龍，此神主福慶。太陰三歲一徙，右行十二辰，即太歲之陰神也〔三〕，后妃之象，主水雨陰私。害氣右行四孟，一歲一移，以其所至爲害，故言害氣。合爲十二神，九宮之所用也〔四〕。

## 校記

〔一〕「所」，底本無，據常州本補。

〔二〕「旱」，底本、元禄本、宛委本、常州本作「寒」，元弘本注：「借音也，可作『旱』也。」據嘉慶本、知不足本、集成本改。

〔三〕王引之經義述聞卷三〇太歲考下第十一論張晏孟康漢書注誤釋太陰：「古今言太陰者有二。一爲主歲之太陰，即太歲之別名，淮南子天文篇所言『太陰在寅』之屬是也。一爲歲後二辰之太陰，今陰陽家所謂歲后也。（五行大義曰「太陰，即太歲之陰神也……故曰害氣」，此與左行之太陰迥殊。）」孫詒讓周禮正義卷五一春官保章氏「以十有二歲之相，觀天下之妖祥」下云：「五行大義云：『大陰者，太歲之陰神。』則即今陰陽家之歲后，在大歲後，二神亦謂之大陰，與歲星爲陽、大歲爲陰並異。」

〔四〕俞正燮癸巳類稿卷一〇九宮紀年論：「五行大義云：『九宮十二神者，天一、太一、天符、攝提、軒轅、招搖、青龍、咸池、太陰，行于九宮，一歲一移。別一青龍，行十二辰，即太歲之名。別一太陰，行十二辰，三歲一徙，即太歲之陰神。其害氣右行四孟，一歲一移，合爲十二神，以天一、太一爲用，是年九宫也。』」陳喬樅齊詩翼氏學疏證卷上：「五行大義引九宫經云：『太陰三歲一徙，右行十二辰，即太歲之陰神也，主水雨陰私。』……五行大義云：『害氣一歲一移，以其所至爲害，故曰害氣。』……三歲一徙，九宫之害氣右行四孟，一歲一移，皆顯有分别，不得混合而爲一也。」姚振宗隋書經籍志考證卷三六子部「登壇文一卷。梁有二公地基一卷，雜地基立成五卷，八神圖二卷，十二屬神圖一卷，亡」下云：「謹案……五行大義載九宫十二神，各有主名。術家又有太歲十二神，博士十二神，六壬所使十二神。漢志五行家有轉位十二神二十五卷，其詳不可得而聞矣。（二公八神並未詳，疑是人神。）」

又玄女式經云：「六壬所使十二神者，神后主子，水神。大吉主丑，土神。功曹主寅，木神。大衝〔一〕主卯，木神。天剛〔二〕主辰，土神。太一主巳，火神。勝先主午，火神。小吉主未，土神。傳送主申，金神。從魁主酉，金神。河魁主戌，土神。徵明主亥，水神〔三〕。子神后者，子爲黄鍾，君道，故稱后，陽之始也。陽動於内而未形，故稱神也。丑大吉者，萬物至丑皆萌，得陽生，故大吉也。寅功曹者，萬物至寅，其功已見。曹，衆也，衆物功既〔四〕見於寅也。卯大衝者，萬物至卯其〔五〕皆大衝，其心皮抽蕚也。辰天剛〔六〕者，當斗星之柄，其神剛强也。巳太一者，純乾用事，天德在焉，故太一神后也〔七〕。午勝先者，陽氣大威〔八〕，陰氣時動，惟陽在先爲勝也。未小吉者，萬物畢熟成，故爲小吉也。申傳送者，傳其成物，送與冬藏也。酉從魁者，從斗之魁，第二星也。戌河魁者，河當首也，當斗魁首也。亥徵明者，水體内明，不見於外，徵其陽氣，至子方明也。神后主婦女，大吉主田農〔九〕，功曹主遷邦，大衝主對吏，天剛主殺伐〔一〇〕，太一主金寶，勝先主神祀，小吉主婚會，傳送主掩捕，從魁主死喪，河魁主疾〔一一〕病，徵明主辟〔一二〕召〔一三〕。」

## 校記

〔一〕「衝」，底本、元禄本、宛委本作「衡」，據抄本、嘉慶本、知不足本、集成本改。

〔二〕「剛」，高野本、天文本作「罡」。

〔三〕「徵」，底本、元弘本、元禄本、嘉慶本、宛委本、知不足本、集成本作「微」，常州本作「登」，據高野本、天文本改。下同。高野本、天文本「神」下有「神后主子水神」六字。

〔四〕「既」，高野本、天文本無。

〔五〕「其」，高野本、天文本無。

〔六〕「剛」，抄本作「罡」。

〔七〕「神后」，天文本、高野本引一本作「之神居」；高野本「神」上有「之」字。

〔八〕「威」，高野本、天文本作「盛」。内藤湖南古鈔本五行大義殘卷跋：「午勝先者，陽氣大盛，刻本『盛』譌『威』。」

〔九〕「田農」，高野本引一本作「農穰」。

〔一〇〕「剛」，高野本、天文本作「罡」；「殺」，高野本、元弘本作「煞」，下同。

〔一一〕「疾」，高野本作「死」。

〔一二〕「辟」，底本、元禄本、宛委本、常州本作「碎」，據抄本、嘉慶本、集成本改。

〔一三〕「玄女式經」，參見隋書卷三四經籍志三：「玄女式經要法一卷。」錢大昕恒言録卷六方術類六壬：「隋書經籍志，六壬式經雜占九卷，六壬釋兆六卷。」張鑑補注：「五行大義引玄女式經云：『六壬所使十二神。』」俞正燮癸巳類稿卷一〇六壬古式考：「其云神者，五行大義引玄女式經云：『六壬所使十二神，神后、大吉、功曹、太衝、天剛、太一、勝先、小吉、傳送、從魁、河魁、徵明。』則今所云十二將。」據中村等大義本，所引内容，參見宋楊惟德撰景祐六壬神定經卷二釋月將所引：「正月將徵明。金匱經曰：建寅之月，陽氣始達，徵召萬物，而明理之，故曰徵明。二月將天魁。金匱經曰：建卯之月，萬物皆生，各求根本，以類合聚，故曰天魁。三月將從魁。金匱經曰：建辰之月，萬物皆長，枝蕊花葉，從根本而出，故曰從魁。四月將傳送。金匱經曰：建巳之月，萬物盛茂，陽氣所傳而通送之，故曰傳送。五月將小吉。金匱經曰：建午之月，萬物小盛，陰氣始生，奉陽之功，故曰小吉。六月將勝先。金匱經曰：建未之月，萬物莊大，踰本而生，故曰勝先。七月將太乙。金匱經曰：「建申之月，萬物畢秀，吐穗含實，孔穴自任，故曰太乙。八月將天罡。金匱經曰：建酉之月，萬物强固，柯條已定，核實堅剛，故曰天罡。九月將太衝。金匱經曰：建戌之月，萬物成熟，收穫聚之，枝榦剥毁，故曰太衝。十月將功曹。金匱經曰：建亥之月，萬物大聚，功事成就，計定於功，故曰功曹。十一月將大吉。金匱經曰：建子之月，陽氣復始，君得其位，惠化日施，故曰大吉。十二月將神后。金匱經曰：建丑之月，歲功畢定，酒醴蜡祭百神，故曰神后。」

又十二將者，天一土將，前一騰〔一〕蛇火將，前二朱雀火將，前三六合木將，前四勾陣土將，前五青龍木將，後一天后水將，後二太陰金將，後三玄武水將，後四大裳〔二〕土將，後五白虎金將，後六天空土將〔三〕。天一已如前解，騰蛇主驚恐，朱雀主文書，六合主慶賀〔四〕，勾陣主拘礙，青龍主福助，天后猶是神后，天一之妃，太陰主陰私，玄武主死病，大裳主賜賞，白虎主鬭訟，天空主虚耗也。

## 校記

〔一〕「騰」，底本、元禄本、宛委本作「勝」，常州本作「螣」，據抄本、嘉慶本、知不足本、集成本改。

〔二〕「裳」，高野本、常州本作「常」。

〔三〕俞正燮癸巳類稿卷一〇六壬古式考：「所謂月神者，今之將；所謂上以神將者，乃今之神。五行大義云：『六壬式十二將，天一爲土將，前騰蛇火將，前二朱雀火將，前三六合木將，前四句陳土將，前五青龍木將，後一天后水將，後二太陰金將，後三玄武水將，後四太常土將，後五白虎金將，後六天空土將。』」

〔四〕「賀」，高野本、天文本作「喜」。

遁甲九神者，天逢在坎，一名子經，木神在斗，居破軍星。天内在坤，一名子成，水神在斗，居破軍星。天衝在震，一名子翹，金神在斗，居破軍星。天輔在巽，一名子文，土神在斗，居武曲星。天禽在坤，一名子公，火神在斗，居廉貞星。天心在乾，一名子襄〔一〕，木神在斗，居文曲星。天柱在兑，一名子違，水神在斗，居禄存星。天任〔二〕在艮，一名子金，神在斗，居巨門星。天英在離，一名子殺，土神在斗，居貪狼星〔三〕。天逢已下皆是星名。子經者，以子午爲天地之經，位既在坎，故名經也。天内子成者，坤爲地，能成萬物也。天衝子翹者，翹，動貌，翹在震，動之象也。天輔子文者，巽爲號令，有文章也。天禽子公者，居五土位，寄在坤，土爲萬物之父，故言公也。天心子襄者，襄，善也，乾爲天，慈施故善也。天柱子違者，兑主金，金有殺伐，違天之道故也。天任子金者，艮在丑，丑，金之本也。天英子殺者，離，火也，火有燒燃之義也。

## 校記

〔一〕「襄」，底本作「衰」，據抄本改。下同。

〔二〕「任」，底本、元禄本、宛委本作「住」，據高野本、天文本、嘉慶本、知不足本、常州本、集成本改。

〔三〕俞正燮癸巳類稿卷一〇九宮應九星考，引五行大義「遁甲九神……居貪狼星」，無一名子經、一名子成、一名子翹、一名子文、一名子公、一名子襄、一名子達、一名子金、一名子殺云云，或可視爲原文夾注。同上書俞氏又案：「開元占經引洛書，在北斗第一星曰破軍，第七星曰貪狼。五行大義引黄帝斗圖，則一曰貪狼，七曰破軍。此用黄帝説或洛書逆數。」

遁甲經云：「天逢宜安邊保固，天内宜宗道結友〔一〕，天衝宜出軍伏仇，天輔宜脩禮設教，天禽宜請福除惡，天心宜避病求〔二〕藥，天柱宜匿〔三〕屯守固，天任宜慶謁通財，天英宜遠行作樂。」九神之名，上竝云天，下皆曰子者，此神屬於北斗，皆隷於天故也，子者美稱，以此神尊美故也。

校記

〔一〕「友」，高野本、天文本作「支」。

〔二〕「求」，高野本、天文本作「合」。

〔三〕「匿」，高野本作「送」，天文本作「亡」。

孔子元辰云：「北斗第一神〔一〕，字希神子。第二神，字貞文子。第三神，字禄存子。第四神，字世惠子。第五神，字衛不鄰〔二〕子。第六神，字微〔三〕惠子。第七神，字大景子。」此亦〔四〕竝稱子也。春秋佐助期云：「第一星神名執陰，姓頸〔五〕梁。第二星神名斗諒，姓伊偶當。第三星神名拒理，姓英劉領許〔六〕。第五星神名防仵，姓鷄尹〔七〕堵。第六星神名開寶，姓蚩，一名蒼兒部〔八〕。第七星神名招，姓肥脱絡馮〔九〕。」七星之名，竝是人年命之所屬，恒思誦之，以求福也。

校記

〔一〕高野本、天文本「神」下有「星」字。

〔二〕「鄰」，天文本作「附」。

〔三〕「微」，天文本作「徵」。

〔四〕「亦」，天文本無。

〔五〕「頸」，天文本作「頭」。

〔六〕「劉」，高野本、天文本作「劉」。常州本「許」下有雙行小注：「似脱第四星神姓名。」據唐段成式酉陽雜俎前集卷一四諾皋記上：「北斗魁第一星神名曰執（一曰報）陰，第二星曰叶詣（一作諧），第三星曰視金，第四星曰拒（一作洰）理，第五星曰防仵，第六星曰開寶，第七星曰招搖。」

〔七〕「尹」，高野本作「君」。

〔八〕「一」，高野本、天文本無；「名」，高野本、天文本、元弘本引一本作「茗」；「部」，高野本、元弘本引一本作「郉」，天文本作「郎」。

〔九〕「春秋佐助期」，春秋緯之一。「絡」，高野本、天文本、元弘本引一本作「終」。自第一星神始，各神所姓頗奇，據中村等大義本估計，似爲該緯書成文時由外方移居中土之外來神。

黄帝八神圖云：「乾神軒轅，天承相使，舍於辰星。兑神時刑，北斗之使，舍於牛星，主軒研〔一〕。坤神招搖，天之上公使，舍於角星，主殺害。離神昊時，天之遊徼〔二〕使，舍於翼星。巽神天候，天執法使，舍於觜星。震神雷公，大陰之候使，舍於七星。艮神曲〔三〕

隆，天候東明之使，舍於奎星。坎神咸池，天雨師使，舍於井星，主雨。此八使之神，婦人〔四〕産乳，忌低向之〔五〕。」此亦九宫之神。神既清虚〔六〕，遊無定所，故在宫間，牙〔七〕時有不同。既八卦配於五行，故附此而録諸神占候之法。各〔八〕有别注，不勞於此，委碎名字之義，故以略談。至如日月星辰，風雨雷電，山川岳瀆，井竈衡門，爰及人身諸神非一，帝王之所崇祭，百姓之所祈禱，如此之例，名數甚多。其於五行，更無别義，故不備説。又卜筮所用，殺曆諸神，正〔九〕是左右歳月之間，逆順季孟之際，亦無俟於具談，寧勞曲解。此前諸神，占候之綱維，三才之理要，故以次述。

## 校記

〔一〕「軒」，高野本作「斬」；「研」同「趼」，畜蹄。

〔二〕「擻」，底本、元禄本、宛委本作「激」，據嘉慶本、知不足本、常州本、集成本改。

〔三〕「曲」，高野本、天文本作「豊」。

〔四〕「人」，天文本引一本、高野本作「女」。

〔五〕「低」，元弘本作「弖」，天文本無此字。隋書卷三四經籍志三：「梁有……八神圖一卷，十二屬神圖一卷，亡。」所引爲該書佚文。

〔六〕「虚」，高野本作「靈」，又側注「虚」字。

〔七〕「牙」，天文本作「年」，高野本作「𤘪」。内藤湖南古鈔本五行大義殘卷跋云：「『𤘪時有不同』，刻本『𤘪』譌『牙』。」

〔八〕「各」，高野本、天文本作「名」。

〔九〕「正」，天文本作「止」。

## 第二十一　論五帝

遂古已來，所論五帝，凡有三種。河圖云：「東方青帝，靈威仰，木帝也。南方赤〔一〕帝，赤熛怒，火帝也。中央黄帝，含樞紐，土帝也。西方白帝，白招拒，金帝也。北方黑帝，叶光紀，水帝也〔二〕。」陶華陽云「有皇伯、皇仲、皇叔、皇季、皇少，兄弟五人」，即靈威仰等。此五帝並天上神，下治於世，綜理神鬼，次第相接，治太微宮，其精爲五帝之座。五星随王受氣，即明堂所祭者也。故云：「宗祀文王於明堂，以配上帝〔三〕。」

### 校記

〔一〕「赤」，高野本作「炎」。

〔二〕所引爲河圖佚文。

〔三〕孝經卷五聖治章：「昔者周公郊祀后稷以配天，宗祀文王於明堂，以配上帝。」

禮記曰：「春之月，其帝大皥。夏之月，其帝炎帝。中央土〔一〕，其帝黄帝。秋之月，其帝少皥。冬之月，其帝顓頊〔二〕。」東方大昊庖羲氏，主春，蒼精之君。南方炎帝神農氏，主夏，赤精之君。中央黄帝軒轅氏，主四季，黄精之君。西方白帝金天氏，主秋，白精之君。北方黑帝顓頊氏，主冬，黑精之君。

## 校記

〔一〕「土」，高野本、天文本無。

〔二〕禮記卷一四月令：「孟春之月……其帝大皥，其神句芒。」禮記卷一五月令：「孟夏之月……其帝炎帝，其神祝融。」禮記卷一六月令：「中央土……其帝黄帝，其神后土。……孟秋之月……其帝少皥，其神蓐收。」禮記卷一七月令：「孟冬之月……其帝顓頊，其神玄冥。」

易曰：「帝出於震〔一〕。」此蓋人帝之始，始〔二〕於伏羲。五行〔三〕之次，以木爲先，四時相易，以春爲首，故庖羲爲五帝之先也。又諸史以少昊、顓頊、高辛、唐虞謂之五帝，此蓋自舜已前，五行相承爲帝也。易經乃上取伏羲，下至虞舜，不言中間三帝者，以其因脩〔四〕，無所造作〔五〕。何〔六〕以得言之，故不論也。太昊帝庖羲者，姓風〔七〕也，母華胥，履大人迹而生於成紀〔八〕，蛇身人首，以木德王天下，爲百王先。易曰：「帝出於震。」震，木，東方，主春〔九〕，象日之明，故曰太昊。因象龜文，而畫八卦〔一〇〕，爲罔罟以田漁〔一一〕。古者人畜相食，爲害者多。帝觀蜘蛛之網，教民取犧牲，以充〔一二〕庖厨，故曰庖犧，是謂羲皇。後世音謬，謂之伏犧，或云宓羲，一號雄皇氏〔一三〕。孝經鉤命決云：「伏羲日角，珠衡，戴勝〔一四〕。」禮含文嘉云：「伏羲德洽〔一五〕上下，天應以鳥獸文章，地應以龜書〔一六〕，伏羲則象作八卦〔一七〕。」

## 校記

〔一〕周易卷九説卦：「帝出乎震，齊乎巽，相見乎離，致役乎坤，説言乎兑，戰乎乾，勞乎坎，成言乎艮。」

〔二〕「始」，天文本引一本無。

〔三〕「行」，高野本引一本作「帝」。

〔四〕「脩」，疑當爲「循」之誤。

〔五〕周易卷八繫辭下：「包犧氏没，神農氏作……神農氏没，黄帝、堯、舜氏作……黄帝、堯、舜垂衣裳而天下治，蓋取諸乾坤。」

〔六〕高野本「何」上有「可」字。

〔七〕「姓風」，高野本、天文本作「風姓」。藝文類聚卷一一帝王部一引帝王世紀曰：「太昊帝庖羲氏，風姓也，蛇身人首，有聖德，都陳，作瑟三十六弦。」

〔八〕初學記卷九帝王部總叙帝王叙事引詩含神霧曰：「華胥履大人迹而生伏犧。」

〔九〕周易卷九説卦：「萬物出乎震，震，東方也。」孔疏：「上帝出乎震，以震是東方之卦，斗炳指東爲春，春時萬物出生也。」

〔一〇〕「畫」，高野本作「書」。漢書卷二七五行志上：「易曰：『天垂象，見吉凶，聖人象之；河出圖，雒出書，聖人則之。』劉歆以爲虙羲氏繼天而王，受河圖，則而畫之，八卦是也。」

〔一一〕「罔罟」，底本、元禄本、宛委本作「罔網」，天文本作「網罟」，常州本作「製網」，據元弘本、高野本、嘉慶本、知不足本、集成本改。

〔一二〕「充」，底本、元禄本、宛委本作「宛」，元弘本、高野本作「死」，據天文本、嘉慶本、知不足本、常州本、集成本改。

〔一三〕「皇」，高野本、天文本作「黄」。

〔一四〕陳立白虎通疏證卷七聖人「又聖人皆有異表。傳曰：『伏羲日禄衡連珠，大目山准龍狀，作易八卦以應樞。』」注：「所引『傳曰』，蓋兼用元命苞、援神契諸緯文。路史引援神契云：『伏羲大目山準，日角而連珠衡。』」……大義引援神契又云：『伏羲日角，珠衡，戴勝。』路史引元命苞云：『伏羲大目山準。』書鈔引元命苞又云：『伏羲龍狀。』然則此『日禄』即日角也。角古音禄也。」王仁俊玉函山房輯佚書續編經編緯書類據此本輯入孝經緯鉤命決，並云：「俊按：今互見援神契。」

〔一五〕「洽」，高野本、天文本作「合」。

〔一六〕「書」，高野本、天文本作「畫」。

〔一七〕太平御覽卷七八皇王部三引禮含文嘉曰：「伏者，别也。犧者，獻也，法也。伏犧德洽上下，天應之以鳥獸文章，地應之以龜書，伏犧乃則象作易卦。」趙在翰七緯卷一七禮緯之一禮含文嘉所輯與此本略有不同，「龜書」作「河圖洛書」，「伏羲則象作八卦」作「伏羲則而象之乃作八卦」。

炎帝神農氏，姓姜〔一〕，母任姒，名女登。感神龍而生帝於常年〔二〕，人身牛首，以火承木，位南方，主夏，故曰炎帝〔三〕。作耒耜，始教民耕農，嘗别草木，令人食穀，以代犧牲之命，故號神農。一號魁隗氏，是爲農皇。禮含文嘉云：「神農作田道，就耒耜，天應以嘉禾，地出以醴泉〔四〕。」

## 校記

〔一〕「姓姜」，高野本、天文本作「姜姓」。

〔二〕「感」，底本、宛委本作「咸」，高野本作「盛」，據天文本、嘉慶本、知不足本、常州本、集成本改。「年」，高野本、元弘本、天文本引一本作「羊」，易疏引帝王世紀亦作「羊」。

〔三〕史記卷一五帝本紀「軒轅之時神農氏世衰」，張守節正義引帝王世紀云：「神農氏，姜姓也。母曰任姒，有蟜氏女，登爲少典妃，遊華陽，有神龍首，感生炎帝。人身牛首，長於姜水。有聖德，以火德王，故號炎帝。初都陳，又徙魯。又曰魁隗氏，又曰連山氏，又曰列山氏。」

〔四〕太平御覽卷七八皇王部三引禮含文嘉曰：「神者，信也。農者，濃也。始作耒耜，教民耕，其德濃厚若神，故爲神農也。」

黃帝軒轅氏，姓姬〔一〕，母附寶，見大電光繞北斗樞星，明照郊野，感而生帝於壽丘，以土承火，位在中央，故曰黃帝〔二〕。治五氣，設五星，始垂衣裳，作舟車，造屋宇。古者巢居穴處，黃帝易之，以上棟下宇，以蔽風雨，故號軒轅。亦云居軒轅之丘，因以爲號。一號帝鴻氏，或歸藏氏，或有熊氏。春秋文耀鉤云：「黃帝龍顏〔三〕，得天庭，法中宿，取象文昌〔四〕。」禮含文嘉云：「黃帝脩兵革，以德行，則黃龍至，鳳皇來儀。」

**校記**

〔一〕「姓姬」，高野本作「姬姓」。

〔二〕史記卷一五帝本紀「黃帝者」，張守節正義：「案：黃帝有熊國君，乃少典國君之次子，號曰有熊氏，又曰縉雲氏，又曰帝鴻氏，亦曰帝軒氏。母曰附寶，之祁野，見大電繞北斗樞星，感而懷孕，二十四月而生黃帝於壽丘。」

〔三〕「顔」，底本、宛委本、常州本作「願」，據抄本、元禄本、嘉慶本、知不足本、集成本改。

〔四〕所引爲春秋文耀鉤佚文。

少昊金天氏，姬姓〔一〕，名摯，字青陽，母女節〔二〕，有大星如虹，下流華渚，夢接意感生帝。以金承土，故曰金天，即圖讖〔三〕所謂白帝朱宣也。位在西方，主秋。金有光明，居小陰位，故曰少昊〔四〕。文耀鉤云：「帝摯載干〔五〕，是謂清明。發節移度，蓋象招搖〔六〕。」

**校記**

〔一〕「姬姓」，天文本作「姓姬」。

〔二〕底本及各刊本「女」下有「文」字，據高野本、天文本刪。

〔三〕「讖」，高野本、天文本無。

〔四〕宋翔鳳帝王世紀集校卷二五帝：「少昊帝名摯，字青陽，姬姓也。母曰女節。黄帝時有大星如虹，下流華渚。女節夢接意感，生少昊，是爲玄囂。降居江水，有聖德，邑于窮桑，以登帝位，都曲阜，故或謂之窮桑帝。以金承土，故曰金天（四字據五行大義增），即圖讖所謂白帝朱宣者也。位在西方，主秋令，有光明，居小陰位（十四字亦據五行大義增），故稱少昊，號金天氏。在位百年而崩。」

〔五〕「摯」、「干」，底本、元禄本、宛委本、常州本作「譽」、「于」，據抄本、嘉慶本、知不足本、集成本改。

〔六〕陳立白虎通疏證卷七聖人「蓋象招摇」，注：「大義引文耀鉤，又以此爲少昊之象。案『明』與『摇』字不叶韻，疑有誤。」王仁俊玉函山房輯佚書續編經編緯書類據此及以下三十九字輯入春秋緯文耀鉤。

顓頊高陽氏，姓姬，母景僕，見摇〔一〕光星貫月如虹，感而生帝於若水。以水承金，位在北方，主冬，故號顓頊。文耀鉤云：「顓頊併幹，上法月參，集威成紀〔二〕，以理陰陽〔三〕。」此五帝即〔四〕禮所配五方者也。

### 校記

〔一〕「搖」，高野本、天文本作「標」。

〔二〕「威」，高野本作「滅」，天文本作「感」，疑當作「歲」。俞正燮癸巳類稿卷一〇古憲論：「續漢天文志云，高陽氏使南正司天，北正司地。其術元起乙卯，施用於秦及漢初，其文散見，最易知。五行大義引文耀鉤云：『顓頊並幹，上法月參，集歲成紀，以理陰陽。』」

〔三〕所引爲文耀鉤佚文。

〔四〕「即」，底本作「既」，據高野本改。

帝嚳高辛氏，姬姓，生而神異，自言其名曰逡。以木承水，五行名官，故號高辛。帝王世紀云：「高辛骿齒，有聖德，能順三辰〔一〕。」

### 校記

〔一〕藝文類聚卷一一帝王部一引帝王世紀曰：「帝嚳，高辛氏，姬姓也。有聖德，年十五而佐顓頊，四十登位，都亳。」宋翔鳳帝王世紀集校卷二五帝：「帝嚳高辛氏，姬姓也。其母不見（按：言其母姓字不見也。），生而神異，自言其名曰夋（亦作逡，五行大義亦同），骿齒，有聖德，能順三辰（四字據五行大義增），年十五而佐顓頊，三十登帝位，都亳，以木承水，以五行名官（九字依五行大義增）。」

帝堯陶唐氏，祁姓，母慶都，出洛渚遇赤龍，感孕十四月，而生帝於丹陵。名放勛，以火承木。其兄帝摯，封之於唐，故號陶唐氏〔一〕。文耀鈎云：「堯眉八彩，是謂通明。曆象日月，陳制考功〔二〕。」禮含文嘉云：「堯廣被四表，致于龜龍。」

## 校記

〔一〕底本、元禄本、嘉慶本、宛委本、知不足本、集成本「故」下有「是」字，據高野本、常州本删。太平御覽卷八〇皇王部五引帝王世紀曰：「帝堯，陶唐氏，祁姓也。母曰慶都，孕十四月而生堯於丹陵，名曰放勳。或從母姓伊祁氏，年十五而佐帝摯，授封於唐，爲諸侯。身長十尺，常夢攀天而上，故年二十而登帝位。以火承木，都平陽。」

〔二〕俞正燮癸巳類稿卷一〇古憲論：「易緯乾鑿度云……堯以甲子受天元爲推術。五行大義引春秋文曜鈎云：『堯眉八彩，是謂通明。曆象日月，陳制考功』。」陳立白虎通疏證卷七聖人「堯眉八彩」，注：「大義引文燿鈎云：『堯眉八彩，是謂通明，歷象日月，璇、璣、玉衡。』」

帝舜有虞氏，姓姚，母握登見大虹，意感〔一〕生帝於姚墟。名重華，字都君，目重瞳子，故名重華，以土承火。堯封之於虞，故號有虞氏，設五色之服〔二〕。文耀鈎云：「舜重瞳子，是謂謚諒〔三〕，上應攝提，以統三光。」禮含文嘉〔四〕云：「舜損己以安百姓，致鳥獸鶬鶬，鳳凰來儀。」

校記

〔一〕「感」，底本、宛委本作「咸」，據元禄本、嘉慶本、知不足本、常州本、集成本改。

〔二〕王仁俊玉函山房輯佚書續編經編緯書類據此連同上「堯廣被四表，致於龜龍」輯入禮緯含文嘉。

〔三〕「謚」，高野本、天文本作「滋」；「諒」，高野本作「涼」，天文本作「源」。

〔四〕底本、元禄本、宛委本、常州本無「含」字，天文本無「含文」二字，據嘉慶本、知不足本、集成本補。

此三帝并少昊、顓頊，共爲五帝。史記以伏羲、女媧、神農爲三皇，黄帝已下爲五帝〔一〕。帝王世紀以羲皇、神農、黄帝爲三皇，少晧〔二〕已下爲五帝。

校記

〔一〕史記卷一五帝本紀裴駰集解：「案：太史公依世本、大戴禮，以黄帝、顓頊、帝嚳、唐堯、虞舜爲五帝。譙周、應劭、宋均皆同。而孔安國尚書序、皇甫謐帝王世紀、孫氏注世本並以伏犧、神農、黄帝爲三皇，少昊、顓頊、高辛、唐、虞爲五帝。」

〔二〕「晧」，抄本、嘉慶本、知不足本、常州本、集成本作「昊」。

今案禮記，郊配五德，自伏羲至顓頊爲五帝，是其正位。所以然者，易稱「帝出于震」，蓋五德之首也，以次而行，至顓頊則五德數終。若以少昊爲首，則金非五德之先。若以黄帝爲首〔一〕，土居中央，本非創始，故從木〔二〕爲先，伏羲爲五德之首，易言是也。其帝嚳已下，皆行次相承也。上帝有五，靈威仰等姓氏事，伏羲年代久遠，典籍遺漏，不可具釋〔三〕。然五德相承，謂受天明命，必豫兆〔四〕符瑞，以明會昌。若應命之主，皆承太微五帝之精，以誕於世，必有先徵，示其萌兆也。

## 校記

〔一〕史記卷一五帝本紀司馬貞索隱：「按：有土德之瑞，土色黄，故稱黄帝，猶神農火德王而稱炎帝然也。此以黄帝爲五帝之首。」

〔二〕「木」，底本、元禄本、宛委本、常州本作「水」，據嘉慶本、知不足本、集成本改。

〔三〕「釋」，元弘本作「尺」。

〔四〕「兆」，底本、刊本無，據高野本、天文本補。内藤湖南古鈔本五行大義殘卷跋：「豫兆符瑞，刻本奪『兆』字。」

木王則蒼帝之子，火王則赤帝之子，土王則黄帝之子，金王則白帝之子，水王則黑帝之子。故録圖云：「東方蒼帝，體爲蒼龍，其人長頭面大，角骨起，眉背〔一〕豐博，順〔二〕金授火。南方赤帝，體爲朱鳥，其人兑〔三〕頭員面，方頤張目，小上廣下，鬚髯偃胸，順水授土。中央黄帝，體爲軒轅，其人面方廣顙，兑頤〔四〕緩脣，背豐厚，順木授金。西方白帝，體爲白虎，其人方顙，直面兑口，大鼻小角，順火授水。北方黑帝，體爲玄武，其人夾〔五〕面，兑頭深目厚耳，垂腹反羽，順土授木〔六〕。」此竝象五行之炁〔七〕，依其行次以相傳授也。

校記

〔一〕「背」，底本、元禄本、宛委本、常州本作「皆」，據天文本、嘉慶本、知不足本、集成本改。

〔二〕「順」，天文本作「愼」，下同。

〔三〕「兑」，底本、刊本作「尖」，據高野本改。内藤湖南古鈔本五行大義殘卷跋：「兑頭員面，刻本『兑』譌『尖』。」

〔四〕「頤」，底本、元禄本、宛委本作「顯」，據天文本、嘉慶本、知不足本、常州本、集成本改。内藤湖南古鈔本五行大義殘卷跋：「刻本『頤』譌『顯』。」

〔五〕「夾」，天文本作「尖」。

〔六〕所引爲録圖佚文。

〔七〕「兂」，底本、元禄本、宛委本、常州本作「無」，天文本作「氣」，嘉慶本、知不足本、集成本作「符」，據高野本改。内藤湖南古鈔本五行大義殘卷跋：「五行之兂，刻本『兂』作『無』。」

感精符云：「蒼帝望之廣，視之博。赤帝望之火，煌煌燃〔一〕，視之兑〔二〕上。黄帝望之小，視之大，廣厚正方。白帝望之明，視之茂〔三〕。黑帝望之巨，視之穉〔四〕。」元命苞云：「蒼精用事，象歲星。赤精用事，象熒惑〔五〕。黄精用事，象鎮星。白精用事，象太白。黑精用事，象辰星〔六〕。」此皆五德之依五行，子母相傳也。非其次者，必有剋代〔七〕而不終也。秦以金德伐周，二世而亡。漢以火行繼周，代秦僞金，故其祚長遠。若是其行〔八〕，次者則有符瑞也。春秋元命苞云：「堯，火精，故慶都感赤龍而生〔九〕。」漢以孔子獲麟，得圖書云：「姬周亡，火曜劉起，帝卯金〔一〇〕。」故高祖斬白蛇而神母哭云：「赤帝子殺我白帝子〔一一〕。」光武感赤伏符而中興〔一二〕，此皆火德之徵也。四行所感，例皆如此。往代帝王符瑞非一，不可具述，今略論五帝配五行如此。

## 校記

〔一〕「燃」，抄本作「然」。

〔二〕「兑」，底本作「尖」，天文本作「允」，知不足本作「炎」，據高野本改。内藤湖南古鈔本五行大義殘卷跋：「視之兑上，刻本『兑』作『尖』。」

〔三〕高野本「茂」下有「方」字。

〔四〕所引爲感精符佚文。

〔五〕「熒惑」，底本、元禄本、宛委本、常州本作「焚或」，據抄本、嘉慶本、知不足本、集成本改。内藤湖南古鈔本五行大義殘卷跋：「熒或，刻本『熒』譌『焚』。」

〔六〕所引爲元命苞佚文。

〔七〕「代」，抄本作「伐」，下同。

〔八〕天文本「行」上有「五」字。

〔九〕所引爲春秋元命苞佚文。王仁俊玉函山房輯佚書續編經編緯書類春秋緯元命苞將此下二十字輯入，改「漢」爲「周」。

〔一〇〕「圖書」，參見晉干寶搜神記卷八：「孔子趨而往，麟向孔子，蒙其耳，吐三卷圖，廣三寸，長八寸，每卷二十四字。其言赤劉當起，曰：『周亡，赤氣起，火耀興，玄丘制命，帝卯金。』」宋書卷二七符瑞志上：「孔子趨而往，麟蒙其耳，吐三卷圖，廣三寸，長八寸，每卷二十四字，其言赤劉當起，曰：『周亡，赤氣起，大燿興，玄丘制命，帝卯金。』」文略不同。嚴可均以麟吐圖为題，録此於全上古三代秦漢三國六朝文全上古三代文卷一四。

〔二〕史記卷八高祖本紀：「高祖被酒，夜徑澤中，令一人行前。行前者還報曰：『前有大蛇當徑，願還。』高祖醉，曰：『壯士行，何畏！』乃前，拔劍擊斬蛇。蛇遂分爲兩，徑開。行數里，醉，因卧。後人來至蛇所，有一老嫗夜哭。人問何哭，嫗曰：『人殺吾子，故哭之。』人曰：『嫗子何爲見殺？』嫗曰：『吾子，白帝子也，化爲蛇，當道，今爲赤帝子斬之，故哭。』人乃以嫗爲不誠，欲笞之，嫗因忽不見。後人至，高祖覺。後人告高祖，高祖乃心獨喜，自負。諸從者日益畏之。」

〔三〕後漢書卷一上光武帝紀上：「光武先在長安時同舍生彊華自關中奉赤伏符，曰『劉秀發兵捕不道，四夷雲集龍鬬野，四七之際火爲主』。群臣因復奏曰：『受命之符，人應爲大，萬里合信，不議同情，周之白魚，曷足比焉？今上無天子，海内淆亂，符瑞之應，昭然著聞，宜答天神，以塞群望。』光武於是命有司設壇場於鄗南千秋亭五成陌。」

# 第二十二　論諸官

自三、五已來，紀官無定，皆因符瑞，名號不同。或以鳥龍，或以雲火，莫不仰觀俯察，因事而置事。雖時世不一，五行無爽。

至于顓頊，以人事紀官，南正重司天以屬神，北正黎司地以屬民〔一〕，於是神民不雜〔二〕。高辛氏立五行名官，以勾芒〔三〕爲木正，祝融爲火正，蓐〔四〕收爲金正，玄冥爲水正，后土爲土正，分掌其職。少皓氏有四子，重、該、脩、熙。重爲勾芒，木官之神。該爲蓐收，金官之神。脩、熙並爲玄冥，水官之神。顓頊氏子曰黎，爲祝融，火官之神。共工氏子曰勾龍，爲后土，土官之神。此五神生而〔五〕爲上公，死爲貴神，别稱五祀，已配五行。

## 校記

〔一〕史記卷二六曆書：「少皞氏之衰也，九黎亂德，民神雜擾，不可放物，禍菑薦至，莫盡其氣。顓頊受之，乃命南正重司天以屬神，命火正黎司地以屬民。」

〔二〕「雜」，底本、刊本作「離」，元弘本作「雖」，據高野本改。内藤湖南古鈔本五行大義殘卷跋：「神民不雜，刻本『雜』譌『離』。」

〔三〕「芒」，底本、元禄本、宛委本作「亡」，據抄本、嘉慶本、知不足本、常州本、集成本改。

〔四〕「蓐」，底本、元禄本、宛委本作「辱」，據抄本、嘉慶本、知不足本、常州本、集成本改。

〔五〕「而」，高野本、天文本無。

周書云：「武王營洛邑，未成，四海之神皆會，曰：『周王神聖，當知我名。若不知，水旱敗之。』明年，雨雪十餘旬，深丈餘。五大夫乘車從兩騎止王門，太公曰：『車騎無迹，謂人之變〔一〕。』乃使人持粥進之，曰：『不知客尊卑何？』從騎曰：『先進南海御，次東海御，次北海御，次西海御，次河伯，次風伯，次雨師。』武王問太公竝何名，太公曰：『南海神名祝融，東海神名勾芒，北海神名玄冥，西海神名蓐收〔二〕。』」

## 校記

〔一〕「謂人之變」，北堂書鈔卷一四四引太公金匱作「恐是聖人」。

〔二〕所引爲逸周書佚文。嚴可均録此於全上古三代秦漢三國六朝文全上古三代文卷七齊太公二。黄懷信等逸周書彙校集注附録一佚文引此，黄氏按：「陳逢衡云：『舊唐書禮儀志引六韜：「武王伐紂，雪深丈餘，五車二馬，行無轍迹，詣營求謁。武王怪而問焉，『此必五方之神，來受事耳』。遂以其名召入，各以其職命焉。既而克殷，風調雨順。」』陳漢章云：『此文史記封禪書正義及文選思玄賦舊注、雪賦注等並引爲金匱，舊唐書禮儀志又引爲六韜，必非周書七十一篇佚文。嚴氏可均曰：「神道設教，不必疑其不純。」然終可疑，故不以係前武王下。』」

禮記月令云：「春之月，其神勾芒。夏之月，其神祝融。中央土〔一〕，其神后土。秋之月，其神蓐收。冬之月，其神玄冥。」是也。此五方之神，以配五行。又，黄帝置三公之職，以象三台星〔二〕，風后配上台，天老配中台，五聖配下台。置〔三〕左右二監，此亦五行之謂也。

**校記**

〔一〕「土」，高野本、天文本作「主」。

〔二〕太平御覽卷二〇六職官部四引天文録曰：「三台星，一名三能，一名天柱。三公之位也。在人曰三公，在天曰三台。」

〔三〕天文本「置」上有「又」字。

四司分掌四方，即四時之法也。堯以羲和四子〔一〕，分掌四時方嶽之職，謂之四嶽。太公曰：「太師者，心腹之臣，所使〔二〕是人之英，故曰前疑，常立於前，決疑事也。太史者，耳目之臣，所使視聽，是人之後，故曰後承，常立於後，承主〔三〕之過，取驗於天。太傅者，爪牙之臣，所使守衛，是人之傑，故曰左輔，輔人主缺事〔四〕，立於左，拒君之難。太保者，羽翼之臣，所使察伺，是人之警，故曰右弼，常立於右，弼人主之邪。四輔既立，王者安而無爲，百姓濟而無害。若四輔〔五〕不具，猶格虎無備，濟河無舟。若王者，不知古〔六〕今之務，遠方之諱〔七〕，不謀於諸侯，不達言語，動作不合於制，太師争之。不知天變，星曆之運，天官動静，鍾律之音，山川怪異，不善〔八〕災害，太史陳天文以争之。發號令不應先王法度，與大臣無禮，枉道於民，處刑不平，獨信自專，臨政不莊，又〔九〕不恤臣僕，太傅争之。昇車不應和鑾，揖讓不中磬珮，淫讌馳騁，沈冒酒色，宗廟不敬，輿服失度，朝廷〔一〇〕無節，太保争之〔一一〕。」此則四時之官，四嶽之分職。前疑主夏，後承主冬，左輔主春，右弼主秋。

## 校記

〔一〕「羲」，底本、抄本、元禄本、宛委本作「義」，據嘉慶本、知不足本、常州本、集成本改。尚書卷二堯典：「咨，四岳」，孔氏傳：「四岳，即上羲和之四子，分掌四岳之諸侯，故稱焉。」

〔二〕常州本「使」下有「屏蔽」二字。

〔三〕「主」，天文本作「王」。

〔四〕「主」，天文本作「君」；「事」，高野本作「常」，屬下句。

〔五〕「輔」，底本作「補」，據天文本、中國刊本改。

〔六〕「古」，高野本無。

〔七〕「諱」，底本作「緯」，據抄本改。

〔八〕「善」，高野本作「畏」。

〔九〕「又」，高野本、天文本無。

〔一〇〕「廷」，高野本作「進」，天文本作「庭」。

〔一一〕常州本無「太公曰」三字。嚴可均以四輔爲題，録此於全上古三代秦漢三國六朝文全上古三代文卷六齊太公一。

唐虞之時，官名已百。商書云：「百僚師師〔一〕。」夏、殷定〔二〕名，爲百二十，以應天地陰陽〔三〕之大數也。故有三公、九卿、二十七大夫、八十一元士。三三相參，合有百二十也。

## 校記

〔一〕尚書卷四皋陶謨：「百僚師師，百工惟時。」

〔二〕高野本、天文本「定」下有「之」字。

〔三〕「陽」，底本、宛委本、常州本作「陰」，據元禄本、嘉慶本、知不足本、集成本改。

帝王世紀云：「殷湯問伊摯曰：『古者立三公、九卿、大夫、元〔一〕士者何？』摯曰：『三公以與主〔二〕參王事，九卿以參三公，大夫以參九卿，元士以參大夫。故參而又參，是謂事宗。事宗不失，内外若一。』又曰：『相去幾何？』摯曰：『三公智通於天地〔三〕，應變而無窮，辨於萬物之情，其言足以調陰陽四時而節風雨，如是者舉之以爲三公。故三公之事常在於道。九卿者，不出四時，通溝渠，脩隄防，樹種五穀，通於地理，能通利不利，如此者舉以爲九卿。故九卿之事常在於德。大夫者，出入與民同象〔四〕，取去與民同解，通於人事，行内舉繩，不傷於言，言足法於世，不害於身，通關梁，實府庫，如是者舉以爲大夫。故大夫之事常在於仁。元士者，知義而不失期，事功而不獨專，中正强諫而無姦詐，在私立公而可〔五〕立法度，如是者舉〔六〕以爲元士。故元士之事常在於義。道德仁義定，而天下正矣。』又曰：『三公股肱之臣，九卿手足之臣，大夫筋脉之臣，元士肌肉之臣〔七〕。』孔子曰：「三公象五岳，九卿法河海，二十七大夫法山陵，八十一元士法谷阜。三公在天爲三能，九卿爲北斗，少微之比爲大夫，郎位之類爲元士。合百二十，大數存焉〔八〕。」

## 校記

〔一〕「元」，底本、元禄本、宛委本、常州本作「列」，據嘉慶本、知不足本、集成本改。
〔二〕「與主」，高野本無。
〔三〕「地」，天文本作「道」。
〔四〕「象」，高野本作「座」，天文本作「衆」。

〔五〕「可」，高野本、天文本作「言」。

〔六〕「擧」，底本、宛委本、常州本作「據」，據元禄本、嘉慶本、知不足本、集成本改。

〔七〕所引爲帝王世紀佚文。嚴可均以對湯問爲題，録此於全上古三代秦漢三國六朝文全上古三代文卷一伊尹，文字稍有不同。

〔八〕初學記卷一二職官部下太常卿事對引春秋漢含孳曰：「三公象五嶽，九卿法河海。」太平御覽卷二〇六職官部四引春秋漢含孳曰：「三公在天爲三台，九卿爲北斗。三公象五嶽，九卿法河海，二十七大夫法山陵，八十一元士法谷阜，合爲帝佐，以匡綱紀。」

合誠圖云：「天不獨立，陰陽俱動，扶佐立緒，合於二六。以三爲擧〔一〕，故三能六星，兩兩而比，以爲三公。三三而九，陽精起，故〔二〕北斗九星，以爲九卿。三九二十七，故有攝提、少微、司空、執法、五諸侯，其星二十七，以爲大夫。九九八十一，故内列倍衛、閣道、郎位扶匡天子之類八十一星，以爲元士。凡有百二十官，下應十二月。數之經緯，皆五精流氣，以立官廷〔三〕。」

## 校記

〔一〕「以三爲擧」，高野本作「以爲三擧」。

〔二〕「故」，高野本無。
〔三〕所引爲合誠圖佚文。

尚書曰：「立太師、太傅、太保，兹惟三公。論道經邦，燮理陰陽。官弗必備，唯其人。」淮南子曰：「舉天下之高，以爲三公。一國之高，以爲九卿。一縣之高，以爲二十七大夫。一鄉之高，以爲八十一元士。」

感精符曰：「三公非其人則山崩，三能移。九卿非其人則江河〔一〕潰，輔星角。大夫非其人則丘陵偃拆〔二〕，少微等有變。元士非其人則谷阜毁，扶匡失。是以王者仰視象於天，俯察法於地，中擇賢能以任之。任得其人，則國昌民安；任非其人，則邦危民弊〔三〕。」易曰：「鼎折足，覆公餗〔四〕。」此喻三公失人，如鼎折足，不堪容著也。

## 校記

〔一〕「河」，底本、宛委本作「阿」，據抄本、元禄本、嘉慶本、知不足本、常州本、集成本改。
〔二〕「拆」，底本、刊本作「墀」，據高野本改。常州本「墀」上有「天」字，「有」上無「等」字，與趙在翰七緯補遺第二十一、王仁俊玉函山房輯佚書續編經編緯書類輯本同。内藤湖南古鈔本五行大義殘卷跋：「丘陵偃拆，刻本『拆』譌『墀』。」

〔三〕所引爲感精符佚文。王仁俊玉函山房輯佚書續編經編緯書類無「是以王……則邦危民弊」三十九字。

〔四〕周易卷八繫辭下：「易曰：『鼎折足，覆公餗，其形渥，凶。』言不勝其任也。」

周官云：「天官冢宰，地官司徒，春官宗伯，夏官司馬，秋官司寇，冬官司空。冢宰主會計，司徒主土地，宗伯主禮樂，司馬主兵戎，司寇主刑罰，司空主造作〔一〕。」孔子曰：「冢宰之官以成道，司徒之官以成德，宗伯之官以成仁，司馬之官以成聖，司寇之官以成義，司空之官以成禮。以之道則國治，以之德則國安，以之仁則國和，以之聖則國平，以之禮則國定，以之義則國成。故屬不理，分職〔二〕不明，法正不一，百事失紀曰亂，亂則飭冢宰。地宜不殖，財物不蓄，萬民飢寒，教化不行，風俗漂〔三〕亂，人民流散曰危〔四〕，危則飭司徒。父子不親，長幼失序，君臣上下，乖離異志曰不和，不和則飭宗伯。賢能而失官爵，功勞而失賞禄，士卒疾怨，兵弱不用曰不平，不平則飭司馬。刑罰暴亂，姧邪不勝曰不義，不義則飭司寇。度量不審，舉事失〔五〕理，都鄙不脩，財物失所曰貧，貧則飭司空〔六〕。」故古之王者，常以季冬考德正法，以觀治亂，德盛者則脩法，德不盛者則飭政，故法與政盛而不衰。

## 校記

〔一〕尚書卷一八周官：「冢宰掌邦治，統百官，均四海。司徒掌邦教，敷五典，擾兆民。宗伯掌邦禮，治神人，和上下。司馬掌邦政，統六師，平邦國。司寇掌邦禁，詰姦慝，刑暴亂。司空掌邦土，居四民，時地利。」

〔二〕「職」，底本、刊本作「體」，據抄本改。内藤湖南古鈔本五行大義殘卷跋：「分職不明，刻本『職』譌『體』。」

〔三〕「漂」，元弘本引一本作「淫」。

〔四〕「危」，天文本作「厄」，下同。

〔五〕「事失」，底本、元禄本、中國刊本作「失事」，據高野本、元弘本改。

〔六〕大戴禮記卷八盛德：「古之御政以治天下者，冢宰之官以成道，司徒之官以成德，宗伯之官以成仁，司馬之官以成聖，司寇之官以成義，司空之官以成禮。故六官以爲轡，司會均人以爲軜，故御四馬，執六轡，御天地與人與事者，亦有六政。是故善御者，正身同轡，均馬力，齊馬心，惟其所引而之，以取長道，遠行可以之，急疾可以御。天地與人事，此四者聖人之所乘也。是故天子御者，太史、内史左右手也，六官亦六轡也。天子三公合以執六官，均五政，齊五法，以御四者，故亦惟其所引而之。以之道則國治，以之德則國安，以之仁則國和，以之聖則國平，以之義則國成，以之禮則國定，此御政之體也。過，失也，人情莫不有過，過而改之，是不過也。是故官屬不理，分職不明，法政不一，百事失紀，曰亂也，亂則飭冢宰。地宜不殖，財物不蓄，萬民飢寒，教訓失道，風俗淫僻，百姓流亡，人民散敗，曰危也，危則飭司徒。父子不親，長幼無序，君臣上下相乖，曰不和也，不和則飭宗伯。賢能失官爵，功勞失賞禄，爵禄失則士卒疾怨，兵弱不用，曰不平也，不平則飭司馬。刑罰不中，暴乱姦邪不勝，曰不成也，不成則飭司寇。百度不審，立事失理，財物失量，曰貧也，貧則飭司空。」

淮南子天文篇云：「東方爲田官，南方爲司馬，西方爲大理，北方爲司空，中央爲都官〔一〕。」春秋繁露云：「木司農，火司馬，土司空，金司徒，水司寇〔二〕。」此竝配五行也。周官以冢宰計會，司徒土地，竝中央之義，與淮南、繁露意同。春官主禮樂者，禮齊上下，樂和人情，皆是仁也，故云宗伯之官以成仁，仁屬木，東方也。淮南、繁露竝主農者，取春是農之本也。夏官主兵戎者，火氣猛烈，兵之象也，然刑罰歸于司寇，司馬以禮節齊之，主而不用刑也。淮南、繁露竝同。秋官主刑罰者，金之本性主殺伐也。淮南大理亦主刑也，繁露爲司徒者，名異事同，故云：「因時之威〔三〕，以成大理司徒。」冬官主造作者，冬時萬物收藏，百工咸歸其所，故造器用以供王〔四〕事。淮南説同，繁露以爲司寇者，謂執法之官須平直之人，如水能平均〔五〕也，故云：「執法阿黨，不平則誅之。」故土勝水，是其水取平直之意也。雖五運遞興，官名世革，而五行用事，其理齊同。所以禹平洪水，身任司空，九土納賦；伯夷秩宗，必備三禮；契爲司徒，敬敷五教；咎繇士師，明用刑典。如此分〔六〕職，則周官臣是也。

校記

〔一〕淮南鴻烈卷三天文訓：「何謂五官？東方爲田，南方爲司馬，西方爲理，北方爲司空，中央爲都。」

〔二〕春秋繁露卷一三五行相勝：「木者，司農也。……火者，司馬也。……土者，君之官也。……金者，司徒也。……水者，司寇也。」

〔三〕「威」，高野本、天文本作「盛」。

〔四〕「王」，高野本、天文本作「主」。

〔五〕「均」，高野本、天文本作「物」。

〔六〕高野本「分」側有「介」字。

自古已來，官數起自於三，極八十一者，陽成於三，極於九，故三公而九卿，九九八十一，黄鍾律之極數也，故尊官取其始〔一〕數，卑官者用其末數。所以不云一者，一是元氣，屬於天子，故號天子爲元首，以其一無二也。尚書曰：「元首明哉〔二〕。」臣非元一，故自三而起。周止六卿者，以爲通六合，因六炁〔三〕而設六府也，此乃時代異故，非越五行。又三代命官，皆止於九，故士有三等，下士一命，中士二命，上士三命。大夫三等，下大夫四命，中大夫五命，上大夫六命。卿已上亦三，少卿七命，大卿八命，公則九命。三三而九，亦以陽之正數也。末代以命爲品，亦不過九，但以一爲尊官，九爲卑官。取命是出自上命，秩〔四〕下官名，故以多者爲重品。是品其次第，一既居先，故以一爲貴。此竝方位及數配五行。

## 校　記

〔一〕「始」，底本、宛委本作「祀」，嘉慶本、知不足本、集成本作「初」，據抄本、元祿本、常州本改。

〔二〕尚書卷五益稷：「乃歌曰：『股肱喜哉！元首起哉！百工熙哉！』」

〔三〕「炁」，底本、刊本作「無」，天文本作「氣」，據高野本改。內藤湖南古鈔本五行大義殘卷跋：「因六炁而設六府，刻本『炁』譌『無』。」

〔四〕「秩」，高野本作「核」。

今次爲論。支干爲官者，洪範五行傳云：「甲爲倉曹，共農賦。乙爲户曹，共口數。丙爲辭曹，共訟訴。丁爲賦曹，共獄捕。戊爲功曹，共除吏。己爲田曹，共群畜。庚爲金曹，共錢布。辛爲尉曹，共本使。壬爲時曹，共政教。癸爲集曹，共納輸。子爲傳舍，出入敬忌。丑爲司空，守將班治。寅爲市官，平準賣買〔一〕。卯爲鄉官，親事五教。辰爲少府，金銅錢布。巳爲郵亭，行書驛置。午爲尉官，馳逐追捕。未爲厨官，百味悉具。申爲庫官，兵〔二〕戎器械。酉爲倉官，五穀畜積。戌爲獄官，禁訊〔三〕具備。亥爲宰官，閉藏完具〔四〕。」支干配官，皆從其五行本體，意略可解，不勞繁述。

## 校記

〔一〕天文本引一本無「賣」字。「買」，天文本、集成本作「買」。

〔二〕高野本「兵」上有「安」字。

〔三〕「訊」，高野本、天文本引一本作「誶」。

〔四〕所引爲洪範五行傳佚文。陳喬樅齊詩翼氏學疏證卷下：「五行大義引洪範五行傳云：『甲爲倉曹……閉藏完具。』以支干配官，亦皆從其五行本體也。翼氏五官脾取戊爲功曹，餘四曹並取甲乙庚辛者，木爲仁，金爲義，立人之道曰仁與義，所以應陰陽之氣而順剛柔之體也。故律曆志言『律以太族爲人統，寅，木也，爲仁，其聲，商也，爲義。族出於寅，人奉而成之，仁以養之，義以行之，令萬事各得其理』，亦與翼氏同旨也。」

翼奉云：「肝之官尉曹，木性仁，尉曹主士卒，宜得仁。心之官户曹，火性陽，户曹主婚，道之禮。肺之官金曹，金性堅，主銅鐵。腎之官倉曹，水性陰凝藏物，倉曹冬收也，先王以冬至閉關，不通商旅，慎陰炁〔一〕也。脾之官功曹，土性信，出稟四方，功曹事君以信，授教四方也。尉曹以獄司空爲府，主士卒，獄閉逋亡。與之姦，則螟蟲生。木性静，與百姓通則魚食於民，從類故蟲。户曹以傳舍爲府，主名籍，傳舍主賓客。與之奸，則民去鄉里。户曹主民利〔二〕户口，集民利，故悉去〔三〕之。倉曹以厨爲府，主廪假，厨主受付。與之奸，則賊盜起。倉曹收以民租，侵剋百姓窮。故功曹以小府爲府，與四曹計議〔四〕，小府亦與四府則用，故小府倉出納主餉糧〔五〕。功曹有二府，所以爲五官六府。游徼〔六〕、亭長、外部吏，皆屬功曹。與之奸，則虎狼食人。功曹職在刑罰，内爲奸，故虎狼盜賊殺奪於民，上姦下亂也。金曹以兵賊〔七〕嗇夫爲府，主討捕。與之姦，則城墎盜賊起，兩偏施；金曹主市〔八〕租，侵奪〔九〕，故上下相承，故市賈不平〔一〇〕。」此竝從五行，以五藏配六府也。既竝名官，故於此釋。

## 校記

〔一〕「炁」，底本作「無」，天文本作「氣」，據高野本改。

〔二〕「利」，高野本無。

〔三〕高野本、天文本「去」上有「毒」字。

〔四〕「議」，底本、抄本、元禄本、宛委本、嘉慶本作「義」，據元弘本、知不足本、常州本、集成本改。

〔五〕「糧」，底本、抄本、元禄本、嘉慶本、宛委本、知不足本、集成本作「種」，據常州本改。

〔六〕「徼」，底本、元禄本、宛委本、常州本作「激」，據嘉慶本、知不足本、集成本改。

〔七〕「賊」，天文本無。

〔八〕「市」，高野本作「之」。

〔九〕高野本、天文本「奪」下有「民」字。

〔一〇〕所引爲翼氏佚文。陳喬樅齊詩翼氏學疏證卷下引翼奉所云，陳案：「五行大義載翼氏說，『慎陰凝也』，『凝』譌作『無』。據上文言『水性陰凝藏物』，知『無』字是『凝』之譌。『與百姓通則蠶食於民』，『蠶』譌作『魚』。案上文言『與之奸，則螟蟲生』，考洪範五行傳『時則有倮蟲之孽』，注云：『蠶，螟蟲之類，蟲之生於火而藏於秋者也。』據翼氏言，『從類故蟲』，是爲蠶食之義也。後漢書蔡邕傳注引漢名臣奏張文上疏，其略曰：『春秋義曰：蝗者貪擾之氣所生。天意若曰：貪狠之人，蠶食百姓，若蝗食禾稼而擾萬民。』推類叙意，探指求源，皆臣下貪狠，或若蝗蟲，宜勑正衆邪，退屏貪暴，其義足與翼氏相發明矣。『故窮』誤作『窮故』，今爲乙正。『小府亦與四府利用』，『利』譌作『則』。『施舍兩偏』句脱去『舍』字，又誤作『兩偏施』。考風俗通義云『嗇者省也，夫者賦也，言消息百姓，均其役賦』，是有施舍之事也。蕭吉五行大義，本傳自外國，中多舛誤，茲校其可知者爲訂正焉。」

# 第二十三　論諸人

就此分爲二段：一者論人配五行，二者論人遊年年立。

## 第一論人配五行

禮記禮運篇云：「人者，天地之德，陰陽之交，鬼神之會，五行之秀氣也。」文子曰：「人者，天地之心，五行之端，是以禀天地五行之氣而生，爲萬物之主，配二儀以爲三材。然受氣者各有多少〔一〕，受木氣多者，其性勁直而懷〔二〕仁；受火氣多者，其性猛烈而尚禮；受土氣多者，其性寬和而有信；受金氣多者，其性剛斷而含義；受水氣多者，其性沈隱而多智。五氣湊合，共成其身。氣若清叡，則其人精俊爽如也；昏濁，則其人愚頑〔三〕。」

## 校記

〔一〕「各有多少」，底本、元禄本、宛委本作「冬有多小」，據嘉慶本、知不足本、集成本改。「然受氣者各有多少」，常州本作「然受氣之中有不同」。

〔二〕「懷」，底本、元禄本、宛委本作「壊」，據高野本、天文本、嘉慶本、知不足本、常州本、集成本改。

〔三〕「文子」，漢書卷三〇藝文志：「文子九篇。老子弟子，與孔子並時，而稱周平王問，似依託者也。」隋書卷三四經籍志三：「文子十二卷。文子，老子弟子。七略有九篇，梁七録十卷，亡。」「天地之心，五行之端」云云，見禮記卷二二禮運：「故人者，天地之心也，五行之端也。」所引當爲該書佚文。

老子云：「陰陽精氣爲人〔一〕。」氣有厚薄，得中和滋液，則生賢智人；得錯亂濁辱，則生貪婬〔二〕人。禄命書云：「金人剛强自用，木人多華而雅，水人開通智慧，火人自貴性急，土人忠信而直〔三〕。」周書云：「人感十而生，天五行，地五行，合爲十也〔四〕。」天五行爲五常，地五行爲五藏。故易曰「在天成象，在地成形〔五〕」者也。

## 校記

〔一〕文子卷三九守：「老子曰：『天地未形，窈窈冥冥，渾而爲一，寂然清澄。重濁爲地，精微爲天，離而爲四時，分而爲陰陽。精氣爲人，粗氣爲蟲。』」

〔二〕「媱」，元禄本、嘉慶本作「婬」，知不足本、常州本、集成本作「淫」。

〔三〕「禄命書」，舊唐書卷四七經籍志下：「禄命書二十卷，劉孝恭撰。」文廷式純常子枝語卷二六：「蕭吉五行大義卷五引禄命書云：『金人剛强自用，木人多華而雅，水人開通智慧，火人自貴性急，土人忠信而直。』按隋志，禄命書有『雜元辰禄命二卷，湴河禄命三卷』，又云『梁有五行禄命厄會十卷，亡』。此條以五行言，當出五行禄命厄會也。」

〔四〕所引爲逸周書佚文。

〔五〕周易卷七繫辭上：「在天成象，在地成形，變化見矣。」

家語曰：「天一，地二，人三，三三而九，九九八十一。一主日，日數十，故人十月而生〔一〕。」文子云：「人受天地變化而生，一月而膏，二月而脉，三〔二〕月而胞，四月而肌，五月而筋，六月而骨，七月而成形，八月而動，九月而躁，十月而生。形骸已成，五藏乃形，外爲表，中爲裹，頭員法天，足方象地。天有四時、五行、九星、三百六十日。人亦〔三〕有四支、五藏、九竅、三百六十節。天有風雨寒暑，人亦有喜怒哀樂〔四〕。」

## 校記

〔一〕見孔子家語卷六執轡。

〔二〕「三」，底本、元禄本、宛委本作「二」，據抄本、嘉慶本、知不足本、常州本、集成本改。

〔三〕底本、元禄本、宛委本「亦」上無「人」字，據抄本、嘉慶本、知不足本、常州本、集成本補。

〔四〕「文子」，高野本、天文本作「老子」。文子卷三九守：「老子曰：『人受天地變化而生，一月而膏，二月血脉，三月而胚，四月而胎，五月而筋，六月而骨，七月而成形，八月而動，九月而躁，十月而生。形骸已成，五藏乃分。肝主目，腎主耳，脾主舌，肺主鼻，膽主口。外爲表，中爲裏，頭圓法天，足方象地。天有四時、五行、九曜、三百六十日。人有四支、五藏、九竅、三百六十節。天有風雨寒暑，人有取與喜怒。」孫詒讓札迻卷四文子徐靈府注：「九守：『一月而膏，二月血脉，三月而胚……十月而生。』」案：蕭吉五行大義論諸人篇引『血』作『而』（此文自一月至十月文例竝同，今本惟二月作『血脉』，其誤明矣。）『胎』作『肌』，餘竝與今本同，則隋唐舊本已如是。張君房所引疑臆改，不盡足據也。」王利器文子疏義案：「太平御覽三百六十三引淮南子：『二月而血。』今本『血』作『胅』，疑音近之誤。」

淮南子及文子竝云：「膽爲雲，肺爲氣，脾爲風，腎爲雨，肝爲雷，與天相類，而心爲主。耳目者，日月也；氣血者，風雨也〔一〕。」素問云：「夫人法天地，故聖人上配天以養頭，下象地以養足，中傍人事以養五藏。天氣通於肺，地氣通於咽，風氣通於肝，雷氣通於心，穀氣通於脾，雨氣通於腎。六經〔二〕爲川，腸胃爲海，九竅爲水。法天之紀，用地之理，則災禍去矣〔三〕。」

## 校記

〔一〕淮南鴻烈卷七精神訓：「故曰一月而膏，二月而胅，三月而胎，四月而肌，五月而筋，六月而骨，七月而成，八月而動，九月而躁，十月而生。形體以成，五藏乃形，是故肺主目，腎主鼻，膽主口，肝主耳。外爲表而内爲裏，開閉張歙，各有經紀。故頭之圓也象天，足之方也象地。天有四時、五行、九解、三百六十六日，人亦有四支、五藏、九竅、三百六十六節。天有風雨寒暑，人亦有取與喜怒。故膽爲雲，肺爲氣，肝爲風，腎爲雨，脾爲雷，以與天地相參也，而心爲之主。是故耳目者，日月也；血氣者，風雨也。日中有踆烏，而月中有蟾蜍。日月失其行，薄蝕無光；風雨非其時，毁折生災；五星失其行，州國受殃。」文子卷三九守：「膽爲雲，肺爲氣，脾爲風，腎爲雨，肝爲雷。人與天地相類，而心爲之主。耳目者，日月也；血氣者，風雨也。日月失行，薄蝕無光；風雨非時，毁折生災；五星失行，州國受其殃。」王念孫讀書雜志九淮南内篇第七精神「肝爲風，脾爲雷」條：「五行大義論人配五行及太平御覽人事部一，引此並作『脾爲風，肝爲雷』，文子九守篇同。」孫詒讓札迻卷四文子徐靈府注「人與天地相類，而心爲之主」：「案：五行大義引作『與天相類，而心爲天』（此字誤），上文兩以天與人相比況，而不及地，則此句似本無『地』字，蕭本爲善。」

〔二〕「六經」，三陽經與三陰經。據中村等大義本，「六經」指太陽經、陽明經、少陽經、太陰經、少陰經、厥陰經。

〔三〕重廣補注黄帝内經素問卷二陰陽應象大論篇：「故天有精，地有形，天有八紀，地有五里，故能爲萬物之父母。清陽上天，濁陰歸地，是故天地之動静，神明爲之綱紀，故能以生長收藏，終而復始。惟賢人上配天以養頭，下象地以養足，中傍人事以養五臟。天氣通於肺，地氣通於嗌，風氣通於肝，雷氣通於心，谷氣通於脾，雨氣通於腎。六經爲川，腸胃爲海，九竅爲水注之氣。以天地爲之陰陽，陽之汗，以天地之雨名之；陽之氣，以天地之疾風名之。暴氣象雷，逆氣象陽。故治不法天之紀，不用地之理，則災害至矣。」

左慈相決云：「人頭員以法天，足方以象地，左目爲日，右目爲月，左眉〔一〕爲青龍，右眉爲白虎，鼻爲勾陣，伏犀爲朱雀〔二〕，玉枕爲玄武〔三〕。」又云：「前爲朱雀，後爲玄武，左爲青龍，右爲白虎，是曰四體。頭爲勾陳，是身之主。」又曰：「左耳後爲太山，右耳後爲華山，額爲衡山，頂後爲恒山，鼻爲嵩高山〔四〕。」相祕決云：「額爲衡山，頣〔五〕爲恒山，鼻爲嵩高山，眉爲岱山，權爲崑崙山。二儀象天地，三亭法三材，四瀆主四時，五官應五行，六府從六律，七門配七星，八節取八風，九候比九州，十指應十日，十二德象十二月，二十八節應二十八宿〔六〕。」

## 校記

〔一〕「眉」，天文本作「肩」，下同。

〔二〕「雀」，高野本、天文本作「爵」。

〔三〕「相決」，嘉慶本、知不足本、常州本作「相訣」。「左慈」，东汉末年方士。後漢書卷八二下方術列傳下：「左慈字元放，廬江人也。少有神道。嘗在司空曹操坐，操從容顧衆賓曰：『今日高會，珍羞略備，所少吴松江鱸魚耳。』放於下坐應曰：『此可得也。』因求銅盤貯水，以竹竿餌釣於盤中，須臾引一鱸魚出。操大拊掌笑，會者皆驚。」左慈相決不見著録，唯宋史卷二〇六藝文志有「左慈助相規誡一卷」。所引當爲該書佚文。姚振宗後漢藝文志卷三「左慈助相規誡一卷（『助』字當是『形』字之刊誤）」：「隋蕭吉五行大義論人配五行篇：『左慈相訣云：「人頭員以法天，足方以象地，左目爲日，右目爲月，左眉爲青龍，右眉爲白虎，鼻爲勾陳，伏犀爲朱雀，玉枕爲玄武。」又云：「前爲朱雀，後爲玄武，左爲青龍，右爲白虎，是曰四體。頭爲勾陳，是身之主。」又曰：「左耳後爲太山，右耳後爲華山，額爲衡山，頂後爲恒山，鼻爲嵩高山。」』……按蕭氏引左慈相訣，知左慈實有其書矣，至宋猶傳此一卷。隋志不著録者，大抵皆彙入衆家相書四十六卷中。」

〔四〕據中村等大義本引日本金澤文庫藏相書：「二儀，頭圓法天，天欲高；足方象地，地欲厚。三才，額爲天，頤爲地，鼻爲人。左目爲日，右目爲月。天欲張，地欲方，人欲深廣，日月欲光。五嶽，額爲衡山，頤爲恒山，鼻爲嵩山，左顴爲泰山，右顴爲華山。」

〔五〕「頤」，底本、刊本作「頭」，據抄本改。內藤湖南古鈔本五行大義殘卷跋：「頤爲恒山，刻本『頤』作『頭』。」

〔六〕「相祕決」，當爲前注同類文獻。

家語云：「人生三月微眴，然後目能見。八月生齒，然後能食。朞〔一〕而臏，然後能行。三年顖〔二〕合，然後能言。陰窮反陽，故陰以陽變；陽窮反陰，故陽以陰化。是以男子八月生齒，八歲而齔，十六精通，然後能化。女子七月生齒，七歲而齔，十四而化。禮，男子二十而冠，有成人父之端。女子十五而笄而許嫁，有成人母之道〔三〕。」此皆從天地五行之大數也。

## 校記

〔一〕「朞」，底本、元禄本、宛委本作「暮」，天文本作「期」，據高野本、嘉慶本、知不足本、常州本、集成本改。内藤湖南古鈔本五行大義殘卷跋：「朞而臏，刻本『朞』譌『暮』。」

〔二〕「顋」，高野本、天文本作「齒」。

〔三〕孔子家語卷六本命解：「及生三月而微煦，然後有見。八月生齒，然後能食。三年顋合，然後能言。十有六而精通，然後能化。陰窮反陽，故陰以陽變；陽窮反陰，故陽以陰化。是以男子八月生齒，八歲而齔；女子七月生齒，七歲而齔，十有四而化。一陽一陰，奇偶相配，然後道合化成。性命之端，形於此也。公曰：『男子十六精通，女子十四而化，是則可以生人矣。而禮，男子三十而有室，女子二十而有夫也，豈不晚哉？』孔子曰：『夫禮言其極，不是過也。男子二十而冠，有爲人父之端；女子十五許嫁，有適人之道。於此而往，則自婚矣。』」

文子曰：「昔者中黄子云：『天有五行，地有五嶽，聲有五音，物有五味，色有五章，人有五位。故天地之間二十有五人。上五有神人、真人、道人、至人、聖人。次五有德人、賢人、善人、中〔一〕人、辨人。中五有仁人、禮人、信人、義人、智人。次五有仕〔二〕人、庶人、農人、商人、工人。下五有衆人、小人、駑人、愚人、肉〔三〕人。上五之與下五，猶人之與牛馬也。聖人者，以目視，以耳聽，以口言，以足行。真人者，不視而明，不聽而聰，不言而云，不行而從。故聖人之所動天下者，真人未嘗遇焉；賢人之所矯世俗者，聖人未嘗觀焉。所謂道人者，無前無後，無左無右，萬物玄同，無非無是〔四〕。』」

## 校記

〔一〕「中」，嘉慶本、知不足本、常州本作「忠」，下同。

〔二〕「仕」，常州本作「士」。

〔三〕「肉」，底本、元弘本、刊本作「完」，據高野本、天文本改。下同。内藤湖南古鈔本五行大義殘卷跋：「肉人，刻本譌『完人』。」

〔四〕文子卷七微明：「昔者中黄子曰：『天有五方，地有五行，聲有五音，物有五味，色有五章，人有五位。故天地之間有二十五人也。上五有神人、真人、道人、至人、聖人。次五有德人、賢人、智人、善人、辯人。中五有公人、忠人、信人、義人、禮人。次五有士人、工人、虞人、農人、商人。下五有衆人、奴人、愚人、肉人、小人。上五之與下五，猶人之與牛馬也。聖人者，以目視，以耳聽，以口言，以足行。真人者，不睎而明，不聽而聰，不行而從，不言而公。故聖人所以動天下者，真人未嘗過焉；賢人所以矯世俗者，聖人未嘗觀焉。所謂道者，無前無後，無左無右，萬物玄同，無是無非。』」孫詒讓札迻卷四文子徐靈府注微明「天有五方，地有五行」：「案：五行大義論諸人篇引作『天有五行，地有五嶽』，前九守篇亦云『天有四時、五行』，足證今本以『五行』屬地之誤。」又「上五有神人……肉人、小人」，孫詒讓案：「五行大義引此二十五人，惟上五與今本同，以下作：『次五有德人、賢人、善人、忠人、辯人。中五有仁人、禮人、信人、義人、智人。次五有仕人（士、仕通，後釋亦作士。）、庶人、農人、商人、工人。下五有衆人、小人、駑人、愚人、完人』。（『完』當作『宍』，即俗書『肉』字，後釋作『肉人』，不誤。）與今本差異。蕭氏又備釋二十五人之義，與所引符合，則今本爲傳寫之誤明矣。徐注並沿誤爲釋，蓋所見本已然。」又「所謂道者……無是無非」，孫詒讓案：「五行大義引『道』下有『人』字，是也。此以上並釋上五人神人、真人、道人、聖人之義，故蕭吉云『文子發言二十五人，論止有四』，是也。今本挩『人』字，則似汎論『道』字，上下文義全不貫屬矣。」

文子發言二十五人，論止有四，未爲具釋，今依諸經書略解。

上五謂〔一〕神人者，孔子曰：「陰陽不測之謂神。」曾子曰：「陽之精氣爲神〔二〕。」神以靈智爲義，謂靈智其照如神〔三〕，故曰神人也。孔子曰：「堯之智如神〔四〕。」真人者，性合乎道，有若無，實若虛，明白太素至極，弊然無爲，故曰真人。道人者，孔子曰：「其德大乎天地，其量總乎日月，莫之能測者。」有此德量，故曰道人。至人者，真直爲〔五〕素，守一不移，善惡不能迴〔六〕其慮，榮辱不能動其心，故曰至人。聖人者，家語曰：「德合天地，變通無方，窮萬事之終始，協萬品之自然，敷其大道，遂成情性。明竝日月，化行若神，民〔七〕不知其德，覩者不識其善，此謂聖人也〔八〕。」莊子曰：「以天爲宗，以德爲本，以道爲門，明〔九〕於變，謂之聖人〔一〇〕。」

## 校記

〔一〕「謂」，高野本、天文本作「語」。

〔二〕曾子卷四天圓：「陽之精氣曰神，陰之精氣曰靈。神靈者，品物之本也。」

〔三〕高野本、天文本「神」下有「人」字。

〔四〕孔子家語卷五五帝德：「宰我曰：『請問帝堯。』孔子曰：『高辛氏之子，曰陶唐，其仁如天，其智如神，就之如日，望之如雲。』」

〔五〕「爲」，高野本作「亭」。

〔六〕「迴」，元禄本、嘉慶本、知不足本、集成本作「迴」，常州本作「縈」。

〔七〕「民」，天文本無。

〔八〕陳士珂孔子家語卷一五儀解：「公曰：『何謂聖人？』孔子曰：『所謂聖者，德合於天地，變通無方，窮萬事之終始，協庶品之自然，敷其大道，而遂成情性。明並日月，化行若神，下民不知其德，覩者不識其鄰，此謂聖人也。』」

〔九〕「明」，高野本作「兆」。

〔一〇〕莊子雜篇卷十下天下：「不離於宗，謂之天人。不離於精，謂之神人。不離於真，謂之至人。以天爲宗，以德爲本，以道爲門，兆於變化，謂之聖人。」

次五德人者，德被於物，使百姓各得其所欲，日用而不知，兼利無擇，與天地合。易曰：「大人者，與天地合其德，與日月合其明，與鬼神合其吉凶〔一〕。」此謂德也。賢人者，智周萬物，動静合理。孔子曰：「好惡與民同情，取捨與民同統，行中規矩，言可法則，爲匹夫而不怨，在諸侯而不驕，道足化於百姓而不傷於身，施財天下不貧，此賢人也〔二〕。」善人者，見善如不及，言滿天下無口過〔三〕。孔子曰：「躬行忠信，而心不怨；不置〔四〕仁義，志意廣博，而色不伐〔五〕；思慮明達，而辭不争；篤行信道，自强不息，猶然如將可越而不可及〔六〕。」

## 校記

〔一〕高野本「易」下有「各得其所欲曰用而不知兼」十一字。周易卷一乾文言：「夫大人者，與天地合其德，與日月合其明，與四時合其序，與鬼神合其吉凶。先天而天弗違，後天而奉天時。天且弗違，而況於人乎？況於鬼神乎？」

〔二〕大戴禮記卷一哀公問五義：「孔子對曰：『所謂賢人者，好惡與民同情，取捨與民同統，行中矩繩而不傷於本，言足法於天下而不害於其身，躬爲匹夫而願富，貴爲諸侯而無財。如此則可謂賢人矣。』」

〔三〕孝經卷二卿大夫章：「言滿天下無口過，行滿天下無怨惡。」

〔四〕「置」，高野本、天文本作「量」。

〔五〕「伐」，底本、高野本、天文本作「代」，據改。下同。

〔六〕孔子家語卷一五儀解：「孔子曰：『所謂君子者，言必忠信而心不怨，仁義在身而色無伐，思慮通明而辭不專，篤行通道，自強不息，油然若將可越而終不可及者，此則君子也。』」

此君子人也，又謂善人。中人者，一心以事主〔一〕，進思盡忠，退思補過，順美匡惡，犯而無隱，先公後私，不伐其勞，此中人也。辨人者，智思無窮，情鑒善惡，問無礙滯，巧言如流，去邪從正，無有可匿，此辨人也。

## 校記

〔一〕晏子春秋卷七外篇高子問子事靈公莊公景公皆敬子晏子對以一心：「晏子對曰：『善哉，問事君！嬰聞一心可以事百君，三心不可以事一君。故三君之心非一也，而嬰之心非三心也。』」

中五仁人者，爲上不侈其功，爲下不羞其陋，慈施惻隱，終而不衰，此仁人也。禮人者，分別尊卑，廉讓謙謹，爲上恭敬，爲下思敬，此禮人也。信人者，誠實不欺，片言折獄，達不肆意，窮不易操，此信人也。義人者，決斷分了，一度順理，從善屏惡，事無礙滯，此義人也。智人者，識達謀慮，鑒察物情，能知萌兆，豫覩善惡，此智人也。

次五仕〔一〕人者，孔子曰：「知不舉〔二〕多，必審其所由；言不務多，必審其所謂。心有所定，計有所守，雖不能盡道術之本，必有從行也；雖不能遍百善之美，必有所處〔三〕也。行既由之，智既知之，言既得之，則性命形骸之不易也。富貴不足以益，貧賤不足以損，此士人也〔四〕。」

## 校記

〔一〕「仕」，底本、元禄本、宛委本、常州本作「任」，高野本、嘉慶本、知不足本、集成本作「士」，據抄本改。

〔二〕「舉」，天文本作「揚」。

〔三〕「處」，底本作「慮」，據抄本改。

〔四〕孔子家語卷一五儀解：「孔子曰：『所謂士人者，心有所定，計有所守。雖不能盡道術之本，必有率也；雖不能備百善之美，必有處也。是故知不務多，必審其所知；言不務多，必審其所謂；行不務多，必審其所由。智既知之，言既道之，行既由之，則若性命之形骸之不可易也。富貴不足以益，貧賤不足以損，此則士人也。』」

庶人者，未入仕位〔一〕，猶居壟畝之間，或始解褐，未沾品命。周禮云：「庶人在官者，始入秩也〔二〕。」此謂庶人也。

校記

〔一〕「位」，底本、元禄本、宛委本作「立」，常州本作「途」，據抄本、嘉慶本、知不足本、集成本改。

〔二〕引文不見於周禮，大意見禮記卷一一王制：「庶人在官者，其禄以是爲差也。」

農人者，用天之道，因〔一〕地之利，春耕秋收，常在稼穡，此曰農人也。

校記

〔一〕「因」，高野本作「用」。

商人者，負販市鄽，隨時鬻貨，貴賤相易，以資產業，此商人也，亦曰賈人也。

工人者，雕斲伎巧，備諸器用，造新脩故，以力貨財，此曰工人。

下五衆人者，凡雜云衆人，豫讓曰：「范中行氏以衆人遇我也〔一〕。」小人者，卑鄙行惡，此曰小人。孔子曰：「桀、紂雖帝王，其猶小人也。」文子曰：「中繩謂之君子，不中繩謂之小人〔二〕。」君子雖死，其名不滅。小人雖得勢，其罪不除。駑人者，駑，鈍也，亦罪隸爲名。古者有罪爲奴，尚書曰「予則奴戮汝〔三〕」，罪之也。紂以箕子爲奴，亦戮辱也。馬有駑者，以其鈍也。愚人者，嚚闇無知，菽麥不辨，謂之愚人。孔子曰「其智可及，其愚不可及〔四〕」者。以其禀昏濁之氣而生，非學所得也，亦曰庸人。孔子曰：「心不存始終之規，口不吐訓格之言，又不擇賢以託身，不力行以自定，見小闇大，而不知所傷，從物如流，而不知所執〔五〕。」此庸人也。肉人者，狂癡無識，痛癢莫分，雖能動靜，與肉不異，是爲肉人〔六〕。

## 校記

〔一〕戰國策卷一八趙策一：「豫讓曰：『臣事范中行氏，范中行氏以衆人遇臣，臣故衆人報之；知伯以國士遇臣，臣故國士報之。』」

〔二〕文子卷一一上義：「聖人一以仁義爲準繩，中準繩者謂之君子，不中準繩者謂之小人。君子雖死亡，其名不滅；小人雖得勢，其罪不除。」

〔三〕尚書卷七甘誓：「用命，賞于祖。弗用命，戮于社，予則孥戮汝。」

〔四〕論語卷五公治長：「子曰：『甯武子，邦有道則知，邦無道則愚。其知可及也，其愚不可及也。』」

〔五〕「執」，底本、元禄本、中國刊本作「仇」，據抄本改。孔子家語卷一五儀解：「孔子曰：『所謂庸人者，心不存慎終之規，口不吐訓格之言，不擇賢以托其身，不力行以自定。見小闇大，而不知所務；從物如流，不知其所執。此則庸人也。』」

〔六〕「爲」，嘉慶本、知不足本、集成本作「謂」；「肉」，底本、元弘本、元禄本、宛委本作「内」，常州本作「廢」，據嘉慶本、知不足本、常州本、集成本改。

此二十五等人，由禀五行之氣，各有優劣，故有多等，善惡不同。今且分爲四品〔一〕。其神真道至聖德賢七者，受〔二〕王氣而生也。善忠〔三〕辨仁禮信義智八者，相氣而生也。士庶農商工五者，休氣而生也。衆小駑愚肉五者，囚氣而生也。王氣當其盛時，故最靈聖。相氣微劣於王，故自善忠已下〔四〕，伏王政。休氣已衰，故當仕庶之例。囚氣最劣，故當衆小之流。文子以上返下，喻人比畜，亦近之矣。然此五氣，有清有濁，有正有邪，有初有末。若得正氣，雖在卑劣，方爲大善。若受邪〔五〕氣，雖居尊勝，衆興〔六〕大惡。至如桀覆夏宗，紂亡殷族，周衰幽、厲，漢滅桓、靈，此則處尊興惡者也。負鼎於殷廟，垂釣於磻溪，商賈南陽，飯〔七〕牛車下，當此之時，其善未見，及登師輔，仁聖竝彰，此豈非卑下而能弘濟。其賢德已上，氣正無邪，故居最上。然氣之初也，齡齒終長；氣之末也，命相短促。此四氣又有四別：若上清秀，靈智愈高；上而濁汙，乃須脩錯；下而清秀，琢〔八〕磨方以爲器；加之昬濁，朽木不可復雕。兼貴賤、富貧、好醜、善惡、性情、年命，乃有萬途，竝五行氣感所致〔九〕。今且就文子論其二十五等，以爲階差，自外諸徒，難以具辨。知人則哲，惟帝其難，非明聖者，孰能辨識。禄命決云：「王氣中生者，其人王相宜爵禄。相氣中生者，其人多官。死氣中生者，其人多疾病短命。」此竝論其生月當五行氣盛衰時也。況其稟受氣者，其人形質、情性、骨肉、藏府皆象五行。相書云：「木人細長直身。火人小頭豐下，短小。土人員面大腹。金人方面兑〔一〇〕口。水人面薄身偏，蛇行。木人青色真，有白是害氣。火人赤色真，有黑是害氣。土人黄色真，有青是害氣。金人白色真，有赤是害氣。水人黑色真，有黄是害氣。」配日，則甲乙爲皮毛，丙丁爲爪筋，戊己爲肉，庚辛爲骨，壬癸爲血脉。配〔一一〕卦，則乾爲頭，離爲目，坎爲耳，兑爲口，坤〔一二〕爲腹，巽爲手，艮爲股膝，震爲足。其藏府、性情，各有別解。然人居天地之内，在〔一三〕山川之中，各隨方位，形性不等。所以東夷之人，其形細長，脩眉長目，衣冠亦尚狹長。東海勾麗之人，其冠高狹，加以鳥羽，象於木枝。長目者，目主肝，肝，木也，故細而長，皆象木也。南蠻之人，短小輕鋻〔一四〕，高口小髮，衣冠〔一五〕亦尚短輕。高口者，口，人〔一六〕中，主心。心，火也，火炎上，故高。炎上，故少髮也。西戎之人，深目高鼻，衣而無冠者。鼻主肺，肺，金也，故高。目，肝也，肝爲木，金之所制，故深。金主裁斷，故髮斷無冠。北狄之人，高權被髮，衣長者。權主腎，腎，水也，故高權。被髮者，象水流漫也。衣長，亦象水行也。中夏之人，容貌平整者，象土地和平也。其衣冠車服備五色者，象土〔一七〕包含四行也。孔子曰：「東僻之人曰夷，精以僥。南僻之人曰蠻，信以朴。西僻之人曰戎〔一八〕，頑以剛。北僻之人曰狄，肥以戾。中國之人，安居和味〔一九〕。」

## 校記

〔一〕高野本、天文本「品」下有「受氣」二字。

〔二〕「受」，高野本、天文本無。

〔三〕「忠」，底本、元弘本、元禄本、宛委本、常州本作「惡」，集成本作「中」，據高野本、天文本、嘉慶本、知不足本改。

〔四〕「自」，高野本、天文本作「曰」；「忠」，高野本、天文本作「中」。

〔五〕「邪」，底本作「卑」，高野本、元弘本作「耶」，據天文本改。

〔六〕「興」，高野本、天文本作「與」。

〔七〕「飯」，底本、刊本作「飼」，據高野本改。內藤湖南古鈔本五行大義殘卷跋：「飯牛車下，刻本『飯』譌『飼』。」

〔八〕「琢」，底本、元禄本、宛委本作「劉」，常州本作「鎦」，據嘉慶本、知不足本、集成本改。

〔九〕高野本、天文本「竝」下有「從」字；「感」，底本、元弘本、元禄本、宛委本作「咸」，常州本作「之」，據天文本、嘉慶本、知不足本、集成本改。

〔一〇〕「兑」，天文本作「大」。

〔一一〕高野本、天文本「配」上有「曰」字。

〔一二〕「坤」，底本、元禄本、宛委本、常州本作「爪」，元弘本作「巛」，據天文本、嘉慶本、知不足本、集成本改。內藤湖南古鈔本五行大義殘卷跋：「巛爲腹，刻本『巛』譌『爪』。」

〔一三〕高野本、天文本「在」上有「希」字。

〔一四〕「壑」，天文本作「叡」。

〔一五〕「冠」，底本、元禄本、宛委本、常州本作「服」，據嘉慶本、知不足本、集成本改。

〔一六〕高野本、天文本「人」下有「之」字。

〔一七〕抄本「土」下有「德」字。

〔一八〕「戎」，底本、元禄本、宛委本作「我」，據天文本、嘉慶本、知不足本、常州本、集成本改。內藤湖南古鈔本五行大義殘卷跋：「西僻之人曰戎，刻本『戎』譌『我』。」

〔一九〕禮記卷一二王制：「東方曰夷，被髮文身，有不火食者矣。南方曰蠻，雕題交趾，有不火食者矣。西方曰戎，被髮衣皮，有不粒食者矣。北方曰狄，衣羽毛穴居，有不粒食者矣。中國、夷、蠻、戎、狄，皆有安居、和味、宜服、利用、備器。」

帝王世紀云：「堯流共工于幽洲，以竄北狄。遇三苗于三危，以竄西戎。放驩兜于崇山，以竄南蠻。殛鯀于羽山，以竄東夷〔一〕。」春秋文耀鉤云：「氣隨人形。故南方至溫，其人大口，象氣緩舒〔二〕也。北方至寒，其人短頸，象氣急縮也。東方川谷所注〔三〕，其人小頭兑形〔四〕，象木小上也。西方高土，日月所入，其人面多毛，象山多草木也。中央四通，雨露所施，其人面大，象土平廣也〔五〕。」家語云：「孔子曰：『堅土之人剛，弱土之人柔，壚〔六〕土之人大，沙土之人細，息土之人美，秏土之人醜〔七〕。』」南方有不死之草，北方有不釋之冰，東方有君子之國，西方有刑殘之尸〔八〕，中土多聖人，皆象其氣也。故曰：「山氣多男，澤氣多女。水氣多瘖，風氣多聾。休氣多癃，木氣多傴。岸下溼氣多腫〔九〕，正氣多力，險阻之氣多癭，寒氣多壽，熱氣多夭，谷氣多痺，丘氣多狂，衍〔一〇〕氣多仁，陵氣多貪。輕土多利足，重土多遲鈍。急水人輕，遲水人重〔一一〕。」此竝隨陰陽五行之氣，故善惡斯別。

## 校記

〔一〕所引爲帝王世紀佚文。

〔二〕「緩舒」，嘉慶本、知不足本、集成本作「舒緩」。

〔三〕「注」，底本、元禄本、中國刊本作「經」，元弘本作「涇」，天文本作「住」，據高野本改。内藤湖南古鈔本五行大義殘卷跋：「川谷所注，刻本『注』譌『經』。」

〔四〕「兑」，天文本作「大」，常州本作「鋭」。「形」，底本、宛委本作「刑」，據元弘本、天文本、嘉慶本、知不足本、常州本、集成本改。

〔五〕所引爲春秋文耀鉤佚文。

〔六〕「壚」，底本、刊本作「墟」，據高野本、天文本改。内藤湖南古鈔本五行大義殘卷跋：「壚土之人，刻本『壚』譌『墟』。」

〔七〕孔子家語卷六執轡：「堅土之人剛，弱土之人柔，墟土之人大，沙土之人細，息土之人美，秏土之人醜。」

〔八〕淮南鴻烈卷四墜形訓：「故南方有不死之草，北方有不釋之冰，東方有君子之國，西方有刑殘之尸。」

〔九〕「腫」，底本、元禄本、宛委本作「踵」，據嘉慶本、知不足本、常州本、集成本改。

〔一〇〕「衍」，底本、元禄本、宛委本、常州本作「街」，據嘉慶本、知不足本、集成本改。

〔二〕淮南鴻烈卷四墬形訓：「土地各以其類生，是故山氣多男，澤氣多女，障氣多喑，風氣多聾，林氣多癃，木氣多傴，岸下氣多腫，石氣多力，險阻氣多癭，暑氣多夭，寒氣多壽，谷氣多痹，丘氣多狂，衍氣多仁，陵氣多貪，輕土多利，重土多遲，清水音小，濁水音大，湍水人輕，遲水人重，中土多聖人。皆象其氣，皆應其類。」

## 第二者論人遊年年立

遊年凡有三名〔一〕，而爲二別。三名者，一遊年，二行年，三年立。遊年之名，皆以運動不住爲義，以其隨歲行遊，不定一所也。年立即是行年，立者，是住立爲義，以其今年立於北辰也。就人而論，常行不息，故謂〔二〕曰行。就歲而論，今之一歲，年住於此，故謂之立。二別者，遊年從八卦而數，年立從六甲而行。六甲者，男從丙寅左行，女從壬申右轉，竝至其年數而止，即是行年所至，立於其處也。若欲筭知之者，男以實年加二筭而左數，女以實年加一筭而右數，竝從甲子旬始，盡其筭，即是立處也。所以男從丙寅數何者？日生於寅，日爲陽精，男從陽，故取日，丙爲大陽，故取丙以配寅。女從壬申數何者？月生於申，月爲陰精，女從陰，故取月，壬爲大陰，故取壬以配申。陽故左行，陰故右轉。孔子元辰經云「若甲子旬，男從丙寅，女從壬申。甲戌旬，男從丙子，女從壬午。甲申旬，男從丙戌，女從壬辰。甲午旬，男從丙申，女從壬寅。甲辰旬，男從丙午，女從壬子。甲寅旬，男從丙辰，女從壬戌」，皆曰行年。此竝候病之法，非通常〔三〕用。

## 校記

〔一〕「名」，底本、元禄本、宛委本作「各」，據抄本、嘉慶本、知不足本、常州本、集成本改。內藤湖南古鈔本五行大義殘卷跋：「遊年凡有三名，刻本『名』譌『各』。」

〔二〕「謂」，高野本、天文本無。

〔三〕「通常」，高野本作「常通」。

遊年者，男一歲，數從離起，左行八卦，二則〔一〕在坤，三則在兑，四則在乾，五則在坎，六則在艮，七則在震，八則在巽。巽不受八，進而就離。離則〔二〕是八，坤即九〔三〕，兑即十〔四〕。以次而數，一若至坤，坤不受一，還退就離，故至十數，皆在正〔五〕方也。女年一，從坎右行，亦如離法，艮不受八，乾不受一，皆歸於坎。所以巽不受八，坤不受一者，坤巽依位，竝夾離宫〔六〕。巽是陽位，有進義而無終義，八是卦之終數，故不受之。前以付離，坤是陰位，陰有退而無進，退則須滅〔七〕，不敢當其陽始之數，故退讓就離。乾不受一，艮不受八者，乾是陽也，又爲天也，自在其始，始是一義，重則數偶，數偶則成陰〔八〕，故以付坎。艮是陰也，艮又爲山，山則是終，遊年歷行八卦，卦數於〔九〕八終，即止也，自有其終，理不重受，故付坎。

## 校記

〔一〕「二則」，底本、元禄本、宛委本、常州本作「則二」，據嘉慶本、知不足本、集成本改。

〔二〕「則」，高野本、天文本作「既」。

〔三〕天文本「九」上有「次」字。

〔四〕高野本、天文本「十」上有「次」字。

〔五〕「正」，底本、中國刊本作「政」，據抄本、元禄本改。

〔六〕「竝」，高野本、天文本無；「夾」，高野本作「使」。

〔七〕「滅」，高野本、天文本作「減」。

〔八〕「數」，高野本、天文本無；「則」，高野本、天文本作「即」。

〔九〕「於」，高野本、天文本作「論」。

或問云：「天一之行，以坎爲一宮，離爲九宮，八卦遊年，乃以離爲一宮者何？」答曰：「天一於天下，九州之事，故從始一而行；遊年於人，年命之事，故以終九而起。

今〔一〕女遊年從坎，男以德苞終始，故九一竝數，起太陽之位。女以陰生陽，故從其創始陰位而行，坎位本一，受數一起，共爲二，陰數也。」遊年所至之卦，因三變之，一變爲禍害，再變爲絶命，三變爲生氣。生氣則吉，禍害、絶命則凶。吉則可就其方，凶則宜避其所。禍害者，以其相剋害也。如乾初九，甲子水，變成巽，巽初六，辛丑土，是飛辰來剋伏辰也。坎初六，戊寅木，變成兑，兑初九，丁巳火，是飛伏相害也。絶命者，以其卦體被剋制也，如震變爲兑，金剋木也，艮變爲巽，木剋土也。生氣者，以其相生同體也，如乾變成兑，體同金也，震變成離，木生火也。禍害、絶命亦有厭行〔二〕，以其卦所至，相制者禳〔三〕之，如銜〔四〕火以避兵火，懸一柏〔五〕木，而禳震死，此竝五行相制之驗也。遊年、年立即是人之年命，皆配五行，故於此而釋之。

## 校記

〔一〕「今」，底本、元禄本、中國刊本作「命」，據抄本改。

〔二〕「行」，高野本、天文本、元弘本引一本作「法」。

〔三〕「禳」，底本、元禄本、宛委本、常州本「攘」，據嘉慶本、知不足本、集成本改。下同。

〔四〕「銜」，元弘本、天文本引一本作「御」。

〔五〕「一柏」，高野本作「玄柏」。

# 第二十四　論禽蟲

就此分爲二段：一者論五靈，二者論三十六禽。

## 第一者論五靈

凡含生蠢動，有知之類〔一〕，莫不藉五氣而成性，資陰陽以立形。故其陸處水居〔二〕，潛見道别，遊翔飛走，駑駿不同，皆由氣之清濁，禀性〔三〕深淺。考異郵云：「含牙戴角，著距〔四〕垂芒，皆爲陰也。陰有殺氣，故備有爪〔五〕牙之毒，蟄蟗之類也。飛翔羽翮，柔善之獸，皆爲陽也。陽有仁氣，無殺〔六〕性也。」家語云「齕吞者，八竅而卵生。齟齧者，九竅而〔七〕胎生。晝生似父，夜生類〔八〕母。至陰者牝，至陽者牡〔九〕」，皆氣使然也。

### 校記

〔一〕「類」，底本、刊本作「數」，據高野本、天文本改。内藤湖南古鈔本五行大義殘卷跋：「有知之類，刻本『類』譌『數』。」

〔二〕「故」，常州本作「雖」；「其」，嘉慶本、知不足本、常州本、集成本作「有」；「居」，高野本、天文本作「沉」。

〔三〕「性」，高野本、天文本作「之」。

〔四〕「距」，底本、元弘本、刊本作「⿰𧾷豆」，據高野本、天文本改。內藤湖南古鈔本五行大義殘卷跋：「著距，刻本『距』譌『⿰𧾷豆』。」

〔五〕「爪」，高野本作「含」。

〔六〕「殺」，高野本、天文本作「煞」。王仁俊玉函山房輯佚書續編經編緯書類所輯至「皆爲陰也」止。

〔七〕「而」，底本、元弘本、各刊本無，據天文本補。

〔八〕「類」，高野本作「似」。

〔九〕孔子家語卷六執轡：「介鱗夏食而冬蟄。齕吞者八竅而卵生，齟齧者九竅而胎生。四足者無羽翼，戴角者無上齒。無角無前齒者膏，無角無後齒者脂。晝生者類父，夜生者似母。是以至陰主牝，至陽主牡。」

凡是蠢動之物，並爲蟲類，今略分三種〔一〕：一曰禽，二曰獸，三曰蟲。有羽飛者爲禽，有四足走者爲獸，無羽足者爲蟲。至如蜉蝣之羽，蟭蟟之翼，飛蛩百足，蚊蚋六手，此雖有羽足，猶是蟲例。其朝生暮死，腐穢蠱溼，此皆〔二〕因變化隨類生者，亦並蟲也。考異郵云：「蟲八日而化，微故命促〔三〕。」又鳥魚二名，於此二者，其號雖別，鳥則飛翔，即是禽也，魚則潛游，蟲之屬也。家語云：「鳥魚生於陰而屬於陽，故皆卵生。魚游於水，鳥遊於雲，所以立冬，則〔四〕鷰雀入海，化而爲蛤，本其類也〔五〕。」禽名通於獸，獸名不通於禽，故知禽有趍〔六〕地之能，獸無飛空之用。然此三等，名例甚多，不可具釋。今且先論五靈，次配卦及三十六禽。

## 校記

〔一〕「種」，底本、宛委本作「腫」，據抄本、元禄本、嘉慶本、知不足本、常州本、集成本改。

〔二〕「皆」，高野本、天文本無。

〔三〕常州本、集成本「微」字屬上讀；「命」，底本、元禄本、宛委本作「今」，嘉慶本、知不足本、集成本作「令」，據抄本改。常州本作「蟲八日而化微，故有促義」。所引爲考異郵佚文。太平御覽卷九四四蟲豸部一引春秋考異郵：「二九十八，主風精爲蟲，八日而化，風列波激。故其名從蟲，蟲之爲言屈申也。」趙在翰七緯卷二九春秋緯引御覽所輯，注云：「御覽蟲豸部一（卷九四四），大義論禽蟲第二十四引『蟲八日而化微，故有促義』。」黄奭黄氏逸書考通緯略同，注云：「御覽蟲豸部一、大義論禽蟲第二十四引『蟲八日而化微，故有促義』。」所引大義爲常州本所據。内藤湖南古鈔本五行大義殘卷跋：「命促，刻本『命』譌『令』。」

〔四〕「則」，高野本、天文本無。

〔五〕孔子家語卷六執轡：「鳥魚生陰而屬於陽，故皆卵生。魚游於水，鳥游於雲，故立冬則燕雀入海化爲蛤。蠶食而不飲，蟬飲而不食，蜉蝣不飲不食，萬物之所以不同。」

〔六〕「趍」，高野本作「足」。

家語云：「羽蟲三百六十，鳳爲之長。毛蟲三百六十，麟爲之長。甲〔一〕蟲三百六十，黿爲之長。鱗蟲三百六十，龍爲之長。倮蟲三百六十，人爲之長〔二〕。」又曰：「毛蟲之精曰麒麟，羽蟲之精曰鳳，介蟲之精曰黿，鱗蟲之精曰龍，倮蟲之精曰聖人〔三〕。」毛蟲西方，羽蟲南方，甲蟲北方，鱗蟲東方，倮蟲中央。此則皆稱蟲也。五靈總爲諸蟲之首，今止言其四，以人處中央者，謂有性情之物，人最爲主故〔四〕也。靈者，神靈之義。五禽於蟲獸之中最靈，故曰五靈。

## 校　記

〔一〕「甲」，嘉慶本、知不足本作「介」。

〔二〕孔子家語卷六執轡：「羽蟲三百有六十，而鳳爲之長；毛蟲三百有六十，而麟爲之長；甲蟲三百有六十，而黿爲之長；鱗蟲三百有六十，而龍爲之長；裸蟲三百有六十，而人爲之長。此乾巛之美也，殊形異類之數。」

〔三〕大戴禮記卷五曾子天圓：「毛蟲之精者曰麟，羽蟲之精者曰鳳，介蟲之精者曰龜，鱗蟲之精者曰龍，倮蟲之精者曰聖人。」

〔四〕「故」，天文本無。

禮記月令云「春，其蟲鱗。鄭玄注云：龍蛇之屬。夏，其蟲羽。飛鳥之屬。中央，其蟲倮。虎豹淺毛之屬。秋，其蟲毛。狐狢之屬。冬，其蟲介。龜鼈之屬〔一〕。」又云：「國君行，前朱雀，後玄武，左蒼龍，右白虎〔二〕。」尚書刑德放言：「東方春，蒼龍其智仁。南方夏，朱鳥好禮。西方秋，白虎執義。北方冬，玄龜主信。會中央，土之精〔三〕。」禮運則不論五德，止辨四靈而已。鉤命決云：「失仁則龍麟不舞〔四〕，失禮則鸞鳳不翔，失智則黄龍不見，失義則白虎不出，失信則玄龜不見〔五〕。」禮記曰：「麟鳳龜龍，謂之四靈〔六〕。」左傳云：「麟鳳五靈，王者之嘉瑞〔七〕。」禮云「麟鳳龜龍」，不見有虎，於金行稱虎，義則不足。前朱雀、後玄武是同。其餘三蟲，竝有差異。元命苞云：「離爲鳳。」又言：「鳳，火精。靈龜生水，玄武至〔八〕北方。」此同禮説〔九〕，唯龍、麟、虎三者不同。左青龍，右白虎，舊説不疑。衍孔圖以麟爲木精〔一〇〕，龍則非木。大戴禮以麟爲毛蟲，麟復成金。麟若爲金，虎則無用。公羊高以麟爲木精，木生於火。夫子脩春秋，至麟而止，豈知爲漢之瑞〔一一〕，今所不執。

## 校記

〔一〕禮記卷一四月令：「孟春之月……其蟲鱗。（鄭注：象物孚甲將解，鱗、龍、蛇之屬。）」禮記卷一五月令：「孟夏之月……其蟲羽。（鄭注：象物從風鼓翼，飛鳥之屬。）」禮記卷一六月令：「中央土……其蟲倮。（鄭注：象物露見不隱藏，虎豹之屬恒淺毛。）……孟秋之月……其蟲毛。（鄭注：象物應涼氣而備寒，狐貉之屬生旃毛也。）」禮記卷一七月令：「孟冬之月……其蟲介。（鄭注：介，甲也。象物閉藏地中，龜鱉之屬。）」

〔二〕禮記卷三曲禮上：「行，前朱鳥而後玄武，左青龍而右白虎，招搖在上，急繕其怒。」

〔三〕所引爲尚書刑德放佚文。

〔四〕「麟」，高野本、天文本作「驎」，下同。「舞」，元弘本作「儛」。

〔五〕所引爲鉤命決佚文。趙在翰七緯卷三七孝經緯輯文與此略異：「失仁則麒麟不舞，失禮則鸞鳳不翔，失智則黃龍不舞，失義則白虎不至，失信則玄龜不出。」王仁俊玉函山房輯佚書續編經編緯書類據此輯入孝經鉤命決，另有校勘，並作夾注：「失仁則龍（佚存作『麒』）麟不舞（佚存作『見』），失禮則鸞鳳不翔，失智則黃龍不見（佚存作『舞』），失義則白虎不出（佚存作『至』），失信則玄龜不見（佚存作『出』）。」王仁俊自稱：「據鮑本，以佚存本校之。」細核不確。

〔六〕禮記卷二二禮運：「何謂四靈？麟、鳳、龜、龍謂之四靈。」

〔七〕春秋左傳卷一杜預春秋序：「麟鳳五靈，王者之嘉瑞也。今麟出非其時，虚其應而失其歸，此聖人所以爲感也。」

〔八〕「至」，高野本、天文本作「主」。所引爲元命苞佚文。

〔九〕「説」，高野本作「記」。

〔一〇〕「衍孔圖」，又作春秋孔演圖。藝文類聚卷八八木部上引春秋孔演圖曰：「麟，木精也。」

〔一一〕天文本「漢」上有「前」字。春秋公羊經傳卷一二哀公十四年：「麟者，仁獸也。有王者則至，無王者則不至。」

案蔡邕月令章句言：「天官五獸：左蒼龍，大辰之貌；右白虎，大梁之文；前朱雀，鶉火之體；後玄武，龜蛇之質；中有大角、軒轅，麒麟之信〔一〕。」亦龍〔二〕生於水，遊於木；鳥生於木，遊於火；麟生於火，遊於土；虎生於土，遊於金；龜生於金，遊於水。修其母，致其子，五行之情也。故貌恭體仁，則鳳凰來儀；言從和義，則神龜至；視明禮修，則麒麟臻；智聽故事〔三〕，則黄龍見；思叡信立，則白虎擾。此言當矣。

## 校記

〔一〕所引爲蔡邕月令章句佚文。初學記卷二九獸部麟叙事引蔡邕月令曰：「天宫五獸，中有大角、軒轅，麒麟之信。凡麟，生於火，游於土，故修其母，致其子，五行之精也。視明禮修則麒麟臻。」又太平御覽卷六天部下引蔡邕月令章句曰：「天官五獸之於五事也：左有蒼龍，大辰之貌；右有白虎，大梁之文；前有朱雀，鶉火之體；後有玄武，龜蛇之質；中有大角、軒轅，麒麟之信。」

〔二〕「亦龍」，高野本、天文本作「龍亦」。

〔三〕「故」，天文本作「政」。此四字，常州本作「智能燭理」。

禮斗威儀云：「乘金而王，麒麟在郊〔一〕。」保乾圖又言：「歲星爲麟〔二〕。」考異郵言：「麟者陰精〔三〕。」此竝不同。今解以木者，觸也，有觸冒之義。麟有肉角，無所抵觸。龍角端無肉，有抵觸義。易象「震爲龍〔四〕」，故木之義扶龍。天官有軒轅，黄龍麒麟之信，信主於土，脩母子應，此意亦同。爲漢出者，漢是火德，故子應也，是土之義扶麟。易通卦驗言：「立秋，虎始嘯〔五〕。」衍孔圖云：「虎，金精〔六〕。」大戴禮言：「虎七月而生，應陽數〔七〕。」考異郵亦云：「虎班文者，陰陽之雜〔八〕。」虎爲毛蟲，定是金獸。考異郵云：「叅伐虎之德，義主斬刈〔九〕。」所以學門謂之虎門〔一〇〕，乃畫虎於門者，以兑居西〔一一〕方，兑是説言，主講説故。又金有殺伐之威〔一二〕，虎有毒害之猛，故金義扶虎。

## 校記

〔一〕所引爲禮斗威儀佚文。藝文類聚卷九八祥瑞部上引禮斗威儀曰：「君乘金而王，其政平，麒麟在郊。」趙在翰七緯卷一九禮緯之三輯入禮斗威儀，作「君乘金而王，其政象平，則麒麟在郊」，注：「占經同上（卷一一六）。類聚同上（卷九八），無『象』字、『則』字。路史餘論同上。大義論禽蟲第二十四引『乘金而王，麒麟在郊』。」

〔二〕所引爲保乾圖佚文。初學記卷二九兽部麟敘事引春秋保乾圖曰：「歲星散爲麟。」

〔三〕所引爲考異郵佚文。

〔四〕周易卷九説卦：「震爲雷，爲龍，爲玄黄……。」

〔五〕所引爲易通卦驗佚文。初學記卷三歲時部秋第三事對引易通卦验曰：「立秋涼风至，白露下。」太平御覽卷八九一獸部三引易通卦驗曰：「立秋，虎始嘯。」趙在翰七緯卷六易緯之六引易通卦驗卷下「立秋涼風至，白露下，虎嘯」，鄭玄注：「涼風，風有寒炁。白露，露得寒炁始轉白。虎嘯始盛，秋炁有猛意。」

〔六〕「衍孔」，知不足本、集成本作「孔衍」。所引爲衍孔圖佚文。

〔七〕大戴禮記卷一三易本命：「三九二十七，七主星，星主虎，故虎七月而生。」

〔八〕所引爲考異郵佚文。文選卷四八司馬長卿封禪文「般般之獸，樂我君囿」，李善注引春秋考異郵曰：「虎班文者，陰陽雜也。」趙在翰七緯補遺第二十三、黄奭黄氏逸書考通緯據此輯入。趙氏、黄氏輯文含「虎爲毛蟲，定是(亦爲)金獸」八字。

〔九〕「伐」，底本、元禄本、宛委本、常州本、集成本作「代」，據抄本、嘉慶本、知不足本改。

「主」，底本、元禄本、宛委本、常州本作「王」，據抄本、嘉慶本、知不足本、集成本改。所引爲考異郵佚文。孫詒讓周禮正義卷二五地官師氏：「五行大義論禽蟲篇云：『考異郵云：「參伐虎之德，義主斬刈。」所以學門謂之虎門，乃畫虎於門者，以兑居西方，兑是説言，主講説故。又金有殺伐之威，虎有毒害之猛，故金義扶虎。』案蕭所述，疑六朝禮家義，蓋亦沿門闈小學之誤，説與鄭義違，不可據。」

〔一〇〕高野本「學」下無「門」字。此八字，王仁俊玉函山房輯佚書續編經編緯書類輯入春秋緯考異郵。

〔一一〕「西」，底本、元禄本、宛委本、常州本作「秋」，據抄本、嘉慶本、知不足本、集成本改。

〔一二〕「又」，天文本無；「殺」，抄本作「煞」。

問：「寅位在東，何忽白虎居西〔一〕？」答曰：「凡五行相雜，無有獨在一方之義。東方自是木行，相次白虎居西，是殺戮之威，如震在東方，正至於龍〔二〕，乾之六爻，并是龍象。震取其運動，乾譬〔三〕聖人，自取龍有飛潛之德，爲象各異，故無定準也。」如考異郵云「陰陽相雜」，不妨分在東方，此竝靈通，隱顯無定，寧可一執。

## 校記

〔一〕此以下爲作者所設問答。

〔二〕「正」，天文本無；「至」，嘉慶本、知不足本、集成本作「主」。此四字，常州本作「其象爲龍」。

〔三〕「譬」，知不足本作「配」。

史蘇龜經云：「木神蒼龍，歲星之精；火神朱雀〔一〕，熒惑之精；灰土之神，名曰騰蛇；土神勾陳，鎮星之精；金神白虎，太白之精；水神玄武，辰星之精。蒼龍主頭，朱雀主脣頸，騰蛇主胸脇，勾陳主腰腹，白虎主股膝，玄武主脚脛〔二〕。」案此之六神，朱雀、玄武、蒼龍、白虎與經緯説同，唯勾陳之神，其語有異，而天官有勾陳之星，在紫微之内，故爲土神。此即蔡邕所云「麒麟之信」也。騰蛇居火之末，在土之初，而爲灰神。以蛇配龜，共爲玄武，無有正方，故爲灰神。其配頭足等，以東爲首，故龍配頭也，以次南轉，故玄武配足。

## 校記

〔一〕「雀」，天文本作「爵」。下「朱雀主脣頸」同。

〔三〕所引爲史蘇龜經佚文。

禽獸屬八卦者，易云：「乾爲馬，坤爲牛，震爲龍，巽爲雞，坎爲豕，離爲雉，艮爲狗，兑爲羊〔一〕。」乾健也，馬取其健也。坤，順也，牛取其順。震，動也，龍取其動。巽，風也，雞主其號令，以象風行。坎，陰也，豕取其陰。離，陽也，雉取其飛揚。艮，門也，狗取其守禦。兑，悦也，言也，羊取其悦草。又乾象六龍，取其潛躍之義。説卦云「馬取其强健之德」，以健也〔二〕，故稱良馬，以父故稱老馬，以其乾乾不息，故稱瘠馬，以其有變化之用，故稱駮馬。然坤卦又稱「牝馬之貞」，此止取順義。馬之爲義，不獨乾坤，震又爲善鳴之馬，以震有雷聲，故震雷之象。又爲馵足〔三〕，馬亦曰白頭，爲的顙之馬，取其顯〔四〕曜之義。坎爲美脊之馬，以有居中之閏。故説卦龍馬以配者多，以爲行天莫若於龍，行地莫過於馬，故多所象也。坤稱子母牛者，重其蕃息。艮既爲狗，亦爲鼠，狗有守備之能，狗爲能止，鼠爲所止，竝屬於艮。離爲鱉蟹螺蜯龜，皆取其有甲象，外陽之義也。此皆五行之所配合，故於此而釋也。

## 校記

〔一〕周易卷九説卦：「乾爲馬，坤爲牛，震爲龍，巽爲雞，坎爲豕，離爲雉，艮爲狗，兑爲羊。」

〔二〕「也」，底本、元弘本、元祿本、中國刊本作「之」，據高野本、天文本改。

〔三〕「犇足」，底本、元祿本、宛委本作「馬足」，高野本、天文本作「犇」，據元弘本、嘉慶本、知不足本、常州本、集成本改。高野本、天文本「足」下有「之」字。

〔四〕「顯」，高野本、天文本作「頭」。

## 第二十者論三十六禽

禽蟲之類，名數甚多，今解三十六者〔一〕，蓋取六甲之數，式經所用也。其十二屬配十二支，支有三禽，故三十有六禽。所以支有三者，分一日爲三時，旦及晝、暮也。若以意求，正應〔二〕十二屬竝居晝位，不應或旦或暮。今依式經法，以氣而取，孟則在暮，仲則在中，季則在旦，是十二屬當十二辰也。餘二十四〔三〕，既是配禽〔四〕，以〔五〕不當支位。所以孟在暮者，孟是一時之首，氣初則未盛，向仲方盛，故屬也。取近盛氣，所以在暮也。仲則在晝者，以其氣盛在中也。季則在旦者，以季爲一時之末，其氣已衰，當初近仲，尚有王勢，故屬旦也。於式〔六〕當位，二俱不失。

### 校記

〔一〕太平御覽卷九二一羽族部八有式經三十六禽變。釋智顗摩訶止觀卷八下：「一時爲三，十二時即有三十六獸。寅有三，初是貍，次是豹，次是虎。卯有三，狐兔貉。辰有三，龍蛟魚。此九屬東方木也。九物依孟仲季，傳作前後。巳有三，蟬鯉蛇。午有三，鹿馬麞。未有三，羊雁鷹。此九屬南方火也。申有三，狖猿猴。酉有三，烏雞雉。戌有三，狗狼豺。此九屬西方金也。亥有三，豕貐豬。子有三，猫鼠伏翼。丑有三，牛蟹鱉。此九屬北方水也。中央土王四季，若四方行用，即是魚鷹豺鱉。三轉即有三十六，更於一中開三，即有一百八時獸。」

〔二〕高野本、天文本「應」下有「以」字。

〔三〕高野本、天文本「四」下有「氣」字。

〔四〕「禽」，高野本、天文本作「合」。

〔五〕「以」，高野本、天文本作「故」。

〔六〕「式」，底本、抄本、元禄本、常州本作「拭」，據嘉慶本、宛委本、知不足本、集成本改。

王簡〔一〕云：子，朝爲鷰，晝爲鼠，暮爲伏翼。丑，朝爲牛，晝爲蟹，暮爲鱉。寅，朝爲狸，晝爲豹，暮爲虎。本生經〔二〕云：「旦爲生木。」又云：「晝爲虎，暮爲狸。」卯，朝爲猬，晝爲兔，暮爲貉。一云：朝爲狐。本生經云：「暮爲鶴。」辰，朝爲龍，晝爲蛟，暮爲魚。巳，朝爲蟮，晝爲蚯蚓，暮爲魚〔三〕蛇。一云：暮爲龜。本生經言：「旦爲赤土，晝爲蛇，暮爲蟬。」午，朝爲鹿，晝爲馬，暮爲獐。本生經言：「旦爲馬，晝爲鹿，暮爲麞。」未，朝爲羊，晝爲鷹，暮爲鴈。本生經云：「暮爲老木。」申，朝爲猫，晝爲猿，暮爲猴。一云：旦爲羊。本生經言：「暮爲死石。」酉，朝爲雉，晝爲雞，暮爲鳥〔四〕。一云：朝爲雞，暮爲死石。禽變云：「暮爲死土。」本生經言：「暮爲鳶。」戌，朝爲狗，晝爲狼，暮爲豺。一云：暮爲死金。禽變云：「暮爲死火。」亥，朝爲豕，晝爲玃，暮爲猪。一云：旦爲生木，晝爲豕，暮爲蟻蝓〔五〕。一云：旦爲犰，晝爲猵。一云：暮爲朽木。雖本生經及〔六〕禽變互有不同，晝暮之位，理從前解。

## 校記

〔一〕「王」，高野本、天文本作「玉」，中村等大義本據此有「或爲金匱玉簡」的推測，但無從確定。

〔二〕「本生經」，所指不明。據中村等大義本推測，或指大正藏第一七六册佛説師子月佛本生經一類文獻。但所引文字不見今本。

〔三〕「魚」，天文本無。

〔四〕「鳥」，底本、元禄本、中國刊本作「馬」，據天文本改。

〔五〕「蟻蝓」，嘉慶本、知不足本、集成本作「蛦蝓」，常州本作「螔蝓」。

〔六〕高野本「及」上有「言」字。

子爲鼠鸐伏翼者，色皆玄也，取水之色。鼠之爲性，晝伏夜遊，象陰氣也。出於穴，常見首者，象陽氣萌動於子，欲見之狀〔一〕也。鸐口下有赤者，象陰之懷陽。其尾分者，陰數二也。春分而至，隨陽見也；秋分而蟄，隨陰伏也。禮記月令云「仲春之月，玄鳥至。至日，以太牢祀于高禖〔二〕」，以祈子孫也。秋分，玄鳥歸也。是見二月者，子刑卯也。易通卦驗云：「玄鳥，陰鳥也〔三〕。」伏翼者，鼠老爲之，謂之仙鼠。方言云：「自關已東，謂之伏翼〔四〕。」三者皆是陰蟲，故竝居子也。

## 校記

〔一〕「之狀」，底本、元禄本、宛委本作「之伏」，常州本作「又伏」，據嘉慶本、知不足本、集成本改。

〔二〕禮記卷一五月令：「仲春之月……是月也，玄鳥至。至之日，以大牢祠于高禖，天子親往。」

〔三〕所引爲易通卦驗佚文。參見趙在翰七緯卷六易緯之六易通卦驗卷下：「鷙鳥擊，元鳥歸。」鄭注：「鷙鳥，鷹鸇之屬也。元鳥隨陽，故南歸也。」似非「陰鳥」。

〔四〕方言卷八：「蝙蝠，自關而東謂之服翼，或謂之飛鼠，或謂之老鼠，或謂之僊鼠；自關而西秦隴之間謂之蝙蝠，北燕謂之蟙蠌。」

丑爲牛蟹鰲者，丑爲艮，立春之節，農事既興，牛之力也，又上當牛宿。説題辭曰「牛爲陰事，牽耦耜耕也」，故在丑。蟹者，立春之時，桑〔一〕木生根，如其足也。艮爲山，巨靈贔負〔二〕，首頂靈山〔三〕，負蓬萊山，即巨蟹也。鰲者，土之精氣而生，中軟外堅，象土含陰陽也。其藏黄者，土之色也。牛亦有黄，蟹中亦黄，皆土精也。丑在北方，水位，故兼主水土。

## 校　記

〔一〕「桑」，底本、元弘本及刊本作「卉」，據天文本改。

〔二〕「巨靈」，高野本、天文本作「教曰」；「負」，元弘本作「肙」，常州本作「屭」。文選卷二張衡西京賦「綴以二華，巨靈贔屭」，李善注：「華，山名也。巨靈，河神也。……贔屭，作力之貌也。」

〔三〕「頂」，高野本、天文本作「灌」。文選卷五左太沖吴都賦「巨鰲贔屭，首冠靈山」，李善注引列仙傳曰：「鰲負蓬萊山，而抃滄海之中。贔屭，用力壯貌。」

寅爲虎豹狸者，三獸形類皆相似。寅爲木位，木主藂林，寅又屬艮，艮爲山，虎之所處。集靈經云：「寅爲少陽，五色玄黄〔一〕。」寅又有生火，火主文章，三獸俱班，竝有文也。

上應〔二〕箕宿，箕主風，虎嘯風起。易云：「風從虎〔三〕。」家語云：「三九二十七，七主星，星主虎，虎七月生。」申衝寅，故虎在寅。狸豹以同類相從也。本生經云主木者，以寅有相木，正月方生也。

校記

〔一〕「集靈經」，隋書卷三四經籍志三：「黄帝集靈三卷。」所引爲集靈經佚文。

〔二〕「應」，底本、元禄本、宛委本作「有」，據嘉慶本、知不足本、常州本、集成本改。

〔三〕周易卷一乾文言：「子曰：『同聲相應，同氣相求。水流濕，火就燥。雲從龍，風從虎。聖人作而萬物覩。』」

卯爲兔猬貉者，兔，陽蟲也，居月中者，陰懷陽也。元命苞云：「兔居月中者，陰懷陽也〔一〕，坎之氣。坎在子位，子刑在卯故也〔二〕。」屬卯，老兔爲猬，貉亦兔類，故竝居卯。一云貉者狐也，狐貉相類也。本生經言「鶴」者，此音同字誤也。

校記

〔一〕據高野本、天文本，或衍「中者陰懷陽也」六字。中村校注本據删。

〔二〕所引爲元命苞佚文。趙在翰七緯補遺第十八、黄奭黄氏逸書考通緯據此輯入春秋元命苞，輯文略異：「兔居月中者，陰裏陽也，坎之氣。坎在子位，子刑在卯，故兔屬卯，老兔。」鍾肇鵬案：「趙輯至『老兔』未當，據五行大義卷五論禽，當補『老兔爲猬，狢亦兔類，故竝居卯』，文義始足。」王仁俊玉函山房輯佚書續編經編緯書類亦據此輯入，另按：「『坎在子位』下疑蕭語。」

辰爲龍鮫魚者，申爲水之源，子爲中流，辰爲水之末，如百川東注，皆歸于海。龍能興雲致雨，爲水蟲〔一〕之長，非海不能苞容，故其神而大。鮫魚亦是水蟲之長者，故竝在辰。

## 校記

〔一〕「蟲」，底本、元弘本、元禄本、宛委本作「禽」，據嘉慶本、知不足本、常州本、集成本改。

巳爲蛇蟮蚯蚓者，式經云「巳有騰蛇之將〔二〕」，因而配之。蛇，陽也，本在南；龜，陰也，本在北。以蛇配龜，爲玄武，二蟲共爲一神，以〔三〕陰偶，故從數，在北方。蟮及蚯蚓，皆形同也。禮記云：「小滿之節，蚯蚓出見〔三〕。」慎子云：「騰蛇遊霧，與蚯蚓同〔四〕。」黄帝有大螟如蚯〔五〕，以應土德。巳有寄生之土，故竝配之。本生經〔六〕言土者，以火相合〔七〕生土也。檢衆書，蟮或爲鼉，鼉字復作蟬。本生經解蟬云：「常水藏，畏羅網，悲吟不言，且欲歌。」言其悲吟，與蟬相類。論其水藏，與鼉相類。其形狀及土氣〔八〕，已爲蛇蟮蚯蚓，相類鼉〔九〕與蟬，竝此非也。又射覆經云「遇蟬者，水蟲也〔一〇〕」，當知是蜆也。

## 校記

〔一〕所引爲式經佚文。

〔二〕「以」，高野本作「一」。

〔三〕禮記卷一五月令：「孟夏之月……螻蟈鳴，蚯蚓出，王瓜生，苦菜秀。」

〔四〕慎子內篇：「飛龍乘雲，騰蛇遊霧，雲罷霧霽，而龍蛇與螾螘同矣，則失其所乘也。」

〔五〕「螟」，高野本作「螾」。呂氏春秋卷一三有始覽應同：「凡帝王者之將興也，天必先見祥乎下民。黃帝之時，天先見大螾大螻，黃帝曰：『土氣勝。』土氣勝，故其色尚黃，其事則土。」

〔六〕「本」，底本、宛委本、常州本作「奉」，據抄本、元禄本、嘉慶本、知不足本、集成本改。下所引爲本生經佚文。

〔七〕「合」，高野本、天文本作「含」。

〔八〕抄本「其」上有「案」字。「形」，底本、宛委本作「刑」，據元禄本、嘉慶本、知不足本、常州本、集成本改。「及」，常州本作「帶」；高野本、天文本「及」下有「以」字。

〔九〕高野本、天文本「鼉」下有「之」字。

〔一〇〕「射覆經」，五行類文獻，隋書卷三四經籍志三：「易射覆二卷，易射覆一卷。」所引爲射覆經佚文。

午爲鹿馬麞者，午爲大陽，馬有員蹄，象於陽也。午爲天路，馬有駿足，涉遠之日，牝牡有時。故家語云：「八九七十二，偶以承奇，奇主辰，辰爲月，月主馬，馬十二月生。」丑衝未，未與午合，故在午。鹿蹄坼者，是〔一〕以象陰也，而居陽位者，象懷陰也。禮記月令云：「仲夏之月，鹿角解〔二〕。」易緯通卦驗云：「鹿者，獸中陽也，夏至解角〔三〕。」家語云：「四九三十六，六主律，律主鹿，故鹿六月生。」未與午合，故亦在午。獐鹿同類，因而配之。

## 校記

〔一〕「是」，底本、元弘本無，據高野本、天文本補。

〔二〕禮記卷一六月令：「仲夏之月……鹿角解，蟬始鳴，半夏生，木菫榮。」

〔三〕所引爲易緯通卦驗佚文。參見趙在翰七緯卷六易通卦驗卷下：「夏至景風至，暑且濕，蟬鳴，螳螂生，鹿解角，木堇榮。」黄奭黄氏逸書考通緯同，另按：「御覽廿三引無『暑且濕』三字，『堇』作『槿』。初學記三『鳴』上有『始』字。古微書同。」內藤湖南古鈔本五行大義殘卷跋：「夏至鹿解角，刻本奪『鹿』字。」

問曰：「八卦配禽，離不言馬，禽變乃以午爲馬者何〔一〕？」答曰：「坤为牝馬之貞，坤既在未，未與午合，故馬居午。」問曰：「乾亦稱馬，震亦稱馬，何不〔二〕竝取其合？」答曰：「行地莫過於馬，坤既是地，取其正用。乾天震木，非是地體，故不取合。」問曰：「若如所解，乾之六爻，皆稱爲龍，行天莫〔三〕過於龍，龍德應〔四〕乾，何忽居辰？」答云：「未若爲馬，誠如來難，馬既在午，正取其合。乾位居戌，戌衝在辰，所以龍配於辰。」問云：「坤既取合，乾忽用衝，此義難解。」答曰：「坤爲陰也，取其柔順從陽之義，故用合。乾爲陽也，陽體剛强，故取其衝。」

## 校記

〔一〕此以下爲作者自設問答。

〔二〕「不」，天文本作「莫」。

〔三〕「莫」，底本作「不」，據天文本、中國刊本改。

〔四〕高野本、天文本「應」下有「在」字。

未爲羊鷹鴈者，式經云：「未爲小吉，主婚姻禮娉，禮娉有羊鴈之用〔一〕。」鄭玄婚禮謁文云：「鴈候陰陽，待時乃舉〔二〕。」易以坤〔三〕爲羊，坤在未也。禮記月令云：「季夏之月，鷹初學習〔四〕。」此因候以配之。本生經云老木者，以未爲木〔五〕墓，木至六月衰老也。

## 校記

〔一〕所引爲式經佚文。

〔二〕所引爲鄭玄婚禮謁文佚文。藝文類聚卷九一鳥部中引鄭氏婚禮謁文贊曰：「雁候陰陽，待時乃舉。冬南夏北，貴其有所。」

〔三〕「以坤」，底本、元禄本、宛委本作「以爲坤」，據嘉慶本、知不足本、常州本、集成本删「爲」字。常州本「以坤」上有「之」字。

〔四〕禮記卷一六月令：「季夏之月……温風始至，蟋蟀居壁，鷹乃學習，腐草爲螢。」

〔五〕「木」，底本、元禄本、宛委本作「水」，常州本作「入」，據抄本、嘉慶本、知不足本、集成本改。

申爲猴猿猫〔一〕者，秋爲殺氣，萬物衰老，猴猿之貌，並似老人。七月山菓皆熟，猴猿以其儲糧〔二〕之時爲王。式經云：「金氣盛時，能老萬物〔三〕。」猴猿貌也。家語云：「五九四十五，五爲音，音主猿，猿五月生。」午中有沐浴金，殺氣未壯，至申，金王，殺氣始强。又言：「在火中未有音聲，出火其音方成。」故竝在申。本生經言「旦爲玉」者，玉者〔四〕有温潤鏗鏘之音，故取其旦。暮爲死石者，石是玉類，亦有音聲，言其氣衰，故在暮曰死。玉石皆金之本，故皆配金位。猫〔五〕亦是同類，故以配焉。

## 校記

〔一〕「猴猿猫」，常州本作「猫猨猴」。「猫」，元弘本作「猫」，天文本作「狸」。

〔二〕「糧」，底本、元禄本、宛委本作「狼」，據抄本、嘉慶本、知不足本、常州本、集成本改。

〔三〕所引爲式經佚文。

〔四〕「者」，高野本無。

〔五〕「猫」，天文本作「狸」。

酉爲鷄雉烏者，酉爲金，威武之用。鷄有五德，以武爲先，見敵必鬭，是其本性。説題辭云：「雞爲積陽，南方之象。火陽精物〔一〕，炎上，故陽出則鷄鳴，以類感也〔二〕。」考異郵云：「鷄火畜，丑〔三〕近寅，寅陽，有生火，喜故鳴〔四〕。」武事必有號令，故在西方。巽爲雞，亦爲號令。辰巳竝與酉合，故在〔五〕酉。雉是火鳥，爲武之威。方伎傳云：「太白揚光則雞鳴，熒惑流燿則雉驚〔六〕。」易通卦驗云：「雉者是〔七〕陽，雄鳴則雌應，陽唱陰和之義〔八〕。」當時則雊〔九〕，亦號令之義〔一〇〕。烏者，陰之禽，而居日中。元命苞云：「烏在日中，象陽懷陰也。以其在日中得陽氣，故仁而能反哺。在酉者，春時日臨兑酉，是二八之門，日所入處，取其終也，故竝配酉〔一一〕。」又云「暮爲死石」者，取其金氣衰也。禽變曰「暮爲死土」者，土至金末，氣衰敗也。本生經云「暮爲鳶」者，亦迅擊有武用也。無五德，故在暮。

## 校記

〔一〕「火」，高野本、天文本無；「物」，高野本無。

〔二〕所引爲説題辭佚文。

〔三〕「丑」，底本、元禄本、宛委本、常州本作「刃」，嘉慶本、知不足本、集成本作「鳴」，據抄本改。

〔四〕所引爲考異郵佚文。

〔五〕「在」，底本、宛委本作「有」，據抄本、元禄本、嘉慶本、知不足本、常州本、集成本改。

〔六〕「伎」，或爲「技」。據漢書卷三〇藝文志：「醫經七家……經方十一家……房中八家……神僊十家……凡方技三十六家，八百六十八卷。方技者，皆生生之具，王官之一守也。太古有岐伯、俞拊，中世有扁鵲、秦和，蓋論病以及國，原診以知政。」「燿」，高野本、天文本作「輝」。所引當爲某類方伎文獻之佚文。

〔七〕「是」，高野本無。

〔八〕所引爲易通卦驗佚文。

〔九〕「雊」，天文本作「鳴」。

〔一〇〕「義」，高野本、天文本作「象」。

〔一一〕所引爲元命苞佚文。王仁俊玉函山房輯佚書續編經編緯書類據此輯前九字入春秋緯元命苞。

戌爲狗狼豺者，戌爲黄昏，乾爲天門，戌既屬乾，昏闇之時，以警〔一〕備也。京氏別對曰：「狗爲主行，以防姧也。」易曰：「艮爲狗。」艮既是門闕，狗以守防也。家語云：「七九六十三，三主斗，斗主狗，狗三月生〔二〕。」辰衝戌，寅戌合，故在戌。禮記月令云「九月之時，豺乃祭獸〔三〕」，因候配之。狼形相似，説文云「豺，狼屬也〔四〕」，故竝居戌。一曰暮死金者，金至戌衰敗故也。禽變云「暮爲死火」者，戌爲火墓也。

## 校記

〔一〕「警」，底本、高野本、宛委本、常州本作「驚」，據元禄本、嘉慶本、知不足本、集成本改。

〔二〕見孔子家語卷六執轡。

〔三〕禮記卷一七月令：「季秋之月……豺乃祭獸戮禽。」

〔四〕説文解字豸部：「豺，狼屬，狗聲，從豸才聲。」段注：「釋獸曰：『豺，狗足。』許云：『狗聲。』似許長。其聲如犬，俗呼豺狗。」

亥爲豬豕猚者，式經云：「亥爲雜水，穢濁厠溷之象，豬之所居。豬色玄，象水色也。其蹄分者，陰象也。五更必起，不失其常，如水有潮不違期也〔一〕。」家語云：「六九五十四，四主時，時主豕，豕四月生也。」衝巳，故在亥。豕，豬之小者，猚亦取其類，而好夜行，以陰性也，故竝在亥。一云「旦爲生木」者，木生於亥也。「暮爲蛦蝓」者，蝓〔二〕應是貐，恐字誤也。又云「旦爲豘」，豘、豕同也。一云「暮爲朽木」者，木始生輭〔三〕，得〔四〕水淹没，故腐朽也。

**校記**

〔一〕所引爲式經佚文。

〔二〕「蝓」，底本作「貐」，從上文改。

〔三〕「輭」，底本、刊本作「敷」，據高野本、天文本改。内藤湖南古鈔本五行大義殘卷跋：「木始生軟，刻本『軟』譌『敷』。」

〔四〕「得」，底本、元禄本、宛委本、常州本作「同」，嘉慶本、知不足本、集成本作「因」，據高野本、天文本改。内藤湖南古鈔本五行大義殘卷跋：「得水淹没，刻本『得』譌『同』。」

問曰：「禽蟲之例數多，何故不取麟鳳爲屬，乃取蚯蚓蛇鼠小蟲〔一〕？」答曰：「取十二屬者，皆以其知時候氣，或色或形，竝應陰陽故也。麟鳳已配五靈，非是虚而不用。」又問曰：「麟鳳已配五靈，更不取者，龍虎亦配，何爲復用？」答曰：「龍動雲興，虎嘯風起，此是應陰陽之氣，所以須取。麟鳳雖靈，無所作動，故不重用。其十二屬竝是斗星之氣，散而爲人之命，係於北斗，是故用以爲屬。」春秋運斗樞曰：「樞星散爲龍馬，旋星散爲虎，機星散爲狗，權〔二〕星散爲蛇，玉衡散爲雞兔鼠，開〔三〕陽散爲羊牛，摇光散爲猴猿〔四〕。」此等皆上應天星，下屬年命也。三十六禽各作方位，爲禽蟲之長，領三百六十。十而倍之，至三千六百，竝配五行，皆相貫領〔五〕。既非占候之用，不復具釋。

**校　記**

〔一〕此以下爲作者所設問答。

〔二〕「權」，底本、元禄本、宛委本作「摧」，據天文本、嘉慶本、知不足本、常州本改。

〔三〕「開」，底本、元禄本、宛委本、集成本作「闔」，據嘉慶本、知不足本、常州本改。

〔四〕所引爲春秋運斗樞佚文。趙在翰七緯補遺第二十、王仁俊玉函山房輯佚書續編經編緯書類據此輯入春秋運斗樞，趙氏輯本含「散爲猴猿」下十二字。據中村等大義本稱，由於指明了北斗七星的星名（樞星、旋星、機星、權星、玉衡、開陽、搖光），所以這是一段極爲重要的佚文。

〔五〕陳其元庸閒齋筆記卷七：「世以十二支配十二肖，由來久矣，殊不知古人一支有三禽，蓋取六甲之數，式經所用也。……此等皆上應天星，下屬年命。三十六禽各作方位，爲禽蟲之長，領三百六十，而倍之至三千六百，並配五行，皆相貫領云云，見隋人蕭吉所撰五行大義内。吉書在唐吕才、宋子平之先，不知何時乃專用十二禽也。」

# 附録一　蕭吉傳記

## 蕭吉傳 北史卷八九

蕭吉字文休，梁武帝兄長沙宣武王懿之孫也。博學多通，尤精陰陽、算術。江陵覆亡，歸于魏，爲儀同。周宣帝時，吉以朝政日亂，上書切諫，帝不納。及隋受禪，進上儀同，以本官太常考定古今陰陽書。

吉性孤峭，不與公卿相浮沈，又與楊素不協，由是擯落，鬱鬱不得志。見上好徵祥之說，欲乾没自進，遂矯其迹爲悦媚焉。開皇十四年，上書曰：「今年歲在甲寅，十一月朔旦，以辛酉爲冬至。來年乙卯，正月朔旦，以庚申爲元日。冬至之日，即在朔旦。樂汁圖徵云：『天元十一月朔旦冬至，聖王受享祚。』今聖主在位，居天元之首，而朔旦冬至，此慶一也。辛酉之日，即至尊本命。辛德在丙，此十一月建丙子，酉德在寅，正月建寅，爲本命與月合德，而居元朔之首，此慶二也。庚申之日，即是行年。乙德在庚，卯德在申，來年乙卯，是行年與歲合德，而在元旦之朝，此慶三也。陰陽書云：『年命與歲月合德者，必有福慶。』洪範傳云：『歲之朝，月之朝，日之朝，主王者。』經書並謂三長，應之者，延年福吉。況乃甲寅蔀首，十一月陽之始，朔旦冬至，是聖王上元。正月是正陽之月，歲之首，月之先；朔旦是歲之元，月之朝，日之先，嘉辰之會。而本命爲九元之先，行年爲三長之首，並與歲月合德。所以靈寶經云：『角音龍精，其祚日强。』來歲年命，納音俱角，歷之與經，如合符契。又甲寅、乙卯，天地合也。甲寅之年，以辛酉冬至；來年乙卯，以甲子夏至。冬至陽始，郊天之日，即是至尊本命，此慶四也。夏至陰始，祀地之辰，即是皇后本命，此慶五也。至尊德並乾之覆育，皇后仁同地之載養，所以二儀元氣，並會本辰。」上覽之悦，賜物五百段。

房陵王時爲太子，言東宮多鬼魅，鼠妖數見。上令吉詣東宮禳邪氣。於宣慈殿設神坐，有回風從艮地鬼門來，掃太子坐。吉以桃湯葦火驅逐之，風出宫門而止。謝土，於未地設壇，爲四門，置五帝坐。于時寒，有蝦蟆從西南來，入人門，升赤帝坐，還從人門而出，行數步，忽然不見。上大異之，賞賜優洽。又上言：太子當不安位。時上陰欲廢立，得其言，是之。由此，每被顧問。

及獻皇后崩，上令吉卜擇葬所。吉歷筮山原，至一處，云：「卜年二千，卜世二百。」具圖而奏之。上曰：「吉凶由人，不在於地。高緯父葬，豈不卜乎？國尋滅亡。正如我家墓田，若云不吉，朕不當爲天子；若云不凶，我弟不當戰没。」然竟從吉言。表曰：「去月十六日，皇后山陵西北，雞未鳴前，有黑雲方圓五六百步，從地屬天，東南又有旌旗、車馬、帳幕，布滿七八里，并有人往來檢校，部伍甚整，日出乃滅。同見者十餘人。謹案葬書云『氣王與姓相生，大吉』。今黑氣當冬王，與姓相生，是大吉利，子孫無疆之候也。」上大悦。其後上將親臨發殯，吉復奏曰：「至尊本命辛酉，今歲斗魁及天罡臨卯酉，謹案陰陽書，不得臨喪。」上不納。退而告族人蕭平仲曰：「皇太子遣宇文左率深謝余云：『公前稱我當爲太子，竟有驗，終不忘也。今卜山陵，務令我早立。我立之後，當以富貴相報。』吾記之曰：『後四載，太子御天下。』今山陵氣應，上又臨喪，兆益見矣。且太子得政，隋其亡乎！當有真人出矣。吾前紿云『卜年二千』者，是三十字也；『卜世二百』者，取世二運也。吾言信矣，汝其誌之。」

及煬帝嗣位，拜太府少卿，加位開府。嘗行經華陰，見楊素冢上有白氣屬天，密言於帝。帝問其故，吉曰：「其候，素家當有兵禍，滅門之象。改葬者，庶可免乎！」帝後從容謂楊玄感曰：「公宜早改葬。」玄感亦微知其故，以爲吉祥，託以遼東未滅，不遑私門之事。未幾而玄感以反族滅，帝彌信之。

後歲餘卒官。著金海三十卷，相經要録一卷，宅經八卷，葬經六卷，樂譜二十卷，及帝王養生方二卷，相手版要決一卷，太一立成一卷，並行於時。

## 蕭吉傳 隋書卷七八

蕭吉字文休，梁武帝兄長沙宣武王懿之孫也。博學多通，尤精陰陽、算術。江陵陷，遂歸于周，爲儀同。宣帝時，吉以朝政日亂，上書切諫，帝不納。及隋受禪，進上儀同，以本官太常考定古今陰陽書。

吉性孤峭，不與公卿相沉浮，又與楊素不協，由是擯落於世，鬱鬱不得志。見上好徵祥之説，欲乾没自進，遂矯其迹爲悦媚焉。開皇十四年，上書曰：「今年歲在甲寅，十一月朔旦，以辛酉爲冬至。來年乙卯，正月朔旦，以庚申爲元日。冬至之日，即在朔旦。樂汁圖徵云：『天元十一月朔旦冬至，聖王受享祚。』今聖主在位，居天元之首，而朔旦冬至，此慶一也。辛酉之日，即是至尊本命。辛德在丙，此十一月建丙子，酉德在寅，正月建寅爲本命，與月德合，而居元朔之首，此慶二也。庚申之日，即是行年。乙德在庚，卯德在申，來年乙卯，是行年與歲合德，而在元旦之朝，此慶三也。陰陽書云：『年命與歲月合德者，必有福慶。』洪範傳云：『歲之朝，月之朝，日之朝，主王者。』經書並謂三長，應之者，延年福吉。況乃甲寅蔀首，十一月陽之始，朔旦冬至，是聖王上元。正月是正陽之月，歲之首，月之先，朔旦是歲之元，月之朝，日之先，嘉辰之會。而本命爲九元之先，行年爲三長之首，並與歲月合德。所以靈寶經云：『角音龍精，其祚日强。』來歲年命，納音俱角，曆之與經，如合符契。又甲寅、乙卯，天地合也。甲寅之年，以辛酉冬至；來年乙卯，以甲子夏至。冬至陽始，郊天之日，即是至尊本命，此慶四也。夏至陰始，祀地之辰，即是皇后本命，此慶五也。至尊德並乾之覆育，皇后仁同地之載養，所以二儀元氣，並會本辰。」上覽之大悦，賜物五百段。

房陵王時爲太子，言東宫多鬼魅，鼠妖數見。上令吉詣東宫禳邪氣。於宣慈殿設神坐，有迴風從艮地鬼門來，掃太子坐。吉以桃湯葦火驅逐之，風出宫門而止。又謝土，於未地設壇，爲四門，置五帝坐。于時至寒，有蝦蟇從西南來，入人門，升赤帝坐，還從人門而出，行數步，忽然不見。上大異之，賞賜優洽。又上言：太子當不安位。時上陰欲廢立，得其言，是之。由此，每被顧問。

及獻皇后崩，上令吉卜擇葬所。吉歷筮山原，至一處，云：「卜年二千，卜世二百。」具圖而奏之。上曰：「吉凶由人，不在於地。高緯父葬，豈不卜乎？國尋滅亡。正如我家墓田，若云不吉，朕不當爲天子；若云不凶，我弟不當戰没。」然竟從吉言。吉表曰：「去月十六日，皇后山陵西北，雞未鳴前，有黑雲方圓五六百步，從地屬天，東南又有旌旗、車馬、帳幕，布滿七八里，并有人往來檢校，部伍甚整，日出乃滅。同見者十餘人。謹案葬書云：『氣王與姓相生，大吉。』今黑氣當冬王，與姓相生，是大吉利，子孫無疆之候也。」上大悦。其後上將親臨發殯，吉復奏上曰：「至尊本命辛酉，今歲斗魁及天罡臨卯酉，謹案陰陽書，不得臨喪。」上不納。退而告族人蕭平仲曰：「皇太子遣宇文左率深謝余云：『公前稱我當爲太子，竟有其驗，終不忘也。今卜山陵，務令我早立。我立之後，當以富貴相報。』吾記之曰：『後四載，太子御天下。』今山陵氣應，上又臨喪，兆益見矣。且太子得政，隋其亡乎！當有真人出治之矣。吾前紿云『卜年二千』者，是三十字也；『卜世二百』者，取三十二運也。吾言信矣，汝其誌之。」

及煬帝嗣位，拜太府少卿，加位開府。嘗行經華陰，見楊素冢上有白氣屬天，密言於帝。帝問其故，吉曰：「其候，素家當有兵禍，滅門之象。改葬者，庶可免乎！」帝後從容謂楊玄感曰：「公家宜早改葬。」玄感亦微知其故，以爲吉祥，託以遼東未滅，不遑私門之事。未幾而玄感以反族滅，帝彌信之。

後歲餘卒官。著金海三十卷，相經要録一卷，宅經八卷，葬經六卷，樂譜二十卷，及帝王養生方二卷，相手版要決一卷，太一立成一卷，並行於世。

時有楊伯醜、臨孝恭、劉祐，俱以陰陽、術數知名。

# 蕭吉傳（通志卷一八三）

蕭吉字文休，梁武帝兄長沙宣武王懿之孫也。博學多通，尤精陰陽、算術。江陵覆亡，歸于魏，爲儀同。周宣帝時，吉以朝政日亂，上書切諫，帝不納。高祖受禪，進上儀同，以本官太常考定古今陰陽書。

吉性孤峭，不與公卿相浮沈，又與楊素不協，由是擯落，鬱鬱不得志。見上好徵祥之説，欲乾没自進，遂矯其迹爲悦媚焉。開皇十四年，上書曰：「今年歲在甲寅，十一月朔旦，以辛酉爲冬至。來年乙卯，正月朔旦，以庚申爲元日。冬至之日，即在朔旦。樂汁圖徵云：『天元十一月朔旦冬至，聖王受享祚。』今聖主在位，居天元之首，而朔旦冬至，此慶一也。辛酉之日，即至尊本命。辛德在丙，此十一月建丙子，酉德在寅，正月建寅，爲本命與月合德，而居元朔之首，此慶二也。庚申之日，即是行年。乙德在庚，卯德在申，來年乙卯，是行年與歲德合，而在元旦之朝，此慶三也。陰陽書云：『年命與歲月合德者，必有福慶。』洪範傳云：『歲之朝，月之朝，日之朝，主王者。』經書並謂三長，應之者，延年福吉。況乃甲寅蔀首，十一月陽之始，朔旦冬至，是聖王上元。正月是正陽之月，歲之首，月之先；朔旦是歲之元，月之朝，日之先，嘉辰之會。而本命爲九元之先，行年爲三長之首，並與歲月合德。所以靈寶經云：『角音龍精，其祚日强。』來歲年命，納音俱角，歷之與經，如合符契。又甲寅、乙卯，天地合也。甲寅之年，以辛酉冬至；來年乙卯，以甲子夏至。冬至陽始，郊天之日，即是至尊本命，此慶四也。夏至陰始，祀地之辰，即是皇后本命，此慶五也。至尊德並乾之覆育，皇后仁同地之載養，所以二儀元氣，並會本辰。」上覽之悅，賜物五百段。

房陵王時爲太子，言東宮多鬼魅，鼠妖數見。上令吉詣東宮禳邪氣。於宣慈殿設神坐，有回風從艮地鬼門來，埽太子坐。吉以桃湯葦火驅逐之，風出宫門而止。謝土，於未地設壇，爲四門，置五帝坐。于時寒，有蝦蟆從西南來，入人門，升赤帝坐，還從人門而出，行數步，忽然不見。上大異之，賞賜優洽。又上言：太子當不安位。時上陰欲廢立，得其言，是之。由此，每被顧問。

及獻皇后崩，上令吉卜擇葬所。吉歷筮山原，至一處，云：「卜年二千，卜世二百。」具圖而奏之。上曰：「吉凶由人，不在於地。高緯父葬，豈不卜乎？國尋滅亡。正如我家墓田，若云不吉，朕不當爲天子；若云不凶，我弟不當戰没。」然竟從吉言。表曰：「去月十六日，皇后山陵西北，雞未鳴前，有黑雲方圓五六百步，從地屬天，東南又有旌旗、車馬、帳幕，布滿七八里，并有人往來檢校，部伍甚整，日出乃滅。同見者十餘人。謹案葬書云『氣王與姓相生，大吉』。今黑氣當冬王，與姓相生，是大吉利，子孫無疆之候也。」上大悦。其後上將親臨發殯，吉復奏曰：「至尊本命辛酉，今歲斗魁及天罡臨卯酉，謹案陰陽書，不得臨喪。」上不納。退而告族人蕭平仲曰：「皇太子遣宇文左率深謝余云：『公前稱我當爲太子，竟有驗，終不忘也。今卜山陵，務令我早立。我立之後，當以富貴相報。』吾記之曰：『後四載，太子御天下。』今山陵氣應，上又臨喪，兆益見矣。且太子得政，隋其亡乎！當有真人出矣。吾前紿云『卜年二千』者，是三十字也；『卜世二百』者，取世二運也。吾言信矣，汝其誌之。」

及煬帝嗣位，拜太府少卿，加位開府。嘗行經華陰，見楊素冢上有白氣屬天，密言於帝。帝問其故，吉曰：「其候，素家當有兵禍，滅門之象。改葬者，庶可免乎！」帝後從容謂楊玄感曰：「公宜早改葬。」玄感亦微知其故，以爲吉祥，託以遼東未滅，不遑私門之事。未幾而玄感以反族滅，帝彌信之。

後歲餘卒官。著金海三十卷，相經要録一卷，宅經八卷，葬經六卷，樂譜二十卷，及帝王養生方二卷，相手版要決一卷，太一立成一卷，並行於時。

# 附録二　諸本序跋

## 書五行大義後 元禄十二年，一色（前田）時棟

五行大義五卷，隋城陽郡開國公蕭吉撰。按隋書本傳，云吉字文休，梁武帝兄長沙宣武王懿之孫也。博學多通，尤精陰陽、算術。江陵陷，遂歸於周，爲儀同。宣帝時，吉以朝政日亂，上書切諫，帝不納。及隋受禪，進上儀同，以本官太常考定古今陰陽書。吉性孤峭，不與公卿相浮沈，又與楊素不協，由是擯落於世，鬱鬱不得志。見上好徵祥之説，欲乾没自進，遂矯其迹爲悦媚焉。及煬帝嗣位，拜太府少卿，加位開府。嘗行經華陰，見楊素冢上有白氣屬天，密言於帝。帝問其故，吉曰：「其候，素家當有兵禍，滅門之象。改葬者，庶可免乎！」帝後從容謂楊玄感曰：「公家宜早改葬。」玄感亦微知其故，以爲吉祥，託以遼東未滅，不遑私門之事。未幾而玄感以反族滅，帝彌信之。後歲餘卒官。著金海三十卷，相經要録一卷，宅經八卷，葬經六卷，樂譜二十卷，及帝王養生方二卷，相手版要決一卷，太一立成一卷，並行於時。史傳所載如此其詳，而言不及此書矣。意者此書吉晚

年所著者，魏徵修史之時未行於世乎？夫兩漢以來，作史者不得其人，則雖其殊勳偉績、非常之迹，皆曖昧謬亂、闇而不章者固不寡，特今以史不載之故遽疑而廢之乎？況文章古雅，決非隋唐以下之作也。仍加校定，鏤版公之天下。

元本釋子所謄寫者，出於相州鎌倉之古刹，跋其書後，云「元弘三年癸酉書」。按元弘，後醍醐帝之曆號，紀元僅一年。其歲帝蒙塵於芳野，光嚴帝即位于長安，改元正慶。「癸酉」是當于正慶二年，無所謂「元弘三年者」。蓋此時天下瓜分，南朝、北朝各持鷸蚌之勢，北朝改元，南朝猶用元弘曆號乎？又檢國史，此歲五月，屬高時〔一〕族滅之秋。相州擾動，道路梗塞，壞亂之中，倉皇之際，遐方僻境，不聞改元，襲書舊號乎？皆不可知矣。爾來兵革相繼，宫殿、圖籍、古器、珍玩罹兵燹者不爲不多，然而此書獨存，上去隋一千八十餘年，幸免煨燼，又久不顯，今再傳播於人間，豈非遭遇固自有時

〔一〕高時：鎌倉幕府第十四代執權北條高時（一三〇三—一三三三）。十四世纪初，幕府權威發生危機。位於京都的後醍醐天皇（一三一八—一三三九在位）利用這一時機開始發動討幕計劃。歷經數次失敗後，討幕運動成爲燎原之火，愈演愈烈，各地諸侯紛紛響應，組成規模浩大的討幕軍。後醍醐天皇被擁戴者迎至船上山，幕府派大將足利尊氏也背叛了幕府。新田義貞舉起反幕大旗，一舉攻陷鎌倉。一三三三年五月，北條高時全族在鎌倉自殺，宣告了鎌倉幕府的滅亡。

也哉！

元禄己卯仲夏，一色時棟

## 佚存本跋

寬政十一年，林述齋（天瀑山人）

### 題五行大義後

五行大義五卷，隋蕭吉撰。案隋書本傳載其著述之目，而獨不及此書，魏鄭公偶未見之耳。唐、宋藝文志亦不著録，豈早逸於彼歟？書中所論皆陰陽五行之事，不過漢儒餘論，然其文章醇古，非復唐以下所能爲。而其所援證，往往有佚亡之書，今不可得見者。且蕭以陰陽、算術著稱，見其本傳，則此書之出蕭手萬無一疑。世之相距千有餘年，而此書獨完然乎我焉，其亦奇矣，安得不校而傳之乎？

己未竹醉日，天瀑識

## 嘉慶本叙録

唐志蕭吉五行記五卷，宋志蕭吉五行大義五卷，藏書家均未著録。近日本國人刻佚存叢書，此書在焉，用活字印行，多誤舛。宗彦校其可知者，改定數十字，餘仍其舊，俟知者而別梓之。敘曰：

五行理教，綜貫萬事。成於五位之合，敘於九疇之首。上世聖人明微洞幽，通其情類；達於變化，體而行之；播令四時，象法百度。循其理則品物乂，逆其節而政教乖。德運終始，恒由此推。後人智識短淺，昧於陰陽相感應，休咎類名，自然之大法，百姓日用而不知，動失厥序。然黃、神遺言，易、範宏指，學者猶知寶重。西漢董、劉畢力研究，本以傅成經誼，匡捄時政，爲世大儒；降及眭、李之徒，猶能引其枝條，億則屢中；宅雒而後，浸无聞焉。古籍湮晦，傳授廢绝。漢藝文志五行三十一家，六百五十二卷，今其存者無一焉。小數之士，飲流忘源，用瑣委雜説相師述，參以譎怪，彌亂本真。考諸古，破碎而不可通；驗諸事，違失不一當。乃務多其辭論，詭其指歸，飾己兜物，徇利乖道。大雅屏而勿道宜也。觀吉之書，文樸義質，徵事咸有條理；祕文墜簡，多世希覯。推五行之數，合諸辰日、音律、性情、年命，曲而不枝，約而不僻。雖其麤涉津涯，未足究神秘，探奥賾，融暢於大道，以視術家所誦習，則倜然遠矣，豈可以傳世無緒、來自遠方而忽之哉？同年孫觀察淵如尤好斯學，必以是書爲可喜。倘遂抉摘沉隱，補綴闕遺，廓而充之，務合乎六經之旨，則蕭氏所望於來哲者，將在於是。

嘉慶九年三月丙辰，德清許宗彦叙録

## 宛委本序 嘉慶十二年，阮元

隋蕭吉撰。吉字文休，梁武帝兄。江陵陷，遂歸于周，爲儀同。及隋受禪，進上儀同。煬帝嗣位，拜太府少卿，加位開府，事迹具隋書藝術傳。是編日本人用活字板擺印。前有自序，稱「博采經緯，搜窮簡牒，略談大義，凡二十四段，别而分之，合四十段。二十四者，節數之氣；總四十者，五行之成數」云云。考隋書經籍志、唐書藝文志均未著録。本傳述吉所著書亦無是册。然史稱吉博學多聞，精陰陽、算術；今觀其書，文義質樸，徵引讖緯諸籍有條不紊，且多佚亡之秘笈，尤非隋唐以後所能僞爲也〔一〕。

〔一〕此序後以五行大義五卷提要爲題，收入阮元著揅經室外集卷二四庫未收書目提要，中華書局一九六五年版四庫全書總目移爲附録二。文中「梁武帝兄」，爲「梁武帝兄之孫」之誤。

## 知不足本跋　嘉慶十八年，鮑廷博

隋蕭吉五行大義失傳已久，近德清許氏得自日本佚存叢書中，既校而刊之矣，惜傳之不廣，因重壽梓，以公同好云。大清嘉慶十八年五月朔，歙縣鮑廷博誌。

## 讀五行大義　嘉慶年，周中孚

五行大義五卷（佚存叢書本。阮氏有稱隋志、新唐志均未著録）。隋蕭吉撰（吉字文休，梁武帝從孫。仕周爲儀同。入隋，進上儀同，終太府少卿，加位開府），新舊唐志、宋志俱著録，二唐志俱止作五行記，隋書藝術傳及志皆不載。蓋此書在唐初尚未行於世，故失載爾。前有自序，稱：「博采經緯，搜窮簡牒，略談大義，凡二十四段，别而分之，合四十段。二十四者，節數之氣；總四十者，五行之成數。始自釋名，終于蟲鳥；凡配五行，皆在茲義。」今按是書，一釋名分二段，二辨體性，三論數分五段，四論相生分三段，五論支干，六論相雜分三段，七論德，八論合，九論扶抑，十論相剋，十一論刑，十二論害，十三論衝破，十四論雜配分六段，十五論律吕，十六論七政，十七論八卦八風，十八論性情，十九論治政，二十論諸神，二十一論五帝，二十二論諸官，二十三論諸人分二段，二十四論禽蟲分二段。所論皆陰陽五行之事，大都推衍漢儒緒論，非復尋常術數家言。其文章醇古，亦非唐以下人所能爲。其所援證，往往有佚亡之書，今不可得見者，尤有資于攷證。元、明以來，久無傳本，而日本國有其書，天瀑刊入叢書，并爲之跋。近德清許周生宗彦既重刊之，鮑渌飲惜其傳之不廣，又復梓入知不足齋叢書，以公同好云。〔一〕

## 常州本跋

右五行大義五卷，隋蕭吉撰。吉字文休，梁武帝兄長沙宣王之孫，事蹟見隋書蕭吉傳。此書不見於隋經籍志、新唐藝文志，惟舊唐經籍志五行類有「蕭吉五行記五卷」，當即此書，但名小異。玉海六十二卷引唐會昌二年王起等奏「案黄帝九宫經及蕭吉五行大義」，然則此書唐代甚行，名儒至用之奏議矣。四庫未著録。阮文達從日本佚存叢書録出進呈，知不足齋又刻之，外間稍稍傳布。書「凡二十四段，别而分之，合四十段。二十四者，節數之氣；總四十者，五行之成數」云云。文休博學多聞，精陰陽、算術，其書文義質樸，非唐以後人所及。所引書如宋氏易、三禮義宗、蔡氏月令章句、潁容春秋釋例、易通卦

〔一〕周中孚鄭堂讀書記卷四七子部七之下，續修四庫全書影印民國吴興叢書本，第五七三頁。

驗、尚書考靈耀、尚書刑德放、尚書感精符、詩推度災、河圖稽命徵、禮斗威儀、禮含文嘉、春秋合誠圖、春秋元命苞、春秋衍孔圖、春秋説題辭、春秋攷異郵、春秋潛潭巴、春秋保乾圖、春秋文耀鈎、春秋佐助期、孝經援神契、樂汁圖徵、帝王世紀、帝系譜、三五曆記、太康地記、尸子、桓子新論、慎子、甘公星經、石氏天官訓解、禄圖、孔子元居經、黄帝兵法、黄帝兵訣、河圖、季氏陰陽説、史蘇龜經、柳世隆龜經、五行書、黄帝八神圖、黄帝斗圖、禄命書、道家太平經、道家太式經、道家三皇經、元辰经、遁甲經、玄女式經、六壬式經、九宫經、左慈相訣、相秘訣、射覆經，各書不特今無其書，即唐、宋志亦多遺漏，零珠碎璧，俱稱瓌寶矣。

光绪丁酉秋分日，武進盛宣懷跋

## 古鈔本五行大義殘卷跋

昭和七年，内藤湖南（虎次郎）

隋蕭吉五行大義，久佚於禹域。我邦舊刊本有二：一爲元禄己卯一色時棟所刻，云原本出於鐮倉古刹，元弘三年所書，流傳已尠；一爲寬政己未林述齋祭酒活字印本，以經清朝學者稱引覆刻行世，獨廣述齋跋，不言原本所由。校之一色本，不甚見歧互，殆乃由一色本出，非别據一古本也。古鈔本見存者，久邇王府所藏，獨爲完全，以其係親貴珍襲，無人能借校。昭和辛未，獲野學士仲三郎在高野山三寶院獲一古鈔，止有卷第五一卷，有寶治二年九月一僧人跋。浪華高木先生利太會養疴山中，聞之欲付玻璃板，分餉同好，以記驗其疾差之喜，屬余跋之。因與一色本校讀，其可以正刻本之譌者甚多。

第廿論諸神，「天子巡狩方岳」，刻本「岳」譌「兵」；「太一行八卦之宫，每四方乃入於中央」，刻本「方」譌「季」；「午勝先者，陽氣大盛」，刻本「盛」譌「威」；「功曹主遷拜」，刻本「拜」譌「邦」；「前一騰蛇」，刻本「騰」譌「勝」；「天心子襄」，刻本「襄」譌「哀」。「第六星神名開寶，姓蚩茗蒼兒邴」，刻本「蚩茗蒼兒邴」作「蚩，一名蒼兒部」；「第七星神名招，姓肥脱絡馮」，刻本作「肥脱絡馮」：並未知孰是。「兑神時刑，主斬斫」，刻本「斬斫」譌「軒研」；「艮神豐隆」，刻本「豐」譌「曲」；「互時有不同」，刻本「互」譌「牙」。

第廿一論五帝，「罔罟」，刻本「罔」譌「網」；「豫兆符瑞」，刻本奪「兆」字；「兑頭員面」，刻本「兑」譌「尖」；「廣顙兑頤」，刻本「頤」譌「顯」；「五行之炁」，刻本「炁」譌「無」；「視之兑上」，刻本「兑」譌「尖」；「熒或」，刻本「熒」譌「焚」。

第廿二論諸官，「神民不雜」，刻本「雜」譌「離」；「丘陵偃拆」，刻本「拆」譌「墀」；「分職不明」，刻本「職」譌「體」；「司徒」，刻本譌「同徒」；「因六炁而設六府」，刻本「炁」譌「無」；「核下官名」，刻本「核」作「秩」。

第廿三論諸人，「頤爲恒山」，刻本「頤」作「頭」；「肎而臏」，刻本「肎」譌「暮」；「肉人」，刻本譌「完人」；又「内人仕位」，刻本譌「仕立」；「飯牛車下」，刻本「飯」譌「飼」；「巛爲腹」，刻本「巛」譌「爪」；「西僻之人曰戎」，刻本「戎」譌「我」；「川谷所注」，刻本「注」譌「經」；「壚土之人」，刻本「壚」譌「墟」；「遊年凡有三名」，刻本「名」譌「各」。

第廿四論禽蟲，「有知之類」，刻本「類」譌「數」；「著距」，刻本「距」譌「踗」；「命促」，刻本「命」譌「令」。

論卅六禽，「夏至解鹿角」，刻本奪「鹿」字；「木始生軟，得水淹没」，刻本「軟得」譌「敷同」。

此皆古本之佳處。近年敦煌石室出廿五等人圖，吾友羅叔言以此與文子微明篇對校，中次五等，文子爲士人、工人、虞人、農人、商人。敦煌本「虞人」作「庶人」。下五等，文子爲衆人、奴人、愚人、肉人、小人。敦煌本作衆人、奴人、肉人、小人、愚人。叔言以敦煌本爲鄉曲陋儒所爲，然此書中次五亦作仕人、庶人、農人、商人、工人，下五乃作衆人、小人、駑人、愚人、肉人，而釋「庶人」爲未入仕位，猶居壟畝之間，或始解褐，未沾品命，引周禮「庶人在官者，始入秩」，釋「駑人」爲駑鈍也。馬有駑者，以其鈍也。亦罪隸爲名，古者有罪爲奴，引尚書「予則奴戮汝」，又引紂以箕子爲奴，則隋時文子自有作庶人、駑人之本，未可全以敦煌本爲非也。

隋書蕭吉傳舉其著書，獨不及此書。隋書經籍志、唐書藝文志亦並不著録。一色、林二君跋及阮芸臺四庫未收書目已言之，藤原佐世日本見在書目有書名，而作「一卷」，又無撰者氏名。但舊唐書經籍志所録五行記五卷，乃蕭吉撰，而卷數亦合，殆即此書無疑。前人未檢及，因併書以諗後之讀此書者。昭和七年五月仲五，内藤虎書。

此本與久邇王府本皆著録於經籍訪古志，此本嘗經小岛寶素影摹傳録，而訪古志所云粟田青莲院本，乃久邇王府本也。久邇宫朝彦親王初稱尊融法親王，以天台座主住青蓮院，文久間，天子命蓄髮，稱中川宫，後改久邇宫，是以青蓮院藏書往往移入久邇王府，五行大義亦其一也。其書嘗藏于鐮倉相承院，後轉入大和壽命院，再入青蓮院。元禄間，一色時棟就相承院迻録印行，乃一色本也。嚮余作跋匆卒，未及檢訪古志，因補記於此。壬申八月廿六，虎。〔一〕

〔一〕此據内藤湖南全集卷一四所收湖南文存卷五，築摩書房一九六九年版。

# 附録三　徵引文獻

（按四部分類，以書名首字筆劃爲序）

## 【經部】

十三經注疏，阮元校刻，中華書局一九八〇年影印版。

七緯，趙在翰輯，鍾肇鵬、蕭文鬱點校，中華書局二〇一二年版。

大戴禮記解詁，王聘珍撰，王文錦點校，中華書局一九八三年版。

三家詩遺説考，陳壽祺撰，陳喬樅述，續修四庫全書第七六册影印清道光八年左海續集本。

今文尚書考證，皮錫瑞撰，續修四庫全書第五一册影印清光緒二十三年刻師伏堂叢書本。

今文尚書經説考，陳喬樅撰，續修四庫全書第四九册影印清道光八年左海續集本。

公羊義疏，陳立撰，續修四庫全書第一三〇册影印清光緒十四年南菁書院刻本。

方言箋疏，錢繹撰，李發舜、黄建中點校，中華書局一九九一年版。

古微書，孫瑴編，文淵閣四庫全書本。

尚書故，吴汝綸撰，續修四庫全書第五〇册影印清光緒三十年桐城吴先生全書本。
尚書大傳，鄭玄注，陳壽祺輯校，四部叢刊初編本。
尚書大傳疏證，皮錫瑞撰，續修四庫全書第五五册影印清光緒二十二年師伏堂叢書本。
周禮正義，孫詒讓撰，王文錦、陳玉霞點校，中華書局一九八七年版。
周易鄭康成注，王應麟輯，四部叢刊三編本。
易緯乾鑿度，鄭玄注，文淵閣四庫全書本。
春秋繁露義證，蘇輿撰，中華書局一九九二年版。
恒言録，錢大昕撰，張鑑補注，續修四庫全書第一九四册影印清嘉慶十年刻文選樓叢書本。
詩三家義集疏，王先謙撰，吴格點校，中華書局一九八七年版。
詩緯集證，陳喬樅撰，續修四庫全書第七七册影印清道光二十六年小嫏嬛館刻本。
駁五經異義疏證，皮錫瑞撰，續修四庫全書第一七一册影印民國二十三年河間李氏重刻本。
經義述聞，王引之撰，續修四庫全書第一七四册影印清道光七年王氏京師刻本。
説文解字注，段玉裁撰，上海古籍出版社一九八一年版。
廣雅疏義，錢大昭撰，續修四庫全書第一九〇册影印清愛古堂抄本。

廣雅疏證，王念孫撰，續修四庫全書第一九一册影印清嘉慶元年刻本。

爾雅義疏，郝懿行撰，上海古籍出版社一九八三年版。

駢雅訓纂，朱謀㙔撰，魏茂林訓纂，清道光有不爲齋刻本。

齊詩翼氏學疏證，陳喬樅撰，續修四庫全書第七五册影印清道光八年左海續集本。

緯書集成，安居香山、中村璋八輯，河北人民出版社一九九四年版。

緯攟，喬松年撰，續修四庫全書第一八四册影印清光緒三年强恕堂刻本。

韓詩外傳集釋，韓嬰撰，許維遹校釋，中華書局一九八〇年版。

禮書通故，黄以周撰，王文錦點校，中華書局二〇〇七年版。

釋名疏證，畢沅撰，續修四庫全書第一八九册影印清乾隆五十四年經訓堂叢書本。

## 【史部】

三國志，陳壽撰，裴松之注，中華書局一九五九年版。

三國藝文志，姚振宗撰，續修四庫全書第九一四册影印民國五年張氏刻適園叢書本。

元經，王通撰，文淵閣四庫全書本。

日本國見在書目録，藤原佐世撰，古逸叢書之十九，叢書集成新編第一册。

水經注校證，酈道元著，陳橋驛校證，中華書局二〇〇七年版。
四庫全書總目，永瑢等撰，中華書局一九六五年版。
史記，司馬遷撰，裴駰集解，司馬貞索隱，張守節正義，中華書局一九五九年版。
北史，李延壽撰，中華書局一九七四年版。
宋書，沈約撰，中華書局一九七四年版。
後漢書，范曄撰，李賢等注，中華書局一九六五年版。
後漢書志，司馬彪撰，劉昭注補，中華書局一九六五年版。
後漢藝文志，姚振宗撰，續修四庫全書第九一四册影印民國五年張氏刻適園叢書本。
南齊書，蕭子顯撰，中華書局一九七二年版。
南史，李延壽撰，中華書局一九七五年版。
帝王世紀，皇甫謐撰，宋翔鳳集校，續修四庫全書第三〇一册影印清光緒貴築楊氏刻訓纂堂叢書本。
帝王世紀續補，錢保塘輯，續修四庫全書第三〇一册影印清光緒貴築楊氏刻本。
晉書，房玄齡撰，中華書局一九七四年版。
晉太康三年地記，畢沅輯，叢書集成新編第九二册（史地類）。

國語，韋昭注，上海古籍出版社一九七六年版。
隋書，魏徵、令狐德棻撰，中華書局一九七三年版。
隋書經籍志考證，姚振宗撰，續修四庫全書第九一五册影印開明書局鉛印師石山房叢書本。
逸周書彙校集注，黄懷信等撰，上海古籍出版社二〇〇七年版。
逸周書補注，陳逢衡撰，叢書集成三編第九四册影印清道光乙酉年本。
補後漢書藝文志，侯康撰，二十五史補編第二册，開明書店一九三六年版。
補三國藝文志，侯康撰，二十五史補編第三册，開明書店一九三六年版。
路史，羅泌撰，文淵閣四庫全書本。
新唐書，歐陽修、宋祁撰，中華書局一九七五年版。
漢書，班固撰，顔師古注，中華書局一九六四年版。
漢書補注，王先謙撰，續修四庫全書第二六八册影印清光緒二十六年虚受堂刻本。
漢書藝文志拾補，姚振宗撰，續修四庫全書第九一四册影印民國浙江省立圖書館鉛印師石山房叢書本。
漢唐地理書鈔，王謨輯，中華書局一九六一年版。

鄭堂讀書記，周中孚撰，續修四庫全書第九二四册影印民國十年刻吴興叢書本。
魏書，魏收撰，中華書局一九七四年版。
舊唐書，劉昫等撰，中華書局一九七五年版。

【子部】

尸子，汪繼培輯，續修四庫全書第一一二一册影印清嘉慶十七年尸子尹文子合刻本。
太玄集注，揚雄撰，司馬光集注，劉紹軍點校，中華書局一九九八年版。
文子疏義，王利器撰，中華書局二〇〇〇年版。
孔子集語，孫星衍輯，續修四庫全書第九三一册影印清嘉慶二十年冶城山館刻本。
孔子家語疏證，陳士珂輯，上海書店一九八七年影印商務印書館一九四〇年版。
王翰林集注黄帝八十一難經，王九思等撰，續修四庫全書第九八三册影印日本佚存叢書本。
太平御覽，李昉等編，四部叢刊三編影宋本。
中國科學技術史第二卷科學思想史，李约瑟著，科學出版社、上海古籍出版社一九九〇年版。

白虎通疏證，陳立撰，吴則虞點校，中華書局一九九四年版。
玉海，王應麟撰，文淵閣四庫全書本。
册府元龜，王欽若等編，文淵閣四庫全書本。
札迻，孫詒讓撰，續修四庫全書第一一六四册影印清光緒二十年孫詒讓自刻二十一年校正本。
北堂書鈔，虞世南輯，孔廣陶校注，續修四庫全書第一二一二册影印清光緒十四年孔氏三十三萬卷堂刻本。
玉函山房輯佚書，馬國翰輯，上海古籍出版社一九九〇年影印嫏嬛館本。
玉函山房輯佚書續編三種，王仁俊輯，上海古籍出版社一九八九年版。
老子校釋，朱謙之撰，中華書局一九八四年版。
老子道德經河上公章句，王卡點校，中華書局一九九三年版。
吕氏春秋校釋，陳奇猷撰，學林出版社一九八四年版。
初學記，徐堅等著，中華書局一九六二年版。
癸巳類稿，俞正燮撰，續修四庫全書第一一五九册影印清道光十三年求日益齋刻本。
癸巳存稿，俞正燮撰，續修四庫全書第一一六〇册影印清道光十三年求日益齋刻本。

荀子集解，王先謙撰，沈嘯寰、王星賢點校，中華書局一九八八年版。
風水祛惑，丁芮樸撰，續修四庫全書第一〇五四册影印清光緒元年月河精舍叢鈔本。
重廣補注黄帝内經素問，王冰注，林憶等校正，四部叢刊初編本。
拾遺記，王嘉撰，蕭綺録，齊治平校注，中華書局一九八一年版。
純常子枝語，文廷式撰，續修四庫全書第一一六五册影印民國三十二年刻本。
晏子春秋集釋，吴則虞編著，中華書局一九六二年版。
唐開元占經，瞿曇悉達撰，文淵閣四庫全書本。
庸閒齋筆記，陳其元撰，續修四庫全書第一一四二册影印清同治十三年刻本。
莊子集釋，郭慶藩撰，王孝魚點校，中華書局一九六一年版。
淮南鴻烈集解，劉文典撰，馮逸、喬華點校，中華書局一九八九年版。
曾子注釋，阮元撰，續修四庫全書第九三二册影印清道光二十五年阮元揅經堂刻本。
黄帝甲乙經，皇甫謐集，叢書集成續編第八六册影印清光緒丁亥行素草堂藏板。
無邪堂答問，朱一新撰，續修四庫全書第一一六四册影印清光緒二十一年廣雅書局本。
黄氏逸書考漢學堂經解，黄奭輯，續修四庫全書第一二〇七册影印民國二十三年江都朱長圻補刊本。

黄氏逸書考通緯，黄奭輯，續修四庫全書第一二〇八册影印民國二十三年江都朱長圻補刊本。

景祐六壬神定經，楊維德撰集，仰視千七百二十九鶴齋叢書本，叢書集成新編第二四册。

慎子校正，王斯睿著，商務印書館一九三五年版。

群書治要，魏徵等撰，續修四庫全書第一一八七册影印日本天明刻本。

搜神記，干寶撰，汪紹楹校注，中華書局一九七九年版。

管子校注，黎翔鳳撰，梁運華整理，中華書局二〇〇四年版。

論衡校釋，黄暉撰，中華書局一九九〇年版。

數術記遺，徐岳撰，甄鸞注，明崇禎毛氏汲古閣刻津逮秘書本。

龜經，吴省蘭輯，藝海珠塵本，叢書集成新編第二四册。

顔氏家訓集解，顔之推撰，王利器集解，上海古籍出版社一九八〇年版。

藝文類聚，歐陽詢等撰，文淵閣四庫全書本。

讀書雜志，王念孫撰，續修四庫全書第一一五二册影印清道光十二年本。

靈樞經，張志聰集注，續修四庫全書第九八一册影印清康熙刻本。

觀象玩占，李淳風撰，文淵閣四庫全書本。

## 【集部】

文苑英華，李昉等編，中華書局一九六六年版。
文選，蕭統編，李善注，上海古籍出版社一九八六年版。
全上古三代秦漢三國六朝文，嚴可均校輯，中華書局一九五八年版。
筠軒文鈔，洪頤煊撰，續修四庫全書第一四八九册影印民國二十三年邃雅齋叢書本。
楚辭補注，洪興祖撰，中華書局一九八三年版。
續古文苑，孫星衍輯，續修四庫全書第一六〇九册影印清嘉慶十七年冶城山館刻本。